The Essence of Modern Finance

现代金融学精义

邱嘉平 理查德·迪弗斯◎著

上海财经大学出版社
SHANGHAI UNIVERSITY OF FINANCE & ECONOMICS PRESS

图书在版编目(CIP)数据

现代金融学精义/邱嘉平,(美)理查德·迪弗斯(Richard Deeves)著.
—上海:上海财经大学出版社,2018.5
ISBN 978-7-5642-2987-0/F·2987

Ⅰ.①现… Ⅱ.①邱…②理… Ⅲ.①金融学 Ⅳ.①F830

中国版本图书馆 CIP 数据核字(2018)第 068414 号

□ 策划编辑 柳萍萍
□ 责任编辑 石兴凤
□ 封面设计 张启帆

XIANDAI JINRONGXUE JINGYI
现 代 金 融 学 精 义

邱嘉平 理查德·迪弗斯 著

上海财经大学出版社出版发行
(上海市中山北一路 369 号 邮编 200083)
网 址:http://www.sufep.com
电子邮箱:webmaster @ sufep.com
全国新华书店经销
上海同济印刷厂有限公司印刷
上海叶大印务发展有限公司装订
2018 年 5 月第 1 版 2018 年 5 月第 1 次印刷

710mm×1000mm 1/16 13.25 印张 243 千字
印数:0 001—2 000 定价:49.00 元

前 言

写这本书缘起于我们多年来对金融学教学的心得。一方面，我们发现金融学专业的学生虽然掌握了很多具体概念，但对金融学的结构、逻辑关系和局限性没有很好地理解。另一方面，非金融专业的学生经常让我们推荐简洁易懂的金融学入门书籍，我们却发现很难找到一本合适的书推荐给他们。虽然市场上有很多金融学入门书籍，有一些书也很好，但它们有些类似于百科全书，涵盖金融学各方面的细节。这使读者很容易只见树木，不见森林。非金融专业的学生更是感到要迅速了解金融学全貌是极度困难的。

事实上，学习金融学可以有简单、有效的方法。我们从多年的教学和研究中体会到，学习金融学的最好入门方法是从主要概念入手并了解概念之间的逻辑关系，从而掌握金融学的全貌。就像本书的名字一样，《现代金融学精义》的每一章内容都是我们精心挑选设计的。我们的原则是理解关键概念，避免任何不必要的细节。学完每一章，读者都可以看到概念之间的逻辑联系。例如，我们没有过多地讨论税收。虽然税收是一个重要的金融因素，它会影响投资、利息支付和折旧，但它本身的经济学含义是较简单的。如果过多地讨论税收的细节，就可能会让读者混淆金融学的主要概念和经济学的含义及它们之间的联系。因此，我们认为税务问题应该留到读者把金融学的主要概念掌握后再去进一步了解。

本书另一个不同之处在于，它强调了人的局限性及其对金融决策的影响。传统金融学，尤其在入门书籍中，基于两个强假设：人总是理性的和经理总是为股东服务的。实证经验证明这两个假设并不成立。例如，投资者经常用错误的信息交易并且影响价格。高管的薪酬飞涨多少都与管理层自我谋利益和公司治理的缺陷有关。尽管这两个假设的不成立造成的相关问题在很多入门书籍中被忽略了，但我们认为在学习金融学的初期意识到这些传统金融学假设的局限性是很重要的。金融学是一门与现实紧密相关的学科。只有了解它的局限性，才能在实践中更好地应用它。

本书的第三个特点是它运用了大量的中国金融市场数据和实例。中国金融市场发展日新月异,股票、债券、期货和其他衍生品市场都已相当成熟。我们不需要再像以前的教科书一样依赖国外的数据和实例。通过本书对中国金融市场数据和案例的分析,读者会惊讶地发现,很多金融理论在中国市场已得到了很好的运用。同时,中国市场的特色也告诉我们意识到传统金融学存在局限性的重要性。

本书提供了一个完整的金融学分析工具。前半部分介绍了时间价值、风险和回报的关系、套利、市场有效性和套期保值;后半部分涵盖了资本市场、公司金融、个人理财。这不同于大部分入门教程着重于公司金融。公司金融是从公司角度看待金融问题。本书从资本市场角度出发,有助于市场从业人员和市场投资者理解金融问题;从个人角度出发,有助于理财专业人员和个人更好地制订财务计划。

我们的目的是提供一本清晰、简洁、流畅的金融学入门书。我们也为使用本书教学的老师提供了相关的教学材料(习题答案,课外练习题和 ppt 讲义),需要材料的老师可以直接和我们联系。本书能够最终付印,要感谢很多人的努力。特别要感谢博士生助教丁子钧、龙玉、李金龙、陈倩雯、刘洋、陈实、陈瑞华、刘鹏林、周金飞、陈秋羽在数据收集和翻译上的协助,以及上海财经大学出版社高水准的编辑工作。最后,我们要感谢家人在我们写作期间给予的支持和鼓励。

邱嘉平　理查德·迪弗斯

2018年3月30日

于加拿大安大略省汉米尔顿市

目　录

第 1 章　金融市场概览

1.1　引　言

2008 年秋季，金融市场上的参与者和旁观者都清晰地意识到金融市场对经济平稳运行的重要性。金融市场的动荡瞬间波及世界经济。政府施加了前所未有的干预，才扭转了这场几乎可能造成类似于 20 世纪 30 年代大衰退式的经济崩溃。毫无疑问，金融学不仅是一名商学专业生必须掌握的至关重要的知识组成部分，而且对于非商学专业学生了解金融市场并参与其中也是不可或缺的。

金融活动的本质是有效地将资金从剩余方转移至不足方。1.2 节至 1.5 节，我们讨论为何金融市场是必需的，以及金融市场中的基本活动。

金融资产保证了资金的转移过程平稳运行，所以了解各类金融资产如何发挥作用极为重要。1.6 节详细介绍几类主要的金融资产：股票、固定收益证券、衍生证券。相关概念在本书中会被反复运用。

在 1.7 节中，我们将从企业展开论述。多数企业做出的重大决策涉及金融决策，例如是否投资被考察的项目；借债多少；是否发行股票；是否支付红利。我们将讨论企业管理层究竟应当以何作为其首要目标，以及所谓的代理人问题如何导致企业管理层的行为偏离预期目标。

1.8 节至 1.10 节，我们讨论个人参与金融市场的方式。尽管个人的行为模式与公司的行为模式存在巨大差异，但与企业类似，个人同样需要筹集资金。例如，在人一生中的特定阶段，多数人需要借一大笔钱购买住所。每个人在不同时点还需要做其他各种各样的金融决策。个人应当为其退休生活储蓄多少？个人应当如何对其储蓄进行投资？如何合理选择保险的种类和额度？

1.2 为何我们需要金融市场

金融市场的首要目的是将资金从资金过剩方转移至资金不足方。资金过剩方被称为“资金过剩单位”（surplus unit），而资金不足方被称为“资金不足单位”（deficit unit）。这些单位可以是个体、家庭、企业和各级政府。我们用一个简单的家庭例子对此加以解释。许多家庭会经历如下类型的储蓄循环周期。从进入劳动市场开始，家庭要积攒数年，为房产的首付准备足够的资金。储蓄意味着消费少于收入，并将剩余资金以某种方式投资。置业时，首付和购买价之间的差额需要由金融机构提供的贷款支持。随着时间的推移，储蓄不断地增加，抵押债务逐渐减少，直至还清贷款。通常，人们在职业生涯中增加储蓄，退休后则减少储蓄。从这一点而言，家庭积攒储蓄用于未来期间的消费。

要点在于，家庭在某些时间段增加储蓄，而在其他时间段减少储蓄。拥有高度发达的现代金融市场体系使得这一过程平稳、高效地运行。现实生活中，多数人仅持有少量现金并将多余资金存入金融机构。考虑到存款的安全性和利息的回报，这无疑是简单而明智的选择。这些存入的钱并没有闲置，一些资金被借给企业用以增加库存或扩大投资，另一些资金则以抵押贷款的形式提供给家庭。贷款必须偿还本息，所以银行可以用来向存款人支付利息。这就允许存款家庭通过储蓄有效地积累财富。未来，当家庭需要抵押贷款进行融资时，上述过程会发生逆转。显然，金融市场对于家庭平衡不同时期的消费至关重要。

上例中，我们也提及了金融市场最重要的功能：将资金从存款者转移到拥有生产机会的单位。这些生产机会的拥有者包括从初创公司到大型蓝筹集团在内的各类企业。这就牵涉到金融市场如何影响企业投资决策的问题。

假定一位企业家正在考虑一项给定支出的投资项目。该项目需要银行贷款，一年期贷款利率为 r①。项目将在一年后完成。此后，除贷款外所有支出已经结清，项目将产生恒定的现金流。

该项目是否可行？一年后，企业家需要向银行偿还本金和利息共计：借款本金 $\times (1+r)$，得到的利润为：收入－借款本金 $\times (1+r)$。这说明，满足如下条件时，该项目

① 为简便起见，我们假定贷款利率和存款利率一致。读者将会看到另两个利率：名义利率和有效利率。

可行：

$$利润率=\frac{收入}{借款本金}-1>r \tag{1.1}$$

显然，利率可以作为区分经济上可行的项目和不可行的项目的基准。事实上，利润率超过 r 的项目值得投资，而利润率低于 r 的项目不值得投资。

若企业家自身拥有资本而不需要向银行借钱，情况会是怎样？答案不会发生变化。为什么？这里需要考虑企业家的机会成本(opportunity cost)，若企业家不对该项目投资，而把资金存入以利率计息的储蓄账户则可以赚取 r 的回报。当利润率低于利息时，他应该将资金存入储蓄账户并收取利息而放弃投资该项目①。

例 1.1　考虑如下项目。你需要投入 28 000 元自有资金为该项目提供融资。你认为年末将获得 30 000 元。目前银行一年期存款利率为 10%。该项目是否值得投资？

答案：项目的收益率为 7.1%(=30 000/28 000−1)。低于目前的存款利率 10%，该项目不应投资。

三个问题值得讨论：什么决定了利率？过剩单位与不足单位如何匹配？项目现金流不确定时又会如何？

1.3　利率从何而来

利率也是一种价格，它是以未来偿付的资金换取今天的资金的价格。与自由市场决定的所有价格一样，利率的决定可以使用标准的供给—需求方法分析。如图 1.1 所示，资金的供给与利率正相关，资金回报率越高，资金供给量越大。另一方面，资金的需求与利率负相关，资金价格越高，不管是用于当期消费还是用于投资，借款需求数量都越少。两条曲线的交点决定了均衡利率(r^{eq})和从剩余单位转移至不足单位的资金数量 (LF^{eq})。

退一步考虑不存在货币时的情形，在没有货币的假想社会中，利率将以实物的形式存在。为了便于理解，想象一个仅有单一商品(如玉米)的社会，玉米既可以用于消费(如食用)，也可以用于投资(如种植)。该经济中的利率应当等于当前借出的 1 单位玉米在未来能够收到的产出。例如，当前贷出 20 蒲式耳玉米，一年后收取的偿还为

① 此处我们未考虑两种情形下的另一个区别：债权和股权的差异。银行贷款属于债权，投资者投入的资金属于股权。

21 蒲式耳，那么隐含的真实利率就是 5%。称其为真实利率，是因为它以实物商品和服务的形式存在，而非以购买力随时间波动的交换媒介(如货币)的形式存在。

在这样的社会中，真实利率在什么情况下比较高？一种可能性是社会中的很多成员更偏好当前消费而不是未来消费，因此愿意借入资金(玉米)。为了吸引那些不介意等待未来更高水平消费的成员借出足够资金，这些享受型的成员愿意支付更高水平的利率。按照供给—需求分析，利率之所以高，是因为需求的增加导致资金需求曲线向右，偏离了原来供给曲线的位置，即需求线从 D_1 右移到 D_2。同时由于愿意储蓄的社会成员减少，资金供给下降，即资金供给线从 S_1 左移到 S_2。从图中我们可以看到，均衡利率上升到 r^{eq2}，资金借贷量上升到 Q^{eq2}。相反的情况，当社会中储蓄者/享受者的比率很高时，对资金的需求会较低，而供给很高，最终利率水平很低①。

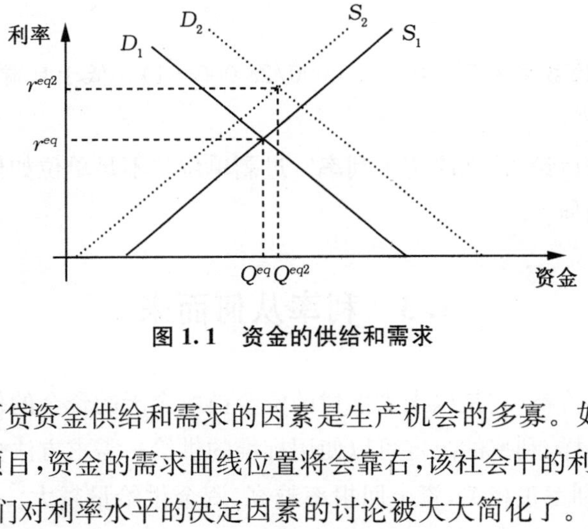

图 1.1　资金的供给和需求

另一个影响可贷资金供给和需求的因素是生产机会的多寡。如果社会被赋予很多可获利的投资项目，资金的需求曲线位置将会靠右，该社会中的利率水平会较高②。

迄今为止，我们对利率水平的决定因素的讨论被大大简化了。首先，现实中观察到的利率并非真实利率(real interest rate)，而是名义利率(nominal interest rate)，即以货币表示的利率水平。由于通货膨胀率(inflation rate)的存在，名义利率通常不等于真实利率。名义利率和真实利率的关系可由著名的费雪等式表示：

$$r=r^{*}+\pi \tag{1.2}$$

其中，r 表示名义利率，r^{*} 表示真实利率，π 表示通货膨胀率。换言之，名义利率

① 一个储蓄型(储蓄者/享受者比例很高)的社会，通常社会成员不在乎要立即消费，这就是我们通常所说的“时间偏好低”；相反，一个消费型(储蓄者/享受者比例很低)的社会的时间偏好高。时间偏好的一个测量指标是社会储蓄率，即社会总储蓄占总收入的百分比。

② 此类社会的特征是高利润率，因此可以吸引更多的投资。另一方面，投资机会匮乏的社会一般利率较低。

等于真实利率与通货膨胀率之和[①]。例如，若真实利率为3%，通货膨胀率为4%，那么名义利率应为7%。

假定真实利率恒定，名义利率的上升水平将等于通货膨胀率的上升水平[②]。原因在于，由于存在通货膨胀，借款人认识到一年后归还的本金的价值实际低于放款时的价值。为了实现给定的真实收益水平，计算最终偿还的金额（本金和利息）时必须考虑通货膨胀率[③]。

其次，利率的决定因素中应当包含国际市场因素。外国个人、金融机构和企业构成了国内可贷资金市场供需双方的一部分，其规模足以影响利率。例如，如果中国突然出现大量的投资机会，或者储蓄规模出现暂时紧缩，对资金的需求会高于国内单位的资金供给，导致国内利率升高。如果外资可以自由进出，则追求高额收益的外国单位发现中国的利率水平有利可图，它们会将资金投入中国，使供给曲线右移，这样可以压低利率。但如果有外汇管制，则国内的利率水平就不易受到国际市场的影响。

1.4 金融中介和金融机构

被称为金融机构（financial institutions）的专业公司，为资金从过剩单位向不足单位的转移提供便利，主要的例子包括银行、保险公司、投资公司等。按照它们作为资金中介的角色可以区分为以下三种：经纪商（broker）、做市商（dealer）和金融中介（financial intermediation）。经纪商为买方和卖方撮合交易。广为人知的例子便是股票经纪人和房产经纪人。在两种情况下，经纪商在交易环节中不取得标的资产（股票和房屋）的所有权，其目的限于撮合交易双方。股票通常以该种方式进行买卖，而债券则一般通过做市商进行交易。在该模式下，做市商会取得债券的所有权。做市商持有特定债券的库存，并发布卖出价（ask price）和买入价（bid price）。卖方以买入价卖出债券，买方以卖出价购入债券。为了获利，卖出价自然会高于买入价[买卖价差（bid ask spread）]。

---

① 等式中的所有利率期限相同（如年度）。更确切地说，等式中的通货膨胀率是期初的预期通货膨胀率。某些情况下，需要区分事前利率（基于预期通货膨胀率的真实利率）和事后（已实现）利率（基于观察到的通货膨胀率），最后还应加入通货膨胀率和真实利率的乘积项才与名义利率相等，但是，上文的等式是一个很好的近似。

② 实际上，真实利率并非常数，但从历史数据看，真实利率比名义利率更加稳定。

③ 宏观经济理论通常认为利率由货币的供给和需求决定。货币的供给近似由国家货币当局或中央银行决定。在中国，由人民银行决定。货币的需求主要由商业环境决定。另一个影响利率的宏观经济因素是财政政策，涉及政府支出和税收。若政府支出大于税收，那么它需要融资以弥补差额。此时，政府行为增加了对可贷资金的需求。赤字增加了对可贷资金的需求，推高了利率。

金融中介的特点是将金融资产的性质进行转换。最佳的例子是银行赖以生存的传统存贷业务。假如张三存入银行 1 000 元，银行取得这 1 000 元，将其借给李四。张三和李四并无任何交易。表 1.1 给出了这两笔交易引起的银行资产负债表变动情况。注意，这两笔资产并非彼此的映像，因为存款并无风险，而贷款存在风险。通过银行作为金融中介，无风险资产转化为有风险资产。当然，有风险的贷款利率会高于无风险的存款利率，风险的存在是因为某些贷款可能违约。

表 1.1　　银行资产负债表

资　产	负　债
1 000 元贷款(有风险)	1 000 元存款(无风险)

金融机构在现代经济体系中处于重要位置。证据之一是全球许多很大的公司便是银行和其他金融机构。表 1.2 显示，以总资产衡量，中国较大的 20 家公司中(2015 年)，绝大部分是金融机构。金融机构的重要性由此可见一斑。

表 1.2　　2015 年中国按总资产排名的前 20 家公司

排　名	公司名称	总资产(百万元)
1	中国工商银行股份有限公司	20 609 953
2	中国建设银行股份有限公司	16 744 130
3	中国农业银行股份有限公司	15 974 152
4	中国银行股份有限公司	15 251 382
5	中国邮政集团公司	7 754 441
6	交通银行股份有限公司	6 268 299
7	招商银行股份有限公司	4 731 829
8	兴业银行股份有限公司	4 406 399
9	上海浦东发展银行股份有限公司	4 195 924
10	中信银行股份有限公司	4 138 815
11	中国民生银行股份有限公司	4 015 136
12	中国平安保险(集团)股份有限公司	4 005 911
13	国家电网公司	3 324 144
14	中国光大银行股份有限公司	2 737 010

续表

排　名	公司名称	总资产(百万元)
15	中国石油天然气股份有限公司	2 405 376
16	中国人寿保险股份有限公司	2 246 567
17	平安银行股份有限公司	2 186 459
18	华夏银行股份有限公司	1 851 628
19	北京银行股份有限公司	1 524 437
20	中国石油化工股份有限公司	1 451 368

资料来源：http://www. fortunechina. com/;锐思数据库。

1.5　风险溢价

回到理论上假想的项目,读者思索片刻便会发现我们将问题简化了。多数项目难以产生恒定的现金流。更现实一些,之前提到的现金流是某概率分布的期望值(平均值)。假设现金流入以50%的概率为0.25元,以50%的概率为1.75元。对这两种情况进行平均,简单计算可以得出现金流入的期望值为1元。当然,这1元面临着风险。

读者可以想象存在不伴随任何风险的利率。我们称其为无风险利率(risk free rate)。当存在风险时,利率自然应当高于无风险利率,因为其中包含对风险的补偿——风险溢价(risk premium)。通常,资本成本(cost of capital)包含风险溢价和投资开始时通过其他融资渠道获得的成本。资本成本使得资源在竞争者之间分配,从而得到有效利用。回报最高的项目将获得融资。

1.6　资本市场和证券

一、资产和证券

实物资产(real assets)包括工厂和设备、房产和人力资本(社会知识和技能)。社会利用实物资产生产商品和服务,提高社会福利。当前的经济体系中,实物资产的所有权和控制权存在某种程度的分离。例如,股东拥有公司,但是管理层对公司实施控制。这种分离借助金融资产(financial assets)实现,以代表所有权或承诺回报的法律权利凭证或登记簿的形式存在。

某些金融资产，如银行贷款，不在市场中交易。其他的金融资产，如普通股(common shares)，在金融市场中交易。后者被称为证券(securities)。金融证券可以按多种方式分类。普通股代表对公司及其资产的所有权，固定收益证券(fixed-income securities)代表债务求偿权。后一类中包括政府发行的债券和私人发行的债券。固定收益证券还可分为货币市场(money market)交易的债券和资本市场(capital market)交易的债券。货币市场交易的债券期限短于1年；资本市场交易的债券期限长于1年。

二、普通股和收益

普通股所有者（股东）对公司运营产生的现金流享有剩余索取权(residual rights)。"剩余"意味着雇员、供应商、税务部门和债权人先于股东受偿。股票所有权的重要特征是有限责任(limited liability)。有限责任指破产过程中股东以初始投资为损失上限。股东的个人资产不会用于偿还债权人。股票所有权的另一个特征是通过投票权(voting rights)来行使间接控制权。股东投票选举出董事会，董事会挑选管理层并监督管理层行使职责。

普通股股东以两种形式获得收益：资本利得(capital gain)和红利(dividend)。股价高于购买价时产生的收益便是资本利得。股票被出售时资本利得被"实现"。红利由公司董事会宣布并派发至所有股东。

下面的通用表达式可用于计算股票等资产的收益(return)：

$$R=\frac{\Delta p}{p_0}+\frac{cf}{p_0} \tag{1.3}$$

其中，R 表示收益，p_0表示期初价格，Δp 表示期初到期末的价格变动，cf 表示每股现金流。第一项为资本利得的百分比。第二项称为股息率(dividend yield)。

例 1.2 玉山科技的股票年初售价为 23 元。年末支付 1 元红利，股票交易价为 30 元。那么股票的回报率为多少？将其分为资本利得和股息率。

答案：利用公式(1.3)，股息率为 4.3%，资本利得为 30.4%，回报率为 34.7%。

三、固定收益证券

固定收益证券的现金流是事先厘定的。这类证券通常概称为债券(bonds)。为简洁起见，我们一般认为债券泛指固定收益证券。债券代表债权（而非所有权），承诺的支付为利息和本金。当然，企业可能破产，所以债券并非没有风险。

最大的债券发行人是美国政府。中国政府是国内市场最大的债券发行人。中国债券是可交易的，到期日最长达 30 年，以政府的资产总额和税收权作为保证。这些债券的利率称为票面利率(coupon rate)。票面利率是承诺的年化利息与发行价之比。发行价通常接近整数(如 1 000 元、10 000 元等)，即到期时收到的票面价值(或面值)(face value)[①]。注意：票面利率一般不同于债券的市场利率，市场利率也被称为到期收益率[②](yield to maturity)。

国库券(treasury bills)(国债)是政府的货币市场工具，在美国是通过每周竞争拍卖的形式发行的。中国国债分为两类，即储蓄国债和记账式国债，发行机制也存在差异。其中，储蓄国债是指面向广大居民个人发行的、不可流通转让但是可以提前兑付的、期限通常为 3 年和 5 年的国债品种。储蓄国债通过代销方式面向储蓄国债承销团成员发行，发行利率由财政部参照居民储蓄存款基准利率确定。记账式国债是指面向全社会各类投资者发行的、可以上市和流通转让的、期限结构丰富并以电子记账手段记录债权的国债品种。记账式国债通过公开招标方式面向记账式国债承销团成员发行。

私营部门也活跃于固定收益证券发行市场。为项目投资筹集资金时，企业不仅发行新股，也会发行公司债券。担保债券(secured bonds)以特定的资产作为担保，信用债券(debentures)则没有抵押物或其他类型的资产留置权作为担保。私营部门发行的短期固定收益证券主要有两类：银行承兑汇票和公司商业票据。这些渠道是除银行贷款之外，企业需要短期资金时的选择。区别在于，银行承兑汇票尽管由非金融公司发行，但是由银行加以担保。

四、衍生品

金融市场中还有其他类型的证券。衍生证券(衍生品)是增长最快的一类证券，主要包括期权、期货和互换等工具。这些工具被归为“衍生品”，是因为它们附属于基础证券或商品存在。例如，IBM 的股票期权仅当 IBM 的股票存在时存在。

期权分为两类：看涨期权(call option)和看跌期权(put option)。看涨期权是指在未来某一个确定的时间之前，以某一个确定的价格购买确定数量的证券或商品的权利。类似地，看跌期权是指在未来某一个确定的时间之前，以某一个确定的价格出售

① 同义词还包括“本金”和“到期价值”。
② 第 4 章将给出更详细的到期收益率的定义。

的权利。

远期合约(远期)(forward contract)是另一类重要的衍生证券。即期合约是商品或证券在现货市场上交易并迅速交割(通常在数日之内)。远期合约在当期签订,而在未来交割。交易这类合同的市场称为远期市场。若合约类似远期,但同时是高度标准化的,并且有专门从事此类交易的交易所,那么该合约便称为期货合约(futures contract),并在期货交易所交易。与期权类似,许多大宗商品和证券都有期货合约。农产品(小麦、大豆等)和贵金属(金、银等)的期货交易历史久远,但是随着商品期货中的能源期货和证券期货中的汇率期货、利率期货和股指期货的出现,期货交易的规模在过去的 30 年中突飞猛进。

中国的商品期货交易所包括大连商品交易所、郑州商品交易所、上海期货交易所。这些交易所专门从事诸如玉米、黄金、石油等商品的期货交易。中国金融期货交易所(简称"中金所")则是专门从事金融期货、期权等金融衍生品交易与结算的公司制交易所。目前,在中金所上市交易的品种包括沪深 300 指数期货、上证 50 指数期货、中证 500 指数期货、5 年期国债期货和 10 年期国债期货。

五、一级市场和二级市场

证券在一级市场(primary market)和二级市场(secondary market)中交易。新证券在一级市场中发行,已发行的证券在二级市场中交易。

投资银行(investment bank)专注于一级市场中的证券发行。公司上市时的发行称为首次公开发行(IPO,initial public offering),通常以承销(underwrite)新股的方式进行。承销股票指投资银行从发行方购买股票,并(很快)转售给客户。由于这一过程中存在价格风险,所以买入价和卖出价之间会有价差。鉴于承销中的风险,多数发行项目不是由单一投资银行,而是由多家承销商共同承销。

可交易证券在有组织的金融市场中交易。历史上,交易所(exchanges)交易和柜台交易(over the counter)泾渭分明。交易所有固定的场所,买卖双方在报价大厅中交易;而柜台交易通过在经纪人网络中公示买入价(买入价表示在此价位上购买证券的意愿)和卖出价(卖出价表示在此价位上卖出证券的意愿)进行,交易通过电话和计算机终端完成。随着世界范围内多数交易所的大厅交易的消失,交易所交易和柜台交易的区别变得不再重要了。

中国的主要股票交易所为上海股票交易所和深圳股票交易所,美国的主要股票交易所为纽约股票交易所和纳斯达克股票交易所。所有的大型交易所均编制和发布股票指数。简而言之,股票指数是一篮子股票价格的平均值。它反映市场的总体情况。在给定日期,某些股票上涨而另一些下跌,但对投资者而言,了解整个市场的平均走势非常重要。衡量美国股票市场表现最著名的指标是道琼斯指数,其次是覆盖范围更广的标准普尔 500 指数(标普 500)。中国市场上重要的指数有上证 50 指数、上证综合指数、深证综合指数、沪深 300 指数等。这在第 7 章中会有更详细的介绍。

六、估值

金融的核心问题之一是估值,即金融资产价值几何?本书中我们将详细地讨论这一问题,这里仅作简单介绍。资产是对未来现金流的求偿权(如红利和利息)。它们的现值由以下三个因素决定:

(1)未来现金流的金额;

(2)未来现金流的付款日;

(3)未来现金流的不确定性。

首先应当明确为何上述因素决定估值。预期的未来现金流越多,资产价值越高。获得回报所需的等待期越长,金融资产的价值越低。这虽然浅显易懂,但了解如何衡量"时间价值"非常必要。时间价值是第 2 章的主题。最后,预期现金流的不确定性越大,金融资产的价值越低,这关系到风险的问题,是第 3 章的主题。再次强调,尽管直觉清晰易懂,但如何衡量和定价风险是金融学的关键。

1.7 企业与金融市场

最简单的企业形式为个人独资企业(sole proprietorship),所有权和经营权归属于单一个体。合伙企业(partnership)的所有权和经营权由两个或两个以上的个体拥有,如会计师事务所就属于此类。多数企业是公司制企业。公司(corporation)是与其所有者分离的法人,之前提到,公司的两个重要特征是有限责任和投票权。

考虑表 1.3 所示的简化后的公司资产负债表。资产等于债务加上所有者权益(或净值,表示所有权)。本例中,资产为 15 000 万元,等于 7 500 万元的债务加7 500万元的股权。

表 1.3　简化后的某公司资产负债表(账面价值)

资　产	债务和净值
固定资产(厂房和设备,存货):10 000 万元	负债(应付款项、短期负债和长期负债):7 500 万元
金融资产(例如,现金、应收款项):5 000 万元	股东权益或净值(所有权):7 500 万元
总资产:15 000 万元	总债务和所有者权益:15 000 万元

左边的资产随一系列投资项目的逐步进行而产生。与前文提及的例子相同,仅当项目收益高于资金成本时,公司才应投资。换言之,公司从事创造价值的业务。资产负债表按会计准则填列,多数科目以账面价值而非市场价值填报。例如,股东权益基于账面价值,而实际上股东权益的市值可能与账面价值差异很大。

假设表 1.3 中初始时刻账面价值与市场价值是一致的,项目开始时需要投入 5 000万元资金。公司发行新股用于筹资。股东权益账面价值增加 5 000 万元。假设投资者对新项目感到乐观,将公司股票市值推高了 10 000 万元,那么,股东权益市值增加 10 000 万元。

这便引入了关于管理层的首要目标的话题。管理层的首要目标应当是采取行动使公司股东权益的市场价值最大化。管理层应该最大化公司的所有者——股东的收益。

最大化股权价值和最大化公司价值是否一致?如果公司一部分是债权融资而另外一部分是股权融资,那么公司总价值是其债权价值和股权价值之和。如果一致的话,隐含的假定是任何增加股东权益的行为对债权价值的影响是中性的,也就是说,不会出现股东价值蚕食债权人价值的情况。这样的假定有一定的合理性。首先,债权人受限制条款(covenants)保护,即限制管理层可以做什么和不可以做什么。其次,公司为维护声誉的需要(因为未来可能需要发行债券)抑制了侵权行为。但我们也要了解股东和债权人的利益有可能不一致。一个经常发生的情况是股东可能喜欢高风险的投资项目,因为他们只承担有限责任;债权人则喜欢安全的项目,因为他们更在乎企业能够安全还款。如果管理层为了股东的利益而选择了高风险的项目,债权人的利益可能会受到损害。

1.8　代理问题

我们已阐明管理层通常情况下会采取最大化股东价值的行动。人性的弱点在某些时候使得管理层基于个人喜好而非股东利益采取行动。因为股东通常只能对管理层的行为施加很弱的控制，很多人认为管理层可能追求其他目标。这便是代理问题(agency problems)①。

例如，某些时候管理者似乎以短期收入或现金流最大化为目标，以便保证个人地位。强调短期业绩的问题在于这可能导致在长期产生损害价值的行为。这就是最大化股价的行为受到鼓励的原因，因为股价是短期和长期现金流的一种统计指标。当然，鉴于市场的无效率和股票更易受短期表现影响的特性，某些时候，管理者可以以牺牲长期业绩为代价提高短期业绩的行为获得个人利益。

代理问题是现代金融学的核心问题之一。通过合理设计管理层的激励措施可以最小化代理问题。这样的激励措施可以使管理层的目标和股东目标尽量匹配，使管理者在追求个人利益的同时实现股东利益。后文中我们将再次讨论这一问题。现在，我们想强调，设计完美的激励方案实属不易。

1.9 个人与金融市场

除劳动力市场外，个人也会参与金融市场。个人一生中所做的许多金融决策可以归为“个人理财”的范畴。这些问题涵盖生活的各个部分。例如，个人在职业生涯中应当如何抉择以确保享受安逸的退休生活？特别是，应当储蓄多少？应当采用哪种储蓄方式？假如购买股票和/或债券，应当选择哪种？个人的投资组合应当承担多少风险？其他重要的个人理财决策涉及信用的合理运用；租赁还是持有；与抵押相关的各种问题的决策；合理的保险应当包括哪些；等等。某些情况下，明智的做法是咨询理财专家或投资顾问来寻求相关领域的建议，其他时候，个人依靠自身做出恰当的选择。本书第7章将详细讨论这一问题。

1.10 个人理性

现代金融中许多重要的理论建立在一个重要假设上：投资者的完全理性。理解其含义至关重要。最强形式的理性意味着理想投资决策者如同《星际迷航》中的斯波克先生一样拥有近乎无穷的大脑内存。这样的决策者考虑所有的相关信息，并在当前情

① 在公司治理结构中，股东是“委托人”，管理层是股东的“代理人”。如何解决委托人和代理人之间利益不一致的问题通常称为“代理问题”。“代理成本”是为解决代理问题而付出的成本。例子之一是股东为监督管理层行为付出的审计费用。

形下做出最优决策。然而，大量研究表明现实却是另一番景象：典型的决策者与理想状态相距甚远。

确实，多数人是不完美的，不能像斯波克先生那样有效地处理信息。假如自己是一名普通散户投资者，做出金融决策时面对成千上万条信息（包括垃圾信息）的轰炸。而且，限于精力，多数人仅能同时关注某些特定的信息。结果，某些人在某些时刻忘记考虑重要的相关信息①。

考虑到处理信息时面临的重重困难，人们选择捷径并不奇怪。决策捷径通常遵循拇指法则或试探法，即允许个人依赖最少的处理做出其认为的最优选择。试探法显然对原始人有利。例如，进食时，当发现食物的味道与平时的不同时，他会意识到应当避免继续食用这些食物。但在不需要本能反应的地方之外，这种试探法的方式可能会导致次优决策。第 7 章中我们将给出一个"熟悉偏好"，也就是从熟悉的渠道寻求投资的例子。

除问题众多的选择捷径行为之外，其他人类行为倾向也会干扰理性决策，最为明显的便是过度自信（overconfidence）和过度反应（excessive emotion）。最初，心理学研究发现大量关于多数人在大多数时间内是过度自信的证据，即人们往往认为自己的技能或知识高于自身的实际水平②。证据显示，过度自信的投资者交易往往过度频繁；过度自信的企业家更倾向于进入新的业务领域。

人类容易受情绪支配。情绪难以避免，但是应当努力维持情绪的稳定③。恐惧或焦虑的状态下，人们难以做出最佳决策。"情商"一词正日益流行，所指的便是这种稳定状态④。情商指了解自我、自我管理、自我激励的能力。情绪引起的人们在金融决策中出现的偏差，以及由此产生的对金融市场的影响已成为金融学的新兴分支——行为金融（behavioral finance）的研究热点。

---

① 而且我们的注意力都是有限的。同时，拖延症和不愿事先准备的毛病也是普遍存在的。

② 参见 Barber, B. and T. Odean, 1999, The courage of misguided convictions, *Financial Analysts Journal*（行为金融学特辑），p.41—55。

③ 尽管很多人默认假设决策过程应当排除情绪的影响（回想斯波克先生的例子），实际并非如此。证据表明，情绪可以从两方面帮助决策。首先，情绪可以推动个人做出至关重要的决定。其次，情绪可以帮助选择最优的决策：乐观情绪帮助大脑搜集信息，激发创造力，提高问题解决能力，增强谈判能力，做出有效、周密的决定。Ackert, L. F., B. K. Church and R. Deaves, 2003, Emotion and financial markets, *Federal Reserve Bank of Atlanta Economic Review*, pp.33—41. 对此进行了深入讨论。

④ 参见 Goleman, D., 1995, *Emotional Intelligence*（Bantam，纽约），书中对情商做了深入探讨。

1.11　后续章节展望

在1.3、1.4和1.5节中我们已提及了第5～8章的内容，这些章节是对金融学主要分支的一个介绍：资本市场、金融机构、公司金融和个人理财。第2～4章将主要介绍基本工具和概念。第2章介绍现金的时间价值，包括一系列估计未来现金流价值的方法。第3章介绍当未来现金流包含风险时，其价值变低，重点在于“价值究竟降低多少才合理”。第4章介绍关乎许多金融理论议题的几个核心概念。首先，市场效率描述证券价格是否准确地反映了精明的分析者对价值的估计。套利是寻求从任何不合理的相对价格中收益的过程。无套利假设在对股票期权等金融产品进行估值的过程中非常有用。最后，对冲是降低或减少风险的过程。读者会发现，某些时候，单独看起来风险很高的证券可以作为资产组合中有效的对冲或降低风险的工具。

本章习题

1. 证券的主要类别有哪些？区别在什么地方？

2. Westdale公司的股票在年初的售价为2.5元，年末Westdale公司支付0.3元红利，股价跌至2.45元。包含红利的收益率是多少？资本利得是多少？复合收益率是多少？

3. 货币市场和资本市场的区别是什么？

4. 如何区分实物资产、金融资产和证券？

5. 股权与债权相比，有什么优势和劣势？

6. 假如你有一项需要投入1 000 000元的投资，年末产生的现金流为1 200 000元。若无风险利率为8%，则该项目是否值得投资？

7. 2008年9月全球信用市场开始失灵。该事件如何导致真实经济进入衰退状态？

8. 决定金融资产价值的三个因素是什么？请解释为何每个因素都是重要的。

9. 个人的哪些心理因素会导致他们在金融决策时出现偏差？

第 2 章　时间价值

2.1　引　言

如果让你选择现在获得一笔资金还是未来的某个时间获得同样的资金，你肯定会毫不犹豫地选择现在获得该笔资金，原因在于货币有时间价值。如果你未来确实需要一笔资金，那么你现在就应该把钱存起来准备未来的支付并获得利息收入。这是理性人会采取的行动，上一章讨论的心理作用和不完全理性是这一情形的例外。本章将忽略心理作用的影响并量化货币的时间价值。2.2 节介绍现值和终值的计算，2.3 节提及复利、实际利率和票面利率。基于绝大多数的金融资产带来多期现金流这一事实，2.4 节至 2.7 节介绍产生多期现金流的金融工具的现值计算，2.8 节将介绍一些重要而特别的产生多期现金流的金融工具——年金和永续年金，2.9 节会介绍一个很常见的年金例子——抵押贷款。

2.2　现值和终值

如果你必须在现在获得一笔资金和将来获得更多数量的资金之间进行选择，你会基于怎样的标准做出抉择呢？假设你必须在今天的 50 元和一年后的 60 元之间做出选择。显然这个选择依赖于将未来货币价值转化成当前货币价值的利率，或者说依赖于将当前货币价值转化成未来货币价值的利率。比方说，你可以将当前资金存入储蓄账户，每年获得 10%的利息收益，那么今天的 50 元一年以后就变成 55 元，所以选择一年以后获得 60 元比现在获得 50 元更好。

将未来货币价值转化成当前货币价值会得出怎样的结论？如果你可以以 10%[1] 的利率借款，承诺一年后到期时归还 60 元，那么你现在可以借到资金的数量为 54.55 元。因此一年后 60 元的现值是 54.55 元[2]。我们再次得到选择——一年后获得 60 元比当前获得 50 元更好。

从上述事例中我们可以发现货币的时间价值是利率的函数。将未来的现金流进行折现的利率被称为折现率(discount rate)。实际上，术语“折现率”是比狭义的银行利率更宽泛的概念，折现率有时候可以是银行利率，有时候可以是其他参照基准。比方说，对风险股票的现金流进行折现所使用的折现率术语叫做股票要求收益率(required rate of return)，而在资本预算(capital budgeting)(公司决定采取哪类投资项目)中所使用的折现率术语通常称为资本成本。之所以有这样的差异，是由于不同资产的未来现金流的风险不一样，它们的折现率也不一样。风险大的现金流，投资者必须以较高的折现率进行折现。股票要求收益率和资本成本不能像银行利率一样通过观察得到，而只能通过估算得到。然而不管怎样，折现方法都是相同的。只是不同风险的现金流要用对应的折现率进行折现。没有特别指明的情况下，下文将使用 k 代表折现率。

折现率的使用让我们能够比较未来现金流(可以是未来不同时间点上的现金流)和当前资金价值的大小。为了与当前资金价值进行比较，所有的未来现金流都可以折成现值，然后比较未来现金流的现值和当前资金的价值就可以了。

一、现值计算

从上述的讨论中，我们可以清楚地知道，要将货币的未来价值转化成现值(present value)，需要知道合适的折现率。为了方便计算，我们做出一些基本假设，通常提到的时期是以年为单位，当然时期可以是任意的时间单位。如果时期是以年来划分，那么折现率会以“每年”的形式出现，即一年的实际利率。如果时期以其他方式划分(比如每月)，那么折现率也会随之调整成相应的实际利率(比如月利率)。另外，我们假设现金流的支付和获得发生在每期末，而不是发生在期中。最后我们还假设折现率在未来的每一期都是相同的，也就是说，同一项目的现金流不管期限是 3 年还是 5 年，每年的折现率都应该相同。

---

① 现实生活中借款利率和贷款利率并不一定相等，这里假设相等只是为了简化讨论。
② 阅读下文你会发现可以利用公式(2.1)。

时期 0 表示现在，时期 t 表示未来的某一时期。V_t 表示未来时期 t 的现金流，是时期 t 时的货币价值，不是当前价值。V_0 表示未来时期 t 的现金流 V_t 的当前价值，如同前文 k 依旧表示折现率。那么 V_0 和 V_t 有什么关系？当 $t=1$ 时，由前面的讨论我们知道有下述关系存在：

$$V_0=\frac{V_1}{1+k} \tag{2.1}$$

如果未来的现金流发生在时期 $t=2$，下述关系将成立：

$$V_0=\frac{V_2}{(1+k)^2} \tag{2.2}$$

以此类推，如果未来的现金流发生在时期 t，我们得到下述将未来现金流转化成现值的一般表达式：

$$V_0=\frac{V_t}{(1+k)^t} \tag{2.3}$$

式(2.3)可以用另一种方式表示，即：

$$V_0=V_t\times PVIF(k;t) \tag{2.4}$$

其中，$PVIF(k;t)$是现值系数(present value interest factor)，等于 $1/(1+k)^t$。现值系数是指折现率为 k，时期 t 下 1 元的当前价值。从 $PVIF$ 公式我们可以很明显地知道：第一，折现率越低，现值越高；第二，折现期越短，现值越高。

例 2.1 假设折现率为 15%，下一年 200 元的当前价值是多少？5 年以后 200 元的当前价值呢？如果折现率为 3%或者 20%，20 年后 1 000 元的当前价值是多少？

答案：套用公式(2.3)，将上述数值代入公式中，分别得到：173.91 元、99.44 元、553.68 元和 26.08 元。

二、终值计算

前文介绍了如何将终值转化成现值，其实现值也可以很容易地转化成终值(future value)。简单地将终值转化成现值的公式进行整理，可以得到如下表达式：

$$V_t=V_0\times(1+k)^t=V_0\times FVIF(k;t) \tag{2.5}$$

其中，$FVIF(k;t)$是终值系数(future value interest factor)，等于$(1+k)^t$。终值系数是指折现率为 k，当前 1 元按复利计算在时期 t 的价值。复利(compounding interest)是指在每经过一个计息期后，都要将所生利息加入本金以计算下期的利息，即利息也会产生利息[①]。同样，从 $FVIF$ 公式中我们可以很明显地得到：第一，终值随着时期 t 的增大而增大；第二，终值随着折现率 k 的增大而增大。

当然，$PVIF$ 和 $FVIF$ 之间的关系还是很明显的，即互为倒数。比如：折现率为 8%，5 年的期间，$PVIF(8\%;5)=1.469\ 3$，而 $FVIF(8\%;5)=1/1.469\ 3=0.680\ 6$。

例 2.2　已知折现率为 10%，当前的 100 元 2 年后的终值是多少？10 年后呢？如果折现率为 5%，当前的 100 元 10 年后的终值是多少？

答案：套用公式(2.5)，并将上述数值代入公式中，分别得到：121.00 元、259.37 元和 162.89 元。

为了加深对货币价值随时间增长的理解，假设以每年 8%的利率投资 1 000 元，正如图 2.1 描述的，25 年后你的资金将增长到 7 000 元。如果你不能让你的资金产生复利(按照单利计息)，那么 25 年后你将仅获得 3 000 元，即本金 1 000 元加上 2 000 元的利息(25 年内每年 80 元的利息)。

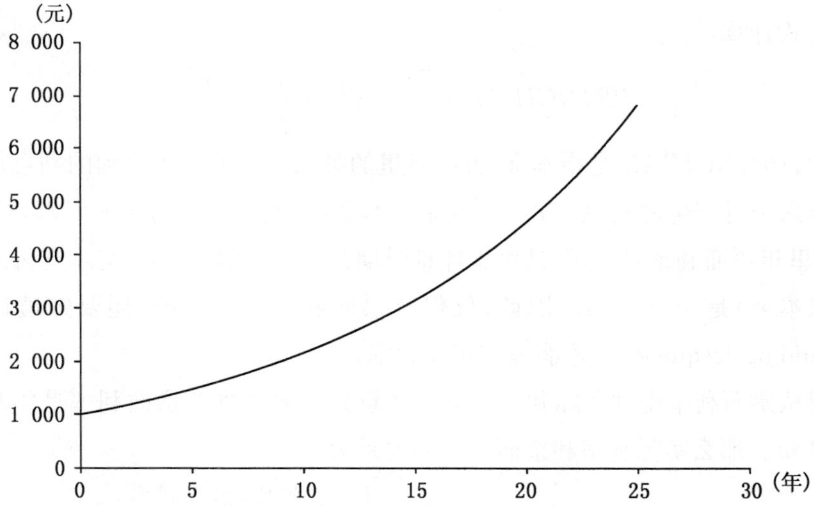

图 2.1　在利率为 8%的情况下 1 000 元随时间增长的趋势

---

① 如果一项多年期贷款(比如 5 年期)贷款人在贷款期间结束时才收到所有利息，这种计息方式是单利。比如：贷款者以 10%的年利率贷款 1 000 元给借款者，本金和利息 5 年后一起还。按照单利计息，5 年后贷款者将收到总利息 500 元。如果这笔贷款复利，即每年交付一次利息，那么贷款者在第一年末收到 100 元。贷款者如果将这 100 元存入银行，第五年底可以收到 $100\times(1+10)^4$ 元。以此类推，贷款者收到的所有利息在第五年末总值为 $100\times[(1+10\%)^4+(1+10\%)^3+(1+10\%)^2+(1+10\%)^1+(1+10\%)^0]=610.51$(元)。

2.3 票面利率、付息频率和实际利率

到现在为止，我们假设提供的利率都是实际利率。但利率通常不是以实际利率而是以票面利率(stated interest rate)的形式出现的。我们需要把票面利率转化成实际利率(effective interest rate)，然后再计算现值和终值。原因在于本章介绍的定价公式(如 *PVIF*)使用的都是实际利率。

为了理解实际利率与票面利率的差异，假设你以每年 x 的票面利率贷款给他人，但是你要求在六个月后获得年利息的一半，年末收到剩下的一半。这种方式下你一年获得两次利息，每六个月获得一次利息。也就是说，六个月后你获得本金的$(x/2)$利息，一年后你再次获得本金的$(x/2)$利息。这种获得利息的方式当然比年末收到本金的 x 利息好，原因是你可以将六个月后获得的利息再投资六个月。假定再投资的年利率与之前相同，则你的利息还会产生$(x/2)$利息。那么一年后利息和本金总量可以用如下公式计算：

$$PRINCIPAL\times\left[1+\frac{x}{2}\left(1+\frac{x}{2}\right)+\frac{x}{2}\right] \tag{2.6}$$

其中，*PRINCIPAL* 是指本金，方括号里的第二项是第一次收到的利息加上该利息再投资六个月产生的利息。式(2.6)除以本金再减去 1，得到 $x+x^2/4$，这比 x 要大[①]。这里年票面利率是 x，但是由于计息时期是半年，实际利率(实际支付或收到的利息除以本金)是 $x+x^2/4$。因此，仅仅有票面利率是不够的，还要知道计息频率(compounding frequency)，才能确定实际利率。

如何从票面利率得到实际利率？首先注意到一般提到的票面利率是年利率及计息的频率 m。那么实际利率和票面利率的关系为：

$$k(12/m\text{ 个月，实际利率})=\frac{k(12\text{ 个月，票面利率})}{m} \tag{2.7}$$

其中，$k(12/m$ 个月，实际利率)是 $12/m$ 个月的实际利率。$k(12$ 个月，票面利率)是年票面利率，m 是复利的频率，也就是一年内计息的次数。所以，如果向你提供年票面利率和复利的频率，你很容易计算实际利率。比如，年票面利率为 6%，每月支付一次利息(即一年支付 12 次)，则月实际利率＝6%/12＝0.5%。

① 票面利率通常被称作“名义”利率，但是使用“名义”利率会让人产生误解。一般而言，名义利率是相对于实际利率而言的，是指没有扣除通货膨胀率的利率，更详细的区别可以见第 1 章的讨论。

按照公式(2.7)计算的实际利率可能不是我们想要的。因为它只告诉我们 $12/m$ 个月的实际利率。通常我们希望知道其他时间距离，比如年实际利率。这样我们可以统一比较各种利率。出于这个原因，需要对按照公式(2.7)计算出来的实际利率进行调整。比如，已知 1 个月的实际利率，你可以计算出一年的实际利率。这个过程非常简单，只需要将总利率[＝1＋实际利率(gross interest rate)]进行适当的次方计算。如果时期间隔比已知实际利率的时期间隔长，则次方大于 1；如果时期间隔比已知实际利率的时期间隔短，则次方小于 1。这里次方等于需要计算实际利率的时期长度除以已知实际利率的时期长度。比如，已知每月的实际利率，需要计算 1 年的实际利率，则次方为"12"，计算公式如下：

$$[1+k(1\text{ 个月，实际利率})]^{12}=[1+k(12\text{ 个月，实际利率})] \tag{2.8}$$

其中，k(1 个月，实际利率)是每月的实际利率，k(12 个月，实际利率)是一年的实际利率。将一个月的实际利率转变成 12 个月的实际利率，计算过程为：先将一个月的实际利率加上 1，然后进行十二次方计算，即得到 12 个月的总利率。

类似地，如果要将一年的实际利率转变成一个月的实际利率，对上述公式(2.8)进行开十二次根计算，得到：

$$[1+k(12\text{ 个月，实际利率})]^{1/12}=[1+k(1\text{ 个月，实际利率})] \tag{2.9}$$

计算过程为：先将 12 个月的实际利率加 1，然后开 12 次根，即得到一个月的总利率。开 12 次根是因为要计算的实际利率的期间(1 个月)是已知实际利率的期间(12 个月)的 1/12。

表 2.1 详细地列出了 1 000 元投资于一个金融产品(票面利率为 12%，复利频率为每月，即每月支付利息)的每期收入。

表 2.1　　**复利投资金额变化**　　单位：元

月	期初金额	利息收入	期末金额
1	1 000.00	10.00	1 010.00
2	1 010.00	10.10	1 020.10
3	1 020.10	10.20	1 030.30
4	1 030.30	10.30	1 040.60
5	1 040.60	10.41	1 051.01
6	1 051.01	10.51	1 061.52

续表

月	期初金额	利息收入	期末金额
7	1 061.52	10.62	1 072.14
8	1 072.14	10.72	1 082.86
9	1 082.86	10.83	1 093.69
10	1 093.69	10.94	1 104.63
11	1 104.63	11.05	1 115.68
12	1 115.68	11.16	1 126.84

从表 2.1 我们可以看到，每月的实际利率是 1%。12 个月的实际利率是 12 个月的期末金额/1 月初的金额－1＝1 126.84/1 000－1＝12.684%。如果用公式(2.8)，k(12 个月，实际利率)＝[1＋k(1 个月，实际利率)]^{12}－1＝(1＋10%)^{12}－1＝12.684%。二者答案一致。

推而广之，从期间为 x 个月的实际利率转变成期间为 y 个月的实际利率，用二者一年的实际回报必须相等的关系，可以得到转换公式为：

$$[1+k(x\text{ 个月，实际利率})]^{12/x}=[1+k(y\text{ 个月，实际利率})]^{12/y} \tag{2.10}$$

可以写成：

$$[1+k(x\text{ 个月，实际利率})]^{y/x}=[1+k(y\text{ 个月，实际利率})] \tag{2.11}$$

次方为 y/x 是因为 y 个月中有 y/x 个 x 个月。

例 2.3 从 3%的季度实际利率转变为半年实际利率是多少？从 1%的月实际利率转变为日实际利率呢？反过来，从 0.02%日实际利率转变成月实际利率呢？（假设一个月有 31 天，一天是一个月的 1/31。）

答案：应用公式(2.8)—(2.11)，将上述利率数值代入公式中，并进行适当的次方计算，分别得到：6.09%、0.0321%和 0.622%。

从 m 次复利年票面利率转变成期间为 y 个月的实际利率，转换公式为：

$$[1+k(y\text{ 个月，实际利率})]^{12/y}=\left[1+\frac{k(12\text{ 个月，票面利率})}{m}\right]^m \tag{2.12}$$

一个特别而且经常使用的情形是将 m 次复利的年票面利率转变成实际年利率：

$$k(12\text{ 个月，实际利率})=\left[1+\frac{k(12\text{ 个月，票面利率})}{m}\right]^m-1 \tag{2.13}$$

例 2.4 票面利率是每年为 12%，每月计息，那么实际年利率是多少？

答案：将票面利率代入公式(2.13)中，$k(12\text{ 个月，实际利率})=\left(1+\frac{12\%}{12}\right)^{12}-1$，得到有效年利率是 12.68%。这与表 2.1 的计算结果也一致。

以上的讨论告诉我们，我们不仅要注意一个金融产品的票面利率，还要注意它的计息频率。一个低票面利率但计息频繁的产品的实际利率可能高于一个高票面利率但计息不频繁的产品。表 2.2 给出了年票面利率在不同付息频率下的年实际利率。

表 2.2　　年票面利率和年实际利率转换

	付息频率				
	半年	季度	月	日	连续
年票面利率	年实际利率				
1%	1.003%	1.004%	1.005%	1.005%	1.005%
5%	5.063%	5.095%	5.116%	5.127%	5.127%
10%	10.250%	10.381%	10.471%	10.516%	10.517%
20%	21.000%	15.865%	16.075%	16.180%	16.183%
30%	32.250%	21.551%	21.939%	22.134%	22.140%

2.4　现值和终值再计算

上述讨论的因素将怎样影响现值和终值的计算？答案是不影响，只要注意折现率是以相应期间的实际利率的形式出现。比如，计算 100 元 5 年后的终值，可以照旧使用年实际利率并按 5 年计算。有时采用更短的时期跨度计算或许更容易，比如五年内你每月获得本金 0.5%的利息，换句话说，就是月实际利率是 0.5%，最简单的计算方式是不必先将月实际利率调整为年实际利率而直接计算：

$$V_t=V_0\times[1+k(1\text{ 个月，实际利率})]^t=100\times(1.005)^{60} \tag{2.14}$$

其中 5 年有 60 个月。公式(2.14)是公式(2.5)的一个简单的应用，其中有 60 个计息期($t=60$)，利率 k 是月实际利率。当然也可以先将月实际利率转换成年实际利率，此时有 5 个计息期($t=5$)，这样可以得到同样的结果。

$$V_t=V_0\times[1+k(12\text{ 个月，实际利率})]^t=100\times[1+k(1\text{ 个月，实际利率})^{12}]^5$$

例 2.5　如果以 9%的票面年利率按照每季付息的方式借 100 元。季度实际利率和年实际利率是多少？那么第十年年末实际收到多少钱？

答案：每季实际利率是 9%/4＝2.25%，年实际利率是 k(12 个月，实际利率)＝$\left(1+\frac{9\%}{4}\right)^4-1=9.3\%$。到第十年末有 40 个计息期。实际收到钱：$V_t=V_0\times$ $[1+k(3\text{ 个月，实际利率})^{40}]=100\times(1+2.25\%)^{40}=243.52$(元)。

2.5 连续复利

连续复利(continuously compounded interest rate)是一个假想的情况，但经常应用在连续时间的金融数学模型上，值得关注一下。可以想象利息支付的频率不断增大，从每季变成每月，再从每月变成每个星期、每天、每秒，等等，在极限情况下就是我们所说的连续复利。用符号 k^c 表示连续复利的年票面利率。在连续复利年票面利率(通常简称连续复利)为 k^c 时，投资 1 元，时期为 1 年，1 年后将获得：

$$\left(1+\frac{k^c}{m}\right)^m(m\text{ 趋向无穷})=\exp(k^c) \tag{2.15}$$

其中，$\exp(x)=e^x$①。反过来一年后收到的 1 元现值为 $\exp(-k^c)$。更一般情况，投资期为多年时，实际回报率为②：

$$V_t=\exp(tk^c) \tag{2.16}$$

这里时期 t 指年份。那么年实际利率 k(12 个月，实际利率)和连续复利的年票面利率 k^c 有着怎样的关系？如果以年实际利率 k 投资 1 元，一年后将获得 $1+k$(12 个月，实际利率)。如果按照连续复利的方式计算，一年后将获得 $\exp(k^c)$。为了完成年有效利率和连续复利之间的相互转换，需要令两种投资方式一年后的收益相等，则得到如下表达式：

$$1+k(12\text{ 个月，实际利率})=\exp(k^c) \tag{2.17}$$

求解 k 得到：

$$k(12\text{ 个月，实际利率})=\exp(k^c)-1 \tag{2.18}$$

求解 k^c 得到：

$$k^c=\ln[1+k(12\text{ 个月，实际利率})] \tag{2.19}$$

例 2.6 当连续复利的年票面利率为 10%时，年实际利率是多少？当连续复利的

---

① 自然指数 e 近似等于 2.718。
② 数学上我们需要将计息期间趋近于无穷小，连续复利 1 年。

年票面利率为 8%时，当前 500 元 5 年后的终值是多少？假设 3 年后归还 1 000 元，年利率为 11%，每半年计息，你可以借多少钱？如果连续复利为 10.5%呢？哪种方式下能借更多的钱？

答案：运用公式(2.18)，如果k^c＝10%，则等价的年实际利率为 10.52%。如果 500 元按照连续复利为 8%计算，使用公式(2.16)得到 5 年后的终值为 745.91 元，此时等价的年实际利率为 8.33%。最后，在年利率为 11%下，每半年计息一次，3 年后 1 000元的现值为 725.25 元；如果是连续复利为 10.5%，则现值为 729.79 元。采用连续复利为 10.5%时，则能借更多的钱。

例 2.7　我们用一个国债的实际例子来回顾及应用我们前面所学的利率计算方法。财政部 2003 年发行规模面值 260 亿元、期限为 20 年的固定利率国债，年票面利率为 3.40%，每年 4 月 17 日和 10 月 17 日周期性(隔半年)支付利息，2023 年到期归还本金。该国债简称国债 0303，代码为 100303，2003 年 4 月 25 日在深圳证券交易所上市交易。计算其实际利率。

答案：从以上信息我们可以计算财政部每年 4 月 17 日和 10 月 17 日要支付 260×3.40%/2＝4.42 亿元的利息。六个月实际利率为 3.40%/2＝1.7%，年实际利率为$(1+3.40\%/2)^2-1=3.43\%$。实际利率反映了每一元面值的债券每年实际可以收到的利息。

2.6　复合现金流

如果一项金融工具能产生一系列的未来现金流，那么它的现值该怎么计算？这里需要引入现值可加性概念。现值可加性是说未来系列现金流的现值是未来每一项现金流现值之和。比如，一年后获得 500 元，两年后获得 700 元，已知年实际利率为 10%，该系列现金流的现值是多少？一种很直观的计算就是，一年后 500 元的现值是 454.55 元，两年后 700 元的现值是 578.51 元，两笔未来现金流现值之和为 1 033.06 元。终值可加性也是成立的。如果系列现金流发生在时期 $t=2$、时期 $t=5$ 和时期 $t=8$，要计算时期 $t=8$ 的终值，可以计算发生在时期 $t=2$ 的现金流六年后的终值，时期 $t=5$ 的现金流三年后的终值，时期 $t=8$ 的现金流不变，然后将这三笔终值相加。

2.7 净现值

继续对前文的事例进行讨论，将前文的现金流看成投资带来的未来资金流入。一般而言，投资需要期初资本支出。假设期初资本支出为 1 000 元，上述事例意味着 1 000元的初始投资会带来现值为 1 033.06 元的未来现金流。显然这是一个好的投资。事实上，对一项投资进行评估的决策规则是接受那些能带来正净现值的投资项目。所谓净现值(net present value)，是指投资带来的未来现金流入的现值与初始投资额之差。在上述事例中，净现值为 33.06 元。在第 6 章讨论资本预算的时候，净现值是一个很重要的概念。

2.8 年金

年金(annuity)就是等额、定期的未来现金流。标准的贷款合约比如住房抵押贷款和汽车贷款等定期偿还等额资金的贷款都构成年金。

一、年金的现值

为了计算年金的现值，我们一般计算每一笔未来现金流的现值然后将其加总。然而，问题在于要计算很多笔未来现金流各自的现值然后将其加总是相当无聊的，但是有一个快捷计算年金现值的方法。

CF 表示一个持续 n 期年金的每期现金流大小，则年金现值计算如下：

$$V_0=\frac{CF}{1+k}+\frac{CF}{(1+k)^2}+\cdots+\frac{CF}{(1+k)^n} \tag{2.20}$$

运用等比数列求和公式，整理公式(2.20)，简化如下：

$$V_0=CF\times\frac{1-\frac{1}{(1+k)^n}}{k} \tag{2.21}$$

其中等式右边的第二项经常写成：

$$PVIFA(k;n)=\frac{1-\frac{1}{(1+k)^n}}{k} \tag{2.22}$$

这样公式(2.21)可以简化为：

$$V_0 = CF \times PVIFA(k;n) \tag{2.23}$$

为了得到年金的现值，只需要将等额的现金流乘以年金现值系数 $PVIFA(k;n)$（present value interest factor of annuity）。年金现值系数等于折现率为 k、持续期为 n、每期现金流为1元的年金的现值。年金现值系数随着 n 的增加而增加，但是随着 k 的增加而减小。

例 2.8 一项投资每年能带来50元的现金流，持续期为10年，如果你期望的年利率是9%，那么你愿意为这笔投资初始支付多少钱？如果年利率不变，你愿意为每年现金流为500元、持续期3年的年金支付多少初始投资？

答案：将上述数值代入公式(2.23)中，第一个问题的解是320.88元，第二个问题的解是1 265.65元。

二、永续年金

年金会永远持续下去吗？理论上是可能的，而且这样的事例确实存在[①]。我们将其称为永续年金(perpetuity)。永续年金的现值是多少？运用一点数学技巧，让 $PVIFA$ 表达式中的期数 n 无穷大，结果是永续年金现值系数等于 $1/k$。因此，如果你拥有一项每期支付现金流 CF 而且持续无穷期的资产，在折现率为 k 时，该资产的现值为：

$$V_0 = \frac{CF}{k} \tag{2.24}$$

例 2.9 年利率为10%，每期需要偿还1 000元，持续无穷期的贷款合约现值为多少？

答案：应用公式(2.24)，得到答案10 000元。

三、年金终值

下面我们将介绍年金的终值，假设10年内每年收到100元，同时你将每年获得的资金进行再投资，投资利率为 k，那么10年后你将拥有多少资金？我们先使用公式(2.23)把年金的现值 V_0 计算出来，然后使用年金的现值和相应期间与利率的终值系数 $FVIF$，得到年金终值：

$$V_n = V_0 \times FVIF(k;n) \tag{2.25}$$

上述是年金终值计算公式。值得注意的是，最后一笔现金流发生在时期 n，这里

① 英国曾经发行的统一公债没有到期日，是一种永续年金。

用时期而不是用年份表示。

把V_0用公式(2.23)含 CF 的表达式代入(2.25)，得到：

$$V_n = CF \times PVIFA(k;n) \times FVIF(k;n) \tag{2.26}$$

让 $FVIFA(k;n)$ 等于 $PVIFA$ 和 $FVIF$ 之积，表示年金终值系数(future value interest factor of annuity)。将 $FVIFA$ 代入公式(2.26)中，得到：

$$V_n = CF \times FVIFA(k;n) \tag{2.27}$$

其中 $FVIFA(k;n)$ 等于：

$$FVIFA(k;n) = \frac{1-\frac{1}{(1+k)^n}}{k} \times (1+k)^n \tag{2.28}$$

简化上式得到：

$$FVIFA(k;n) = \frac{(1+k)^n - 1}{k} \tag{2.29}$$

值得注意的是年金终值系数随着 n 和 k 的增加而增加。

例 2.10 每年支付 500 元、持续期为 3 年的年金在年利率为 8%时按复利计算的终值是多少？

答案：使用公式(2.27)—(2.29)得到答案：1 623 元。

四、即付年金

在结束年金的讨论之前，还需要提及的是现实世界中存在两种形式的年金：普通年金和即付年金(annuity due)。前文讨论的年金形式都是普通年金。即付年金从某个角度来说与普通年金很类似，只不过现金流的发生时间由每期末提前到每期初。在计算即付年金的现值和终值时，只需要将相应的普通年金现值和终值公式进行微调即可。即付年金现值系数(present value interest factor of annuity due)，$PVIFAdue(k;n)$为：

$$PVIFAdue(k;n) = \frac{1-\frac{1}{(1+k)^n}}{k} \times (1+k) \tag{2.30}$$

即付年金终值系数(future value interest factor of annuity due)，$FVIFAdue(k;n)$为：

$$FVIFAdue(k;n) = \frac{(1+k)^n - 1}{k} \times (1+k) \tag{2.31}$$

换句话说，$PVIFA$ 和 $FVIFA$ 乘以 $1+k$ 得到相应的即付年金系数，这个事实反映了即付年金现金流发生时期比普通年金提前一期。

五、复杂现金流年金

即使现金流的大小是上下波动的，计算现值和终值也可能找到简单的方法。比如，以下现金流，接下来的 5 年每年收到 50 元，之后的 4 年每年收到 100 元，再之后的 3 年每年收到 200 元，假设年利率为 10%。计算现值时可以把现金流分成三种年金，其中两种年金的最初支付发生在未来，另一种是标准年金支付。这里仍然可以使用年金公式，只不过要使用三次，而且注意最初支付发生在未来的年金还需要进行相应的折现。上述现金流的现值计算为：

$$V_0=50PVIFA(0.1;5)+\frac{100PVIFA(0.1;4)}{(1.1)^5}+\frac{200PVIFA(0.1;3)}{(1.1)^9} \quad (2.32)$$

简化为：

$$V_0=50\times 3.7908+100\times 3.1699\times 0.6209+200\times 2.4869\times 0.4241=597.30(\text{元})$$

2.9　固定增长年金

一般年金都是等额支付。现在假设每年的现金流以 g 的速率增长（或者更一般，每期以 g 的速率增长）。另外，现金流持续 n 期。这种现金流被称为增长年金（growing annuity）。可以证明增长年金的现值为：

$$V_0=CF_1\cdot\frac{1-\frac{(1+g)^n}{(1+k)^n}}{k-g} \quad (2.33)$$

特别值得注意的是，对第一次现金流做出了标识，因为现金流随着时间而增长，比如 $CF_2=CF_1(1+g)$ 和 $CF_3=CF_2(1+g)$ 等。如果 $g=0$，公式(2.33)就简化成前文的普通年金公式。

另一个有意思的现金流形式是让增长年金中的时期 n 无穷大，我们将得到永续增长年金（growing perpetuity），而公式(2.33)也可以化简为：

$$V_0=\frac{CF_1}{k-g} \quad (2.34)$$

上述公式在第 5 章计算成熟行业的公司的股票价值时是非常有用的，处在成熟行业的公司的红利支付是以一个较低和稳定的速率增长。最后要注意的是，如果增长率 $g=0$，公式(2.34)将简化成永续年金现值公式。

例 2.11 初始现金流入 1 000 元，此后现金流将以 5%的速率增长，持续期为 20 年，那么这个增长年金的现值是多少？如果每期现金流保持不变呢？又如果现金流以 5%的速率一直增长下去直至无穷期呢(已知折现率为 10%)？

答案：应用公式(2.34)并将相关数值代入公式中，增长年金现值结果为12 112.08 元；如果增长率为 0，结果为 8 513.56 元；永续增长年金的现值为 20 000 元。

一、分期偿还贷款

生活中大多数贷款都是分期偿还贷款(amortized loan)。如果你从银行或者金融公司借钱去买汽车，那么每个月你都需要向银行或者金融公司偿还一笔钱，直到贷款全部还清。还款期通常是一年到数年不等。简单地思考我们每一笔偿还额中都涉及部分本金和部分利息，如果每次都只偿还利息，那么还款期间结束你还差贷款者一笔本金，但是事实并不是这样[①]。每期偿还额中都含有本金(principal)和利息(interest)。给定贷款、贷款期(amortization period)(就是你需要偿还贷款的时期)和利率，就可以计算出每期需要偿还的金额，或者分期偿还额。

前文讨论的年金公式现在可以派上用场了。回想持续期为 n 期、每期现金流为 CF 的年金的现值计算公式：

$$V_0=CF\times PVIFA(k;n) \tag{2.35}$$

在对贷款的讨论中，V_0是初始贷款金额，而 CF 是借款人每期需要偿还的金额，所以我们可以将公式(2.35)写成：

$$Loan=Payment\times PVIFA(k;n) \tag{2.36}$$

其中，$Loan$ 是初始贷款金额，$Payment$ 是每期偿还额。上述公式换句话说就是，每期偿还额的现值之和就是初始贷款金额。

每期偿还额中哪部分属于利息，哪部分属于本金？对于每期偿还额中属于利息的部分容易计算，第一次偿还时，贷款本金没有变化，则第一次偿还额中偿还的利息为 $k\times Loan$，那么第一次偿还额中归还的贷款本金为 $Payment-k\times Loan$。因此我们得到在第一次偿还后，还需归还的本金变成 $Loan-(Payment-k\times Loan)$。同样在第二次偿还额中，偿还的利息部分为 $k\times[Loan-(Payment-k\times Loan)]$，偿还的本金

① 分期贷款偿还方式和债券的偿还方式不同，债券是每期偿还利息，最后偿还本金。第 5 章将详细讨论。

为[$Loan-(Payment-k\times Loan)$]$-k\times$[$Loan-(Payment-k\times Loan)$]，以此类推。

作为例子，以 8%的年利率借款 100 000 元买汽车，贷款期为 2 年，每月偿还一笔等量的金额。使用上述方法，每月偿还的金额为：

$$100\ 000=Payment\times PVIFA\left(\frac{0.08}{12};2\times12\right) \tag{2.37}$$

整理得到：

$$Payment=\frac{100\ 000}{PVIFA\left(\frac{0.08}{12};2\times12\right)} \tag{2.38}$$

计算得到每月偿还额为 4 522.8 元，表 2.3 列明了汽车贷款的分期偿还计划。

表 2.3　　**汽车贷款的分期偿还计划**　　单位：元

时间(月)	利　息	本　金	余　额
1	666.7	3 856.1	96 143.9
2	641.0	3 881.8	92 262.2
3	615.1	3 907.6	88 354.5
4	589.0	3 933.7	84 420.8
5	562.8	3 959.9	80 460.9
6	536.4	3 986.3	76 474.6
7	509.8	4 012.9	72 461.7
8	483.1	4 039.7	68 422.0
9	456.1	4 066.6	64 355.4
10	429.0	4 093.7	60 261.7
11	401.7	4 121.0	56 140.8
12	374.3	4 148.5	51 992.3
13	346.6	4 176.1	47 816.2
14	318.8	4 204.0	43 612.2
15	290.7	4 232.0	39 380.3
16	262.5	4 260.2	35 120.1
17	234.1	4 288.6	30 831.5
18	205.5	4 317.2	26 514.3

续表

时间(月)	利 息	本 金	余 额
19	176.8	4 346.0	22 168.3
20	147.8	4 374.9	17 793.4
21	118.6	4 404.1	13 389.3
22	89.3	4 433.5	8 955.8
23	59.7	4 463.0	4 492.8
24	30.0	4 492.8	(0.00)

二、住房抵押贷款

住房抵押贷款是很多人一生最大的一笔借款，掌握住房抵押贷款的工作机理不仅对于金融专业的学生而且对于普通大众都是很重要的。前面讨论的分期偿还贷款也可以应用于住房抵押贷款。

住房抵押贷款每期偿还的金额是等额的，这就构成了年金的形式。非常常见的偿还形式是每月偿还。住房抵押贷款的利率的复利频率和偿还贷款的期限可以不一样。比如，你可以借一个年利率5%，复利频率为6个月，但每月偿还的住房抵押贷款。基于这个原因，为了计算每期住房抵押贷款偿还额，我们需要知道四点：(1)初始贷款额；(2)贷款的利率；(3)复利频率；(4)分期偿还期。

假设复利频率为半年，每月偿还等量的金额。首先需要将规定的复利两次的年抵押贷款的利率使用公式(2.12)计算出有效月利率，最后将计算得出的有效月利率代入公式(2.36)中，同时代入相应的偿还期限，便得到每月偿还额。

例 2.12 借款人和工商银行协商，将合同期为3年的住房贷款利率降低至3.25%(一年两次复利)，并且借款人选择15年的还款期并每月偿还贷款。如果借款人抵押贷款购买一套价值300 000元的住房(首付100 000元)，那么他每月的偿还额是多少？

答案：首先需要使用公式(2.12)计算每月的实际利率：

$$k(1\text{ 个月，实际利率})=\left(1+\frac{0.032\,5}{2}\right)^{1/6}-1=0.27\%$$

其次注意到15年有15×12=180个月，最后将上述数值代入公式(2.36)中：

$$Payment=\frac{200\,000}{PVIFA(0.002\,7;180)}$$

得到每月的偿还额为1 403.22元。

本章习题

1. 折现率为8%时,5年后100元的现值是多少?利率为4%时,当前500元10年后的终值是多少?

2. 月实际利率为0.75%,持续期是10年,每月1 000元的现金流的年金的现值是多少?年实际利率为5%,持续期是10年,每年25 000元的现金流的年金的终值是多少?

3. 假设在接下来的四年每年年末存款1 000元,年利率为12%,在第七年末你的存款账户将有多少元?

4. 下个月你将收到10元,从下个月起你收到的现金流每月增长1%,并且永续增长,如果每月的折现率是1.5%,该项永续增长年金的现值是多少?

5. 如果票面利率是5.75%,计息方式是每月复利形式,那么每月的实际利率是多少?年实际利率呢?

6. 如果年利率是10%,计息方式是每半年复利形式,那么每星期的实际利率是多少?

7. 如果年利率是10%,计息方式是连续复利形式,那么每月的实际利率是多少?

8. 你是选择现在获得一次性支付100 000元还是在余下的生命中每年获得15 000元?假设你还能活60年,给定年利率是12%。

9. 假设你买的彩票中奖了,工作人员向你提供如下两种现金流方案:

方案1:1年后获得10 000元;

方案2:5年后获得20 000元。

在折现率分别为0%、10%和20%时,你会选择哪种方案?两种方案等价时折现率是多少?

10. 如果你需要3 000元,在月利率为0.5%时,账户里2 000元要经过多久变成3 000元?

11. 每月现金流为200元,持续期为1年,如果年末能得到3 000元的终值,那么有效年利率是多少?

12. 如果你有机会作出一项投资,初始投资成本为900 000元,投资带来的现金流如下：一年后 120 000 元，两年后 250 000 元和三年后 800 000 元，与该项投资相应的折现率为 12%，你会接受这项投资吗？

13. DSB 运输公司决定在 5 年后每个季度向投资者分派 1 元的股息，而且股息将永久保持不变，如果规定的年利率为 15%，计息方式是每季复利，那么现在 DSB 运输公司的股票价格是多少？

14. 绿洲金融公司向你提供三种形式的贷款，有效年利率为 16%，在下面三种形式的偿还方式中，你愿意分别借多少钱？

a. 5 年内每年偿还 1 200 元；

b. 10 年内每季偿还 300 元；

c. 15 年内每月偿还 100 元。

15. 某人从银行获得 3 年期的汽车贷款，贷款额为 10 000 元，贷款利率为 7%，计息方式是每季复利形式，然而偿还贷款则是每月偿还，那么这个人每月的偿还额是多少？

16. 你以抵押贷款利率为 6.75%、期限为 15 年向银行借款 225 000 元买房，在偿还 5 年的金额后，你还欠银行多少本金？如果规定的利率是按照每月复利的形式呢（按照加拿大抵押贷款方式计算）？

17. 你向银行借款来改造房屋，期限为 5 年，每月偿还额为 350 元（支付在每月月末），利率为 8%。

a. 计算每月实际利率。

b. 计算第一笔偿还额的现值和最后一笔偿还额的现值。

c. 计算第一笔偿还额的终值和最后一笔偿还额的终值（终值时间以贷款的最后支付时间为准）。

d. 你会向银行借多少钱？

e. 在你偿还一半的贷款后，你总共支付了多少元？你偿还了多少本金？

f. 假设银行和你协商决定偿还额每期增长 0.5%，那么你第一次偿还多少？为什么这种形式的贷款比较适合年轻人？

第3章 风险与收益

3.1 引 言

本章引入金融学中一个关键的基础概念:风险。大多数投资都具有不确定性,即投资产生的现金流具有不确定性。人类的天性是偏好确定性而厌恶不确定性的。但如果具有风险的投资能够产生足够高的预期收益从而能补偿投资者面临的风险,那么有些人就会愿意投资并承担风险。这一理解看起来直观,但有几个关键问题需要厘清:第一,如何测量风险?第二,多大的回报才能使投资者愿意承担相应的风险?

本章所涉及的内容与所有风险性投资都有关,但主要讲述交易性资产的投资,即证券,尤其是股票。3.2 节介绍了基于单只证券视角的风险与收益的基本知识。此处需要一些基本的概率统计知识。理解样本与分布之间的区别非常重要:前者是过去已经发生的,后者是未来可能发生的。均值(或历史平均值)属于样本的范畴,而期望值属于分布的范畴。风险用方差和标准差来衡量,这些内容会先复习一下。

我们将在 3.3 节中论证,理解一组随机变量如何一起变化很重要:相关性的统计指标是测量的工具。接下来是投资组合理论,这里的一个关键结论是,不要把所有的鸡蛋放在一个篮子里。通过多样化,可以在不牺牲收益的情况下降低风险。这意味着明智的投资者不会只持有一只证券,而是会持有一篮子证券。读者将会发现,从资产组合的角度看待投资,对风险的理解会发生微妙变化。

如果有许多证券可供选择,显然几乎存在无穷多的方法将它们组合成投资组合。然而,只有某些特定组合,才应该被理性的投资者选择。这样的证券组合会落入“有效集”中,这点将在 3.4 节中讨论。

最后，在 3.5 节中，我们从个人投资者的视角转向市场的视角，借此我们将引入资本资产定价模型(CAPM)，该模型使得人们能够仔细计算合适的回报以作为对投资者承担风险的适当补偿。

3.2 基于单只证券视角的风险与收益

一、历史平均收益与风险

风险和可能的回报是投资者首先会关注的投资主要特征。在逻辑上，投资者倾向于最大限度地降低风险，同时最大化收益。事实上，历史记录清楚地表明，平均而言，风险更大的投资才能获得更高的回报。

在回顾历史数据之前，先复习一下如何计算平均回报和风险。在这方面，重要的是要清楚你想要“后视”还是“前瞻”。“后视”意味着历史或事后，而“前瞻”意味着预测或事前。计算事前值很困难，计算事后值则很简单。

如果你有某个随机变量(如某些资产的回报，以 X 表示)的历史数据，你就有了样本。计算样本平均值只需把所有观测值相加，然后除以样本容量，即：

$$\overline{x}=\frac{\sum_{i=1}^{n}x_i}{n} \tag{3.1}$$

其中，$\overline{x}$ 是样本均值，n 是样本容量(观测值个数)。

计算风险或变化性的常规技术是确定随机变量的方差和标准差。因为后者是前者的正平方根，所以其中一个值确定后总是意味着另一个值也唯一地确定了。样本方差的计算公式如下：

$$s^2=\frac{\sum_{i=1}^{n}(x_i-\overline{x})^2}{n-1} \tag{3.2}$$

其中，s^2 是样本方差。换句话说，先计算样本均值，然后把每个观测值减去样本均值并将差值平方，最后将所有这些平方项相加，并除以观测值的数量减 1。

标准差是方差的正平方根：

$$s=\sqrt{s^2} \tag{3.3}$$

其中，s 表示样本标准差。参考图 3.1，我们通过观察中国不同类资产的历史数据来说明历史风险和回报。图 3.1 计算了从 2005 年 1 月到 2015 年 12 月投资 1 元于不同证券其价值的变化情况。上证 50 指数是最具市场影响力的一批龙头企业的整体状况的一种样本指数。沪深 300 指数是从上海和深圳证券市场中选取 300 只 A 股作为样本编制而成的成分股指数。中证 500 指数综合反映沪深证券市场内小市值公司的整体状况。上证国债全称为"上海证券交易所国债指数",是以上海证券交易所上市的所有固定利率国债为样本计算的加权指数。在此期间,这些资产除上证国债外的收益都出现了明显的波动,表 3.1 显示了中证 500 指数、沪深 300 指数和上证 50 指数年平均收益(方差)分别为 26.1%(37.1%)、18%(33.3%)和 15.8%(33.9%)。上证国债平均收益(方差)为 4.3%(1.8%)。图 3.1 表明股票比债券回报高但风险更大,而小股票比大股票回报高但风险更大。

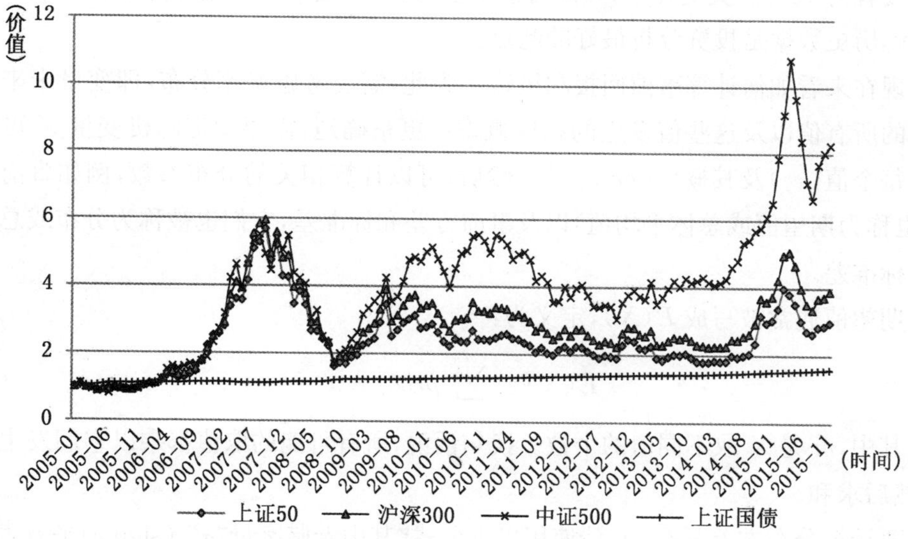

图 3.1　2005—2015 年中国不同类别资产的风险与回报

表 3.1　2005—2015 年中国不同类别资产的风险与回报

项　目	上证国债	上证 50	沪深 300	中证 500
年平均收益率	0.043	0.158	0.180	0.261
年收益率方差	0.018	0.339	0.333	0.371

正如理论所预测的,较高的风险水平通常伴随着较高的回报。但需要注意的是,这在短期内并不一定成立,因为可能会出现意外情况。但现有证据清楚地表明,长期

来看，风险和回报是正相关的，此时短期波动通过平均化被剔除掉了。

二、事前的回报和风险

虽然历史数据具有指导意义，但投资者真正关心的是未来。换句话说，如果我现在买股票，我真正关心的是它将来的表现，而不是它过去的表现。这意味着我需要关注事前回报和风险。我们需要提醒的第一件事是，已经发生的事情未来不一定发生，也可能不是过去曾预期要发生的。

为了说明这一观点，请注意沪深 300 过去 10 年的平均收益为 18%。我们能预期这是未来的收益率吗？事实上，许多专家预期 2016 年后股市未来的回报率更低。这些回报是否是过去所预期的？也许回到样本的起始点，人们可能期望平均回报率为 9%，或者为 13%。关键在于，预期可能不会实现，历史在未来也可能不会重复。但显然了解历史数据是投资分析最好的起点。

现在来看如何计算事前回报和风险。为此，需要考虑概率分布，即变量未来可能出现的所有值以及这些值发生的相应概率。更精确地，需要知道随机变量 X 可能实现的每个值(x_i)及其概率($prob_i$)[①]。然后，可以计算相关的分布参数，例如事前平均值(也称为期望值或总体平均值)以及事前方差和标准差，它们也被称为分布或总体方差和标准差。

期望值通常被写成 $E(X)$，定义为：

$$E(X)=\sum_{i=1}^{m} prob_i \times x_i \tag{3.4}$$

其中，m 是 X 取不同值的个数。换句话说，所有可能的取值都乘以它们发生的概率，然后求和。

要计算分布方差 σ^2( )，请使用以下公式[其中希腊字母“σ”(sigma)平方表示分布方差]：

$$\sigma^2(X)=\sum_{i=1}^{m} prob_i[x_i-E(X)]^2 \tag{3.5}$$

换句话说，把每个可能的值减去期望值再平方，将平方项乘以发生的概率，然后将它们相加。

与样本标准差的计算一样，总体标准差[写作 $\sigma(X)$]是总体方差的正算术平方根：

---

① 这里的 x_i 是可能的取值，而之前它们是样本观察值。

$$\sigma(X)=\sqrt{\sigma^2(X)} \tag{3.6}$$

我们将通过表3.2来说明上述计算。假定在查看历史数据并认为未来会有所不同后,我(假设)提出了未来股市回报的概率分布。相关的数值见表3.2的前两列(可能的回报率与相应的概率)。

表3.2 计算市场回报的分布参数

(1)	(2)	(3)	(4)	(5)
可能的收益	概率	(1)×(2)	$[(1)-E(R)]^2$	(4)×(2)
−10%	20%	−2.00%	3.71%	0.74%
0%	20%	0.00%	0.86%	0.17%
15%	45%	6.75%	0.33%	0.15%
30%	15%	4.50%	4.31%	0.65%

使用这些数值和上述公式,我们可以轻易计算出期望值与分布方差。第(3)列是第(1)列与第(2)列的乘积。将第(3)列的数值加总得到收益率的期望值9.25%。把第(1)列中的每个数值减去9.25%,得到的差值再平方,就得到第(4)列的数值。用第(2)列中的概率值乘以第(4)列中的数值便得到第(5)列的数值。把第5列中的数值加总便得到分布方差1.71%,将其取平方根可得标准差13.08%。所以根据我们假设的分布,未来的收益与风险会比过去低。

有几点需要强调一下[①]。首先,这样的概率分布从何而来?这样的事前计算总是带有主观的判断——基于个人的看法。虽然实际中事前期望收益率和方差的估计会基于过去的数据,但是通常还要进行主观的调整。

例3.1 如果一个债券组合的收益率为3%或9%,两种情况发生的概率相同。证明该组合的期望收益率为6%,标准差为3%。

答案:使用方程(3.4)、(3.5)和(3.6)。

① 在金融学中大部分时候感兴趣的分布都是连续的而非离散的,即变量实际上有无穷个取值。一个离散型分布的例子是掷骰子,而人们身高的分布是连续型分布(尽管有界)的例子。最为人们熟知的连续型分布是正态分布。两个参数就可以完全描述正态分布的特征:均值与方差(或等价的,标准差)。知道这两个参数后就可以计算随机变量的某一取值落在任意区间的概率。

3.3　投资组合

一、相关系数

在本节中，我们将讨论当证券被放到一个投资组合中后，情况会发生什么变化。投资组合被定义为同一个人持有的两只或多只证券。就这一点而言，理解相关系数的概念十分重要。两个随机变量 X 与 Y 间的相关系数写作 $CORREL(X,Y)$，当存在两个随机变量，而你想知道第一个变量的取值是否与第二个变量的取值有关时，相关系数就起作用了①。考虑下面三个例子：滚动两个骰子、降雨量与谷物产量、乐观情绪与失业率。在这三种情况中，我们很容易猜测两个变量的实现如何相互联系。如果一个人滚动两个公平的骰子（比方说一个是红色的，另一个是绿色的），没有理由认为红色骰子的取值高会导致绿色骰子的取值高。在这种情况下，我们说这两个变量是不相关的。至于降雨量和谷物产量，我们可以期望二者存在正相关，即降雨量越大，谷物产量通常也越高。当然，这只是趋势：有时降雨量充足但产量却不好（比方说因为虫害）。最后，我们可以预期乐观情绪与失业率之间是负相关的：当经济不景气的时候，人们往往会悲观。

相关系数的正式定义为：

$$CORREL(X,Y)=\frac{\mathrm{cov}(X,Y)}{\sigma_X\sigma_Y}=\frac{E[(X-E(X))(Y-E(Y))]}{\sigma_X\sigma_Y} \tag{3.7}$$

其中，$\mathrm{cov}(X,Y)=E[(X-E(X))(Y-E(Y))]$ 称为协方差。如果 X 和 Y 的变化趋势一致（其中一个大于自身的期望值时，另外一个也大于自身的期望值），那么两个变量之间的协方差就是正值；反之为负值。

用相关性系数度量两个变量的相关性有很多方便的地方。相关系数总满足 $-1\leqslant CORREL(X,Y)\leqslant 1$②。如果相关系数等于 0，意味着两个变量间没有关系（即处于不相关状态）。正数意味着正相关，数值越大，正相关性越强；负数意味着负相关，负数的绝对值越大，表示负相关性越强。

---

① 正如可以区分事前与事后风险和收益一样，也可以同样区分事前与事后相关性。但此处并不强调这一点。

② 为了更好地直观理解相关系数，考虑平面上的一群点，然后估计一条拟合的直线穿过这些点，使得这条直线靠近尽可能多的点。这个过程被称作“回归分析”。这些点与这条拟合的直线靠得越近，相关系数的绝对值就越大。事实上，只有当所有点恰好落在这条直线上时，相关系数的绝对值才等于 1。

相关系数实际上意味着什么？可以从下面这个角度来思考：如果两个变量的相关系数是 0.5，平方后得到 0.25 或 25%，则意味着一个变量可以解释另一个变量 25% 的变化。

二、投资组合的收益与风险

之前我们讨论了基于单只证券视角的风险与收益，但理性的投资者只会关心他们整个持仓的收益与风险，或者说是他们持有的组合的业绩表现。因此，投资者需要考虑投资组合的收益与风险。当从投资组合的角度来审视时，一只证券的风险要看它对投资组合风险的贡献（而不是孤立看待单只证券的风险，这是前面章节所讨论的内容）。

投资组合的收益是构成该组合的所有证券的收益的加权平均，即：

$$R_P = \sum_{i=1}^{n} x_i R_i \tag{3.8}$$

其中，R_P 是包含每只证券的投资组合（P）的收益，x_i 是每只证券的权重。权重是每只证券的初始投资额占整个组合价值的百分比。比如说，你将 70 000 元投资于股票 A，30 000 元投资于股票 B，并且你的投资组合中只有这两只股票，那么 x_A 和 x_B 分别为 0.7 和 0.3。方程（3.8）说明组合的收益只不过是其所包含的证券的收益率的加权平均。

例 3.2　如果你把 25% 的资金投资于收益率为 10% 的股票，75% 的钱投资于收益率为 20% 的股票，那你的总体收益是多少？

答案：利用方程（3.8）可得到 17.5%。

类似地，投资组合的事前收益率或期望收益率的计算公式如下：

$$E(R_P) = \sum_{i=1}^{n} x_i E(R_i) \tag{3.9}$$

例 3.3　如果你把 25% 的资金投资于期望收益率为 8% 的股票，75% 的资金投资于期望收益率为 12% 的股票，那么你的总体期望收益是多少？

答案：利用方程（3.9）可得到 11%。

接下来，我们讨论投资组合的风险。当我们知道所有证券的方差与相关系数后便可以计算投资组合的方差，计算公式如下：

$$\sigma^2(R_P) = \sigma^2\left[\sum_{i=1}^{n} x_i^2 \sigma^2(R_i)\right] = \sum_{i=1}^{n} x_i^2 \sigma^2(R_i)$$

$$+\sum_{i}^{n}\sum_{j=1,i\neq j}^{n} x_i x_j CORREL(R_i,R_j)\sigma(R_i)\sigma(R_j) \tag{3.10}$$

其中，n 是证券的数量。注意到双重求和是对除 $i=j$ 以外的所有和求和。

当只有两只证券时，上述公式可简化为①：

$$\sigma^2(R_p)=x_1^2\sigma^2(R_1)+x_2^2\sigma^2(R_2)+2x_1x_2CORREL(R_1,R_2)\sigma(R_1)\sigma(R_2) \tag{3.11}$$

例 3.4　一个投资组合由证券 A 和证券 B 组成。它们的期望收益率分别为 10% 和 15%，标准差分别为 20% 和 30%，相关系数为 0.08。如果投资于证券 A 20 000 元，投资于证券 B 10 000 元，那么该组合的期望收益率、方差和标准差分别为多少？

答案：投资组合中证券 A 的权重是 2/3，证券 B 的权重是 1/3。这意味着期望收益率为 11.67%。接下来把相应的数值代入方程(3.11)中可得方差为 2.991%，标准差为 17.295。

当证券数量多于两只时，计算方法类似，但计算过程会更加复杂。下面提供了一个简单的计算方法。首先建立 $n\times n$ 的相关系数矩阵，该矩阵的第 ij 个元素就是第 i 只证券的收益率与第 j 只证券的收益率的相关系数②。将每个元素乘以 4 项——相应两只证券的权重和标准差，这样就得到了调整后的相关系数矩阵。例如，调整后的相关系数矩阵的第 3 行第 2 列的元素为 $x_3x_2CORREL(R_3,R_2)\sigma(R_3)\sigma(R_2)$。为了计算投资组合的方差，把调整后的相关系数矩阵的所有元素相加即可。

接下来我们将讨论如何在投资组合中定义某只证券的风险。理解下面这点至关重要：只有当一只证券对整个组合的风险有贡献时，它才具有风险。这点可以通过分解方程(3.10)看出来：

$$\sigma^2(R_P)=\sum_{i=1}^{n} x_i[x_i\sigma^2(R_i)+\sum_{j=1,i\neq j}^{n} x_j CORREL(R_i,R_j)\sigma(R_i)\sigma(R_j)] \tag{3.12}$$

方括号中的项可以看作证券 i 在投资组合中的绝对风险(absolute security risk)。(3.12)式说明组合的风险就是每只证券的(绝对)风险的加权平均(权重 x_i 根据市值来确定)。

注意到投资组合 P 中证券的绝对风险可以分解成两部分：第一部分，$x_i\sigma^2(R_i)$ 是证券自身或者说是公司特有的风险项(firm specific risk)。第二部分是与证券组合相

---

① 当有 3 只证券时，公式会多出 3 项。

② 注意矩阵对角线的值都是 1，因为一个变量和自身的相关系数是 1。

关的风险项。它取决于证券收益率与组合中其他证券的收益率的相关程度的加权平均。

如果投资者持有大规模的投资组合,那么公司特定风险就会变得不重要。为了看清这一点,假设组合中的所有证券的权重相同(即为 $1/n$)。当 n 变得非常大时(也就是说,持有的证券越来越多),x_i 就会变得非常小并趋近于 0,意味着 $x\sigma_z(R_i)$ 趋近于 0。而另一方面,与证券组合相关的风险项不会随着组合规模的变大而消失[①]。

投资分散化是有价值的,因为它可以消除公司的特定风险。在图 3.2 中,随机增加投资组合中证券的数量会降低公司的特定风险(也叫做可分散风险或非系统性风险,non-systematic risk),但市场风险(market risk)(也叫做不可分散风险或系统性风险,nondiversifiable risk or systematic risk)并不会消失。

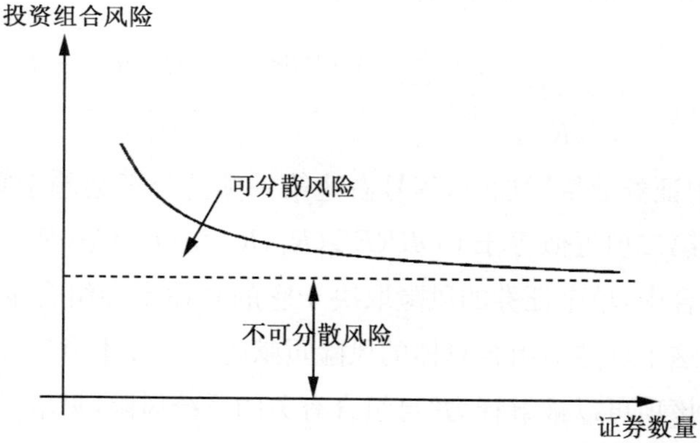

图 3.2 风险与投资组合中证券的数量

从以上讨论中,我们将可以看到投资组合的风险公式(3.10)分解成两部分:可分散风险(diversifiable risk)和不可分散风险(nondiversifiable risk):

$$\sigma^2(R_P)=\text{diversifiable risk}+\text{nondiversifiable risk} \tag{3.13}$$

其中:

$$\text{diversifiable risk}=\sum_{i=1}^{n} x_i^2\sigma^2(R_i) \tag{3.14}$$

① 第二项不会消失的原因在于,虽然随着 n 的增加权重会变小,但加总的项数也会相应增加,从而避免了权重变小。

$$\text{nondiversifiable risk} = \sum_{i}^{n} \sum_{j=1, i \neq j}^{n} x_i x_j CORREL(R_i, R_j) \sigma(R_i) \sigma(R_j) \quad (3.15)$$

要注意以下一点:组合中,某只证券的风险体现在它对组合总体风险的贡献。这取决于组合中的其他证券。如果投资者选择不同的证券组合,则该证券对组合总体风险的贡献也随之改变,因此并没有适合所有投资者的、衡量某只证券的风险度量方法。在特定的条件下,如果所有投资者会持有相同的风险组合,这样某只证券对组合总体风险的贡献对所有投资者都是一样的。这时便有统一的风险测量指标。这将会在这章后面讲授 CAPM 时讨论。

尽管以上风险的测量被称作"绝对证券风险",但有些情况下,另一种测量方法——相对证券风险(relative security risk)——会更合适。相对证券风险被定义为投资组合中证券的绝对证券风险除以整个组合的风险,即:

$$RSR(i, P) = \frac{x_i \sigma^2(R_i)}{\sigma^2(R_P)} + \frac{\sum_{j=1, i \neq j}^{n} x_j CORREL(R_i, R_j) \sigma(R_i) \sigma(R_j)}{\sigma^2(R_P)} \quad (3.16)$$

当投资组合中证券数量增加时,等号右边第一项的分子会趋于零,因此只剩下第二项。可以证明,第二项近似等于 $CORREL(R_i, R_P)\sigma(R_i)/\sigma(R_P)$。这可以很清楚地看到,在证券组合中,单个证券的风险取决于它的收益率和组合本身收益率的相关性。相关性越高,这个证券对组合总体的风险贡献越大。在本章后面将要讨论的资本资产定价模型中,该项可以被解释为"与组合有关的系统风险(贝塔)"。

3.4 风险投资组合有效集

公式(3.9)和(3.10)告诉我们,不同证券组合会产生不同的期望收益率与对应的方差。有些组合产生的期望收益率和方差是理性投资者一定不会选择的,我们称之为投资组合无效集。投资组合有效集是理性投资者可能选择的所有期望收益率与对应方差的组合。

图 3.3 描述了一名投资者考虑所有的投资组合时所面临的选择。我们来看图 3.3,首先,所有可能组合的集合——把所有的阴影区域想象是一枚"子弹头"——被称为"可行集"(feasible set)。两只证券的各种组合,比如说组合 A、B、C 和 D 都是可行的,但投资者还有更好的选择。这些组合都是次优的,因为投资者可以通过选择其他组合来同时增加期望收益并降低方差。最小方差集(minimum variable set)——可以

想成是子弹头的表面——是给定平均收益、标准差或方差最小的组合所组成的集合。考虑组合 E，从组合 E 变动到组合 F，风险水平没有变化，平均收益却提高了。所以很明显，投资者可以进一步限制其选择范围。有效集（efficient set）就是给定标准差，能取得最大化收益的组合的集合[①]。有效集由最小方差集上始于全局最小方差点（global minimum variance point）G 往右上方的所有点构成。显然，理性的投资者应该把他的选择限定在有效集上。

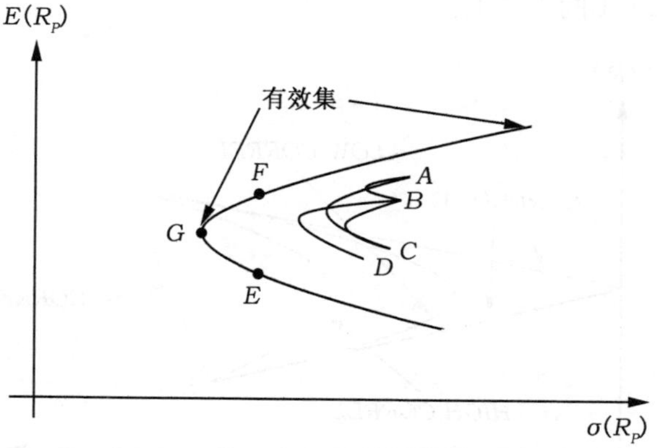

图 3.3　有效集

投资者如何构建自己的有效集呢？要实现这一点通常来说是很复杂的，我们先考虑只有两只证券的简单情况。从方程（3.9）我们知道，两只证券组合的期望收益是它们期望收益率的加权平均，即：

$$E(R_P)=x_1E(R_1)+x_2E(R_2) \qquad (3.17)$$

组合期望收益并不受相关系数的影响，但组合方差会受到相关系数的影响。考虑以下三种情况：

一、两只证券收益率完全正相关

如果两只证券是完全正相关的，$CORREL(X,Y)=1$。把 $CORREL(X,Y)=1$ 代入方程（3.11）中可得：

$$\sigma^2(R_P)=x_1^2\sigma^2(R_1)+x_2^2\sigma^2(R_2)+2x_1x_2\sigma(R_1)\sigma(R_2) \qquad (3.18)$$

上式可以容易地简化为：

---

① 有时也用术语“有效前沿”来描述。

$$\sigma^2(R_p)=[x_1\sigma(R_1)+x_2\sigma(R_2)]^2 \tag{3.19}$$

将式(3.19)两边取平方根，可以证明由两只完全正相关的证券构成的组合的标准差就是两只证券标准差的加权平均：

$$\sigma(R_P)=x_1\sigma(R_1)+x_2\sigma(R_2) \tag{3.20}$$

公式(3.17)和(3.20)显示了完全正相关的两只证券组合的期望收益和方差是两只证券期望收益和方差的线性函数。组合可能产生的期望收益和对应的方差体现在图 3.4 的 $CORREL=1$ 的直线上。

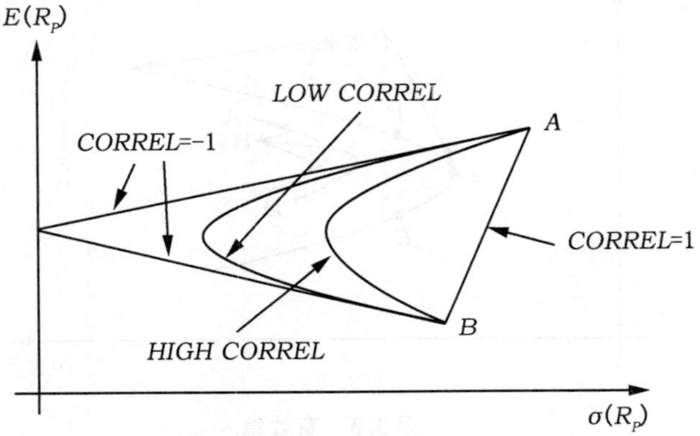

图 3.4　两只证券构成的组合的风险与收益的关系

因为相关系数小于 1 会使组合的方差(和标准差)减小，所以除 1 以外的任何相关系数都会使组合的标准差小于式(3.20)。实际上，度量分散化的功效的一个指标，考察通过分散化而降低组合风险，就是投资组合的风险(用标准差表示)比组合中所有证券的标准差的加权平均值降低的程度。

二、两只证券收益率完全负相关

如果两只证券是完全负相关的，$CORREL(X,Y)=-1$。把 $CORREL(X,Y)=-1$ 代入方程(3.11)中可得：

$$\sigma^2(R_P)=x_1^2\sigma^2(R_1)+x_2^2\sigma^2(R_2)-2x_1x_2\sigma(R_1)\sigma(R_2) \tag{3.21}$$

由两只完全负相关的证券构成的组合的标准差是：

$$\sigma(R_P)=x_1\sigma(R_1)-x_2\sigma(R_2) \tag{3.22}$$

当$x_1\sigma(R_1)=x_2\sigma(R_2)$，即$x_1/x_2=\sigma(R_2)/\sigma(R_1)$时，$\sigma(R_P)=0$，由两只完全负相关的证券可以构成无风险组合。组合可能产生的期望收益和对应的方差体现在图

3.4 的 *CORREL*＝－1 的线上。

三、两只证券收益率不完全相关

可以证明，当两只证券的相关系数介于－1 与 1 之间时，投资组合的风险与收益的关系会是一条曲线。此外，相关系数越小，曲线的弯曲程度越大。这体现为图中的高相关曲线（*HIGH CORREL*）和低相关曲线（*LOW CORREL*）。

当然，有效集不可能仅由两只证券组成，而是多只证券构成的。当证券数量很多时，可能的组合的数量是无穷的。寻找有效集可以转换为以下的数学问题：

$$\underset{\{x_1,x_2,x_3,\cdots,x_n\}}{\text{Max}} \quad E(R_p);subject\ to\ \sigma(r_p)=k \tag{3.23}$$

即对于给定的方差 k，找到组合 $\{x_1,x_2,x_3,\cdots,x_n\}$，使得期望收益 $E(R_p)$ 最大。如果输入相关的参数，现代计算机则都可以找到对应的最优组合①。但利用该算法得到的有效集需要谨慎地进行解释，因为该算法需要大量的估计值作为输入参数值，而估计总会存在错误。比如说组合中一共有 100 只证券，那么就需要估计 100 个期望收益、100 个标准差（或方差）和 4 950 个相关系数②。

3.5 包含无风险证券的有效集

接下来我会探讨当添加无风险证券时有效集会如何变化③。存在无风险证券时的有效集是无风险证券与原曲线有效集上某个特定风险组合的组合。为了弄明白为什么会这样，先考虑一个由无风险资产（具有确定的收益率）和原曲线有效集上任意一个风险组合（假定其风险收益为 Q）构成的组合。该组合的风险会随二者权重（x_Q，$x_f=1-x_Q$）的变化而变化。利用方程（3.11）并改变相应符号，可得：

$$\sigma^2(R_P)=x_Q^2\sigma^2(R_Q)+x_f^2\sigma^2(R_f)+2x_Qx_fCORREL(R_Q,R_f)\sigma(R_Q)\sigma(R_f) \tag{3.24}$$

根据定义，无风险资产的方差和标准差均为零，其与其他证券的相关系数也为零。代入（3.24）式可得：

$$\sigma^2(R_P)=x_Q^2\sigma^2(R_Q) \tag{3.25}$$

对式（3.25）两边取平方根，并加上等于零的一项，可得下式：

---

① Harry Markowitz 开发了该算法并获得了诺贝尔经济学奖。

② 相关系数的个数是 100^2（相关系数矩阵中元素的总个数）减去 100（矩阵对角线元素的个数，根据定义均为 1）然后除以 2（因为对角线下面的数值是多余的）。

③ 无风险证券的最好代表是国库券或政府债券。

$$\sigma(R_P)=x_Q\sigma(R_Q)+x_f\sigma(R_f) \tag{3.26}$$

根据式(3.26)和组合的期望收益是风险组合期望收益 Q 与无风险利率的加权平均的事实，包含 Q 和 R_f 的所有组合均落在连接这两个点的直线上。图 3.5 展示了无风险资产与风险组合 Q_1 和 Q_2 再组合后的可行集。

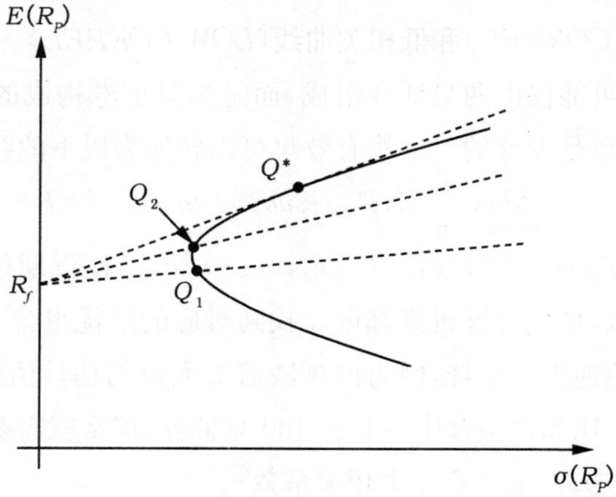

图 3.5　无风险证券与风险证券有效集再组合后的收益—风险关系

所有的 Q 组合中，必然有一个 Q(记为 Q^*)组合比其他所有 Q 组合要好，而这点就是从 R_f 出发的直线与曲线的切点。从图中可以看出，对 R_fQ_1 和 R_fQ_2 上的点，我们总可以在 R_fQ^* 上找到同样方差但更高期望回报值的点。

如图 3.6 所示，连接 R_f 与 Q^* 的直线就是包含无风险证券时的有效集。一个明智的投资者会分别持有一定权重的 R_f 和 Q^*。如果 Q^* 的权重小于 1，说明投资者在以无风险利率贷出多余资金(即买入无风险债券)；如果 Q^* 的权重大于 1，说明该投资者在借钱来增加仓位①(即卖出无风险债券)。因此，投资者的风险—收益决策实际上等同于决定是贷出资金还是借入资金去买风险组合 Q^*。换言之，投资者一定会选择风险资产组合 Q^*，投资者所要做的决定只是如何将 Q^* 和无风险资产组合起来，即确定风险水平。

① “加杠杆”是指通过增加负债来放大结果(无论结果好坏)的行为。

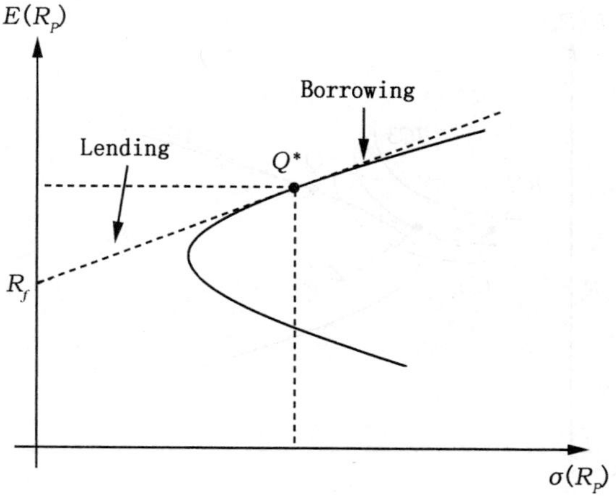

图 3.6　含有无风险证券的有效集

以上所述就是所谓的“投资组合分离定理”(two-fund separation theorem):风险组合(Q^*)的识别是与风险水平的选择(Q^* 和 R_f)分开进行的。第一步找到风险资产组合 Q^* 只是技术问题。第二步需要了解风险偏好的相关知识①。图 3.7 演示了第二步的过程。我们在图 3.6 上叠加了几条无差异曲线②。一个投资者的无差异曲线描述了相同效用的风险与收益的组合。这些曲线都是朝右上方倾斜的,因为随着风险的增加,投资者需要更高的收益来补偿才能维持同等效用。同时可以证明无差异曲线是凸的,即沿着曲线向右移动会变得更加陡峭。无差异曲线图是一簇无差异曲线,较高的无差异曲线优于较低的无差异曲线。这是因为给定收益率水平处于更高处的无差异曲线,风险更低,或者相反。其中一条无差异曲线(*IC*2)会与有效集相切。切点处的投资组合会最大化投资者的效用,即该组合是投资者的最优选择。

① 这允许沿着有效集移动,后文会更清晰地阐述。
② 无差异曲线分析来自微观经济学中的效用理论。

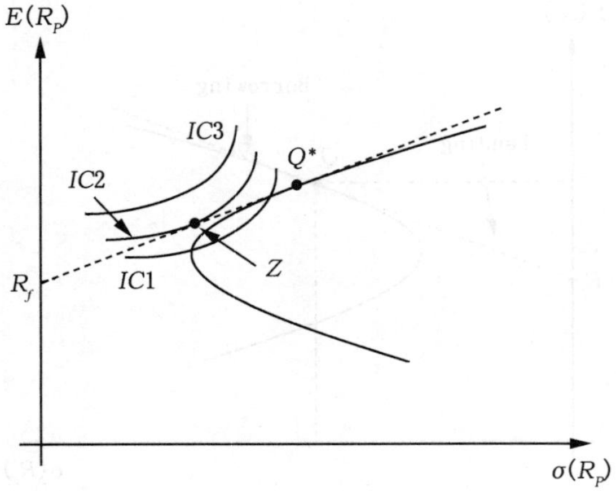

图 3.7　有效集与风险—回报偏好

3.6　资本资产定价模型(*CAPM*)

前面章节所讨论的有效集是站在单个投资者的角度讲的。为了说明这一点,注意到为了构建有效集,投资者需要估计大量的参数(即期望收益率、方差与相关系数)。不同的投资者可能会得到完全不同的参数估计值:100 个投资者可能会产生 100 个不同的有效集。现在我们考虑从市场层面上来看事情将发生何种变化。毕竟证券价格(以及证券价格隐含的事前收益率)由所有投资者的相互作用共同决定。

一、同质预期

资本资产定价模型(Capital Asset Pricing Model,CAPM)尽管有很多缺点,但它至今仍是解释事前收益率最流行的模型①。该模型基于一系列假设,但最关键的假设是:所有投资者都具有同质预期②。这意味着当张三与李四分别独立估计构建有效集所需要的各种参数时,他们的估计结果是完全相同的。虽然该假设值得怀疑,因为很明显人们是存在意见分歧的,但需要强调的是任何经济学(或金融学)模型所做的假设

① William Sharpe 凭借此模型获得诺贝尔经济学奖。

② 同质预期意味着交易之所以发生,是因为现金需求或现金流入,而不是因为投机或认为证券被错误定价(即信息交易)。当新信息出现时,价格将被调整而不需要交易,因为对于新信息带来的后果,人们没有意见分歧。另一种解释是 *CAPM* 依赖于有效市场假说,这一点我将在下一章详细阐述。

基本都不真实。但是,只要基于该模型能推导出与现实世界相符的模型(并且可以对此进行实证检验),那么这个模型就是有意义的[①]。因此应该按照下面的思路来看待“同质预期”的假设:如果预期是相同的话,那么基于该假设的模型所作出的预测是否与现实市场所观察到的现象相似呢[②]?

例 3.5 假设所有投资者都具有同质预期。如果我们认为今年 *IBM* 的收益为 25%,那么你的观点是什么呢?符合逻辑吗?

答案:同质预期意味着我们每个人对未来的看法相同,所以这个假设意味着你的最优估计也是 25%。严格讲,这并不符合逻辑,但可检验的理论通常都建立在的确不真实的强假设上。这些假设可能是对复杂现实社会的有效简化,为我们进一步思考提供一个清晰的框架基础。

二、资本市场线(Capital Market Line,CML)

有效集是基于单个投资者的认知构建出来的,但如果所有投资者的认知都相同(即投资者的预期是相同的),那么所有投资者的有效集都是相同的。把这个有效集与可观测到的无风险利率(比如短期国库券的利率)相结合,则意味着所有投资者都会持有相同的风险资产组合。仔细考虑一下这一点的含义。如果所有的投资者在持有风险资产时组合是相同的,那么这个组合就是市场上所有的风险资产的组合(简称市场组合 *M*)。也就是说,图 3.7 中的 Q^* 就是市场组合(market portfolio)。明显的风险厌恶者会把大多数(如果不是全部)资金投入到无风险资产 R_f 上,其他不对风险厌恶的投资者会把大多数(如果不是全部)资金投入到市场组合 *M* 中去[③]。

既然所有投资者都将持有 R_f 与 *M* 构成的组合,那么所有的组合都将落在资本市场线(*CML*)上。如图 3.8 所示,资本市场线是无风险证券与风险组合的所有可能组合的轨迹。*CML* 的公式如下:

$$E(R_P)=R_f+RP_P=R_f+RP_M\frac{\sigma(R_P)}{\sigma(R_M)}=R_f+[E(R_M)-R_f]\frac{\sigma(R_P)}{\sigma(R_M)} \tag{3.27}$$

① 实证检验用来验证数据是否与理论相符。

② 此外,*CAPM* 的其他假设包括:第一,投资期只有一期;第二,投资者最大化收益并最小化风险;第三,所有投资者借贷资金的无风险利率是相同的。这些假设在推导包含无风险资产的有效集时也会用到。至于新的假设,除了同质预期外,就是没有市场摩擦(即没有交易成本,没有税收,证券是完全可分割的,投资者都是价格接受者)。

③ 考虑一下市场组合 *M* 的构成。因为所有证券都被所有投资者共同持有,如果所有投资者持有相同的组合(不考虑组合的规模),即 XYZ 公司的股票在每个投资者风险组合中的权重为 1%——尽管存在资金的借贷,XYZ 在一个投资者的整个组合中可能只占 0.5%,而在另一个投资者的整个组合中占 2%——那么 XYZ 在市场组合中的权重也一定是 1%。

其中，RP_P是投资者组合的风险溢价，而$RP_M=E(R_M)-R_f$是市场风险溢价。

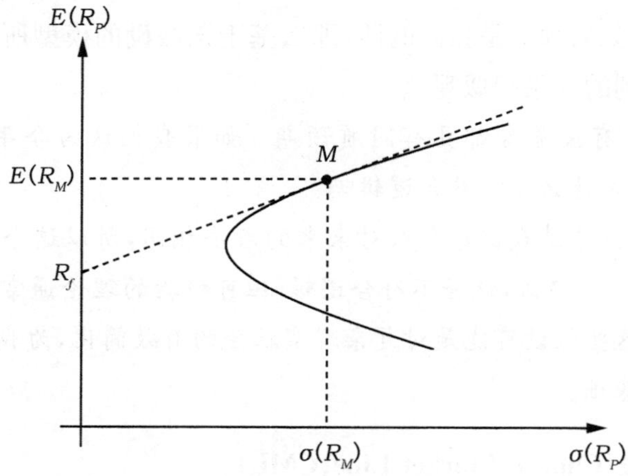

图 3.8 资本市场线(*CML*)

现在考虑一下如何解释投资组合的风险溢价(RP_M)。市场风险溢价(market risk premium)RP_M是持有市场组合M而不持有R_f的额外回报；$\sigma(R_M)$是持有M而不持有R_f的额外风险，因此$RP_M/\sigma(R_M)$是每单位风险的回报或风险的市场价格。按照这个逻辑，投资组合的风险溢价就等于$RP_M/\sigma(R_M)\times\sigma(R_P)$，或者说是风险的市场价格(market price of risk)乘以风险的数量。

例 3.6 如果市场组合的标准差是 30%，而投资者持有的组合的标准差是 45%，无风险利率是 5%，投资者持有组合的期望收益是 10%，那么风险的市场价格是多少？

答案：把相关数值代入式(3.27)中解得RP_M为 3.33%，然后除以市场组合的标准差，可得风险的市场价格为 11%。

三、证券市场线(Security Market Line, SML)

CAPM 的中心关系是证券市场线(*SML*)，其描述了所有证券(和证券组合)在 *CAPM* 下公平的风险—回报关系。参考图 3.9，事前证券(或组合)的收益与风险是正相关的，此处风险用 *BETA* 测量[①]。*BETA* 的定义如下：

$$BETA_i=\frac{Cov(R_i,R_M)}{\sigma^2(R_M)}=\frac{CORREL(R_i,R_M)\sigma(R_i)}{\sigma(R_M)} \tag{3.28}$$

① 正如 sigma (σ)与英文字母 s 相对应，*BETA* 是与“b”相对应的希腊字母，它看起来像 β。

很明显，此处单只证券风险的定义取决于单只证券对充分分散化的投资组合（即市场组合）的风险的贡献。这与本章 3.3 节的结论一致。

SML 的方程为：

$$E(R_i)=R_f+BETA_i\times RP_M=R_f+BETA_i\times[E(R_M)-R_f] \quad (3.29)$$

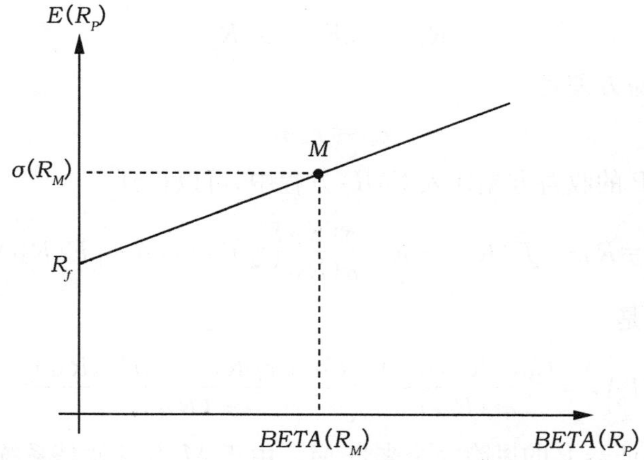

图 3.9　证券市场线（*SML*）

为什么通过这种方式给证券定价呢？这种关系可以分别通过直观和严格的方法来证明，此处用直观的方法就足够了。请回忆投资组合中证券的相对风险是 $CORREL(R_i,R_P)\sigma(R_i)/\sigma(R_P)$，如果所有的投资者持有市场组合 M，那么每个投资者的风险组合就是 M。因此，证券在每个投资者的组合中的相对风险是相同的，为 $CORREL(R_i,R_M)\sigma(R_i)/\sigma(R_M)$，而这就是 $BETA$。可以很自然地想到一只证券的期望收益由两部分组成：无风险收益与风险溢价。风险溢价是对投资者承担不可分散风险的补偿，它是所承担的该风险的数量与市场风险的补偿（或者称市场风险价格）的函数，前者就是 $BETA$，后者就是 RP_M。从逻辑上讲，二者的乘积就是一只证券合适的风险溢价。

例 3.7　如果一只股票的贝塔是 0.75，无风险利率是 3%，市场的期望收益率为 1C%，那么这只股票的期望收益是多少？

答案：将相关数值代入方程(3.29)中可得 8.25%。

四、证券市场线（*SML*）与资本市场线（*CML*）的关系

此处需要细心区分 *CML* 与 *SML*。*CML* 仅仅定义了有效组合的期望收益，根据

定义，有效组合是由 R_f 和 M 构成的组合。而 *SML* 定义了一个更广泛的关系：它定义了任意证券或组合（无论是否是有效组合）的期望收益率。有效组合是任意证券组合的子集。因此，*CML* 是 *SML* 的特例。这可以从下面简单的推导看出来。

我们知道有效集上的证券 P 是 M 和 R_f 的组合，它的收益是 R_M 和 R_f 的加权平均（权重 x_M，x_f）。

$$R_P = x_M R_M + x_f R_f \tag{3.30}$$

证券 P 的收益方差是：

$$\sigma_P = x_m \sigma_M$$

如果把证券 P 的收益方差代入 *CML* 方程中，可以得到

$$E(R_P) = R_f + [E(R_M) - R_f]\frac{\sigma(R_P)}{\sigma(R_M)} = R_f + x_M \times [E(R_M) - R_f] \tag{3.31}$$

它的 *BETA* 是

$$BETA_P = \frac{Cov(R_R, R_M)}{\sigma^2(R_M)} = \frac{Cov(x_M R_M + x_f R_f, R_M)}{\sigma^2(R_M)} = x_M \tag{3.32}$$

这并不奇怪，证券 P 的风险完全来自 M。由于 M 本身就是系统风险，因此 P 的系统风险取决于 M 占的比重 x_M。

将 $BETA_p$ 代入 *SML* 方程得到

$$E(R_p) = R_f + BETA_p \times RP_M = R_f + x_M \times [E(R_M) - R_f] \tag{3.33}$$

从式(3.31)和式(3.33)看到，对有效集上的证券 P，*CML* 和 *SML* 与对其期望—风险关系的描述是一致的。

五、*BETA* 的特点

贝塔的一个方便的特性是它满足线性关系。这意味着投资组合的贝塔可以容易地计算，因为组合的贝塔是组合中每只证券的贝塔的市值加权，即

$$BETA_P = \sum_{i=1}^{n} x_i \, BETA_i \tag{3.34}$$

表 3.3 记录了所选行业的平均贝塔值。从中可以注意到所有行业的平均贝塔值（根据定义，股票市场自身的贝塔值）为 1[①]，而且小于 0.5 或大于 2.0 的贝塔值很少见。可以明显地看到，特定行业（比如建筑、金融业）对市场状况（间接地对整个市场状况）非常敏感，从而使得它们的风险更大。有些行业（比如教育，文化、体育和娱乐业）

① 通过式(3.32)可以很容易地证明市场贝塔为 1，因为一个变量与其自身的相关系数是 1。

对市场状况较不敏感，系统风险较小。

表 3.3 不同行业的贝塔值

中国证监会行业分类(2012 年版)	贝塔(2012—2016 年)
教育	0.63
文化、体育和娱乐业	0.90
住宿和餐饮业	0.93
水利、环境和公共设施管理业	0.95
租赁和商务服务业	0.98
采矿业	1.00
制造业	1.00
电力、热力、燃气及水生产和供应业	1.00
综合	1.04
农、林、牧、渔业	1.05
批发和零售业	1.06
科学研究和技术服务业	1.09
交通运输、仓储和邮政业	1.09
卫生和社会工作	1.10
信息传输、软件和信息技术服务业	1.10
房地产业	1.14
建筑业	1.16
金融业	1.26

资料来源：Wind 资讯金融终端。

六、*CAPM* 与公平价格

CAPM 通常被当做是解释达到均衡时期望收益率的理论，但收益率与价格是密切相关的，所以 *CAPM* 可以很容易地去解释均衡价格。如第 1 章所述，一只证券的收益率是资本利得与现金流百分比之和，对股票而言，现金流就是股利，因此股票的收益率可以写成：

$$E(R)=\frac{E(\Delta p)}{p_0}+\frac{E(d)}{p_0} \tag{3.35}$$

其中，$E(d)$是期末每只股票收到的红利。为简单起见，用 *SML* 公式替换掉 $E(R)$可得：

$$p_0=\frac{E(p)+E(d)}{1+R_f+BETA\times RP_M} \tag{3.36}$$

例 3.8 一家公司的股票预计明年价格为 13 元，股利为 1 元，无风险利率为 5%，该股票的贝塔为 1.5，市场风险溢价为 9%。现在卖出该股票的价格应该为多少？

答案：使用公式(3.36)可得 11.81 元。

七、*CAPM* 模型与其他模型的证据

CAPM 是反映市场给证券定价的合理模型吗？实际上人们已经对其进行了大量的实证检验。早期的检验大多数支持 *CAPM*，但近三十年来许多反对的声音也出现了。正因为如此，新的理论被提出以解释研究人员在数据中发现的现象。即使这样，现在也不能说 *CAPM* 模型已经被其他的竞争性理论所取代。这些问题在第 4 章讲述市场有效性时会再次讨论。

本章习题

1. 在过去 7 年中，公司债券投资组合的收益率如下：−2.60%、−1.00%、19.80%、4.70%、16.40%、30.10%和−12.90%。计算平均收益、方差和标准差。

2. 一个投资组合包括：125 股 Titan 股票，每股为 54 元；170 股 Wilcox 股票，每股为 32 元。这个投资组合中两只股票的权重是多少？

3. 请区分可行集、最小方差集和有效集。投资者应该选择哪一个？

4. Rollins 股票在明年可能出现的五种经济状况下的收益率如下表所示：

经济状况	概　率	收益率
迅速增长	0.12	32%
适度增长	0.40	9%
无增长	0.25	5%
适度衰退	0.15	0%
严重衰退	0.08	−20%

(1)Rollins股票的期望收益率是多少?

(2)Rollins股票的方差和标准差分别是多少?

5. 过去50年股票平均表现优于债券。基于历史记录,现在投资股票是更好的选择。请对此作出评论。

6. 假设股票A与股票B的期望收益率与标准差如下表所示:

	A	B
期望收益率	15%	25%
标准差	10%	20%

a. 假设某投资组合中股票A与股票B的权重分别为40%和60%,两只股票的相关系数为0.5,计算该组合的期望收益率与标准差。

b. 假设a中的相关系数变为—0.5,重新计算该组合的期望收益率与标准差。

c. 相关系数是如何影响组合的标准差的?

7. 区分事前回报和事后回报。投资者应该关心什么?

8. Winter Park Industries制造气动设备。它的贝塔是1.36,市场风险溢价是7.95%,当前的无风险利率是6%,它的期望收益是多少?

9. 如果一只股票的贝塔是正值,那么该股票与市场组合的相关系数可能是负值。请对此作出评论。

10. 假设你在下面四只股票上投资30 000元。

股　票	投资总额(元)	贝　塔
A	5 000	0.750
B	10 000	1.100
C	8 000	1.360
D	7 000	1.880

无风险利率是4%,市场组合的期望收益率是15%。根据*CAPM*,上述组合的期望收益是多少?

11. 一只股票的期望收益是12%,贝塔是1.2,无风险利率水平为5%。描述如何投资这只股票,同时将组合对市场的敏感性降低到股票对市场敏感度的2/3。

12. 请对以下说法作出评论。如果投资者只为其投资组合选择单一证券,则该证券的公平回报应基于其总风险(方差或标准差),而不是贝塔。

13. 一位经纪人建议你不要投资石油工业股票,因为在她看来,风险太高。她向你提供了石油股票价格近期大幅波动的证据,并说明石油股票价格的标准差相对于大多数股票而言非常高。你认为经纪人的建议对于像你这样的风险厌恶投资者来说是正确的吗?为什么?

14. 你刚刚投资了5万元,购买了市场组合并进行了资金的借贷。市场组合的期望收益率为15%,标准差为30%。你构建的投资组合的期望收益率为22.5%,标准差为45%,那么无风险利率是多少?你借贷了多少资金?

第4章　套利、资本市场有效性和套期保值

4.1 引　言

第 4 章将要介绍金融学中三个核心且相关的概念：套利、资本市场有效性与套期保值。首先，4.2 节至 4.3 节介绍了套利的概念，即试图从相关价格的不一致性中获利的行为。当不存在套利机会时，一价定律被认为成立。给定一价定律成立，可以证明某些关键的价值关系，例如股票、零息票债券价值和看涨期权价值的关系。不管套利机会带来的利润有多少，事实表明套利机会确实存在。

接下来，4.4 节至 4.6 节介绍了市场有效性的概念。从最严格的观点来看，若所有的资产价格与价值相等，那么市场有效性成立。这引发了一个悖论：如果人们认为价值简单地等于价格，那么任何人都没有理由为资产估值支付昂贵的分析费用。那么价格又如何能反映价值呢？另一个更加实际的有效性定义是，如果没有投资者能够利用所有的相关信息持续获得超额收益，那么市场是有效的，其中超额收益是经过风险调整并扣除交易费用及分析费用之后的收益。因为有效性依赖于一价定律，并且有证据表明一价定律不成立，所以市场有时并非完全有效也并不奇怪。

最后，4.7 节至 4.8 节讨论了套期保值，即建立头寸以保护资产的价值。保险是套期保值的典型例子。读者可能会意外发现，不仅房屋和汽车（更不用说生命和生活）可以投保，资产和投资组合也可以投保。

4.2 套 利

本节首先介绍套利(arbitrage)的定义,然后讨论为什么套利在金融学中是一个很重要的概念。考虑下面这个金融学以外的套利情况。假设所有裤子都是相同的(相同的款式、颜色、质量、大小等),所有夹克也是相同的,一条裤子卖 50 元,一件夹克卖 100 元,将它们合在一起作为套装,如果套装卖 200 元呢?假设没有交易费用和个人买卖衣服的议价能力。此时出现一个套利机会,先买一条裤子(50 元)和一件夹克(100 元),然后再作为套装卖掉(200 元),赚取 50 元的收益。如果套装卖 125 元,则可以先买套装,然后分别卖掉裤子和夹克,赚取 25 元的收益。在以上两种情况中,套装价格与裤子和夹克相加总价不一致导致了套利机会的出现。

换句话说,套装的相对价格是错的。那绝对价格呢?如果一条裤子卖 50 元,一件夹克卖 100 元,套装卖 150 元与各部分相加的总价 150 元一致。这里没有套利机会。如果一条裤子卖 500 元,一件夹克卖 1 000 元,套装卖 1 500 元,同样也与其各部分相加的总价一致,这里也没有套利机会。至于裤子和夹克卖的绝对价格是否合理则是另一个问题[①]。在套利中,我们关心的是相对价格。

相对价格的错误定价造成了套利。套利是试图从相对价格的不一致性中获利的行为。套利者寻找和利用这种不一致性,并最终消除不一致性。事实上,价格会改变直到正确为止,即(在上面例子中)直到 $A+B=C$,因为只有这个等式成立,套利机会才会消失。换句话说,如果知道等式中任意两个值(比如 A 和 C),意味着知道第三个值(B),那么套利机会就不存在。

没有人会指望现实中的交易像例子这么简单,因为交易中有太多的变化和阻碍。现在考虑一个来自金融市场的例子,比如外汇交易(货币)市场。2011 年 11 月,加元、美元和欧元之间的汇率如表 4.1 所示(x 稍后会解释),加元兑换美元有两种方式:直接以汇率 x 兑换或以欧元作为中间货币进行间接兑换。间接兑换的方式如下:首先以 0.721 8 的汇率将加元兑换成欧元,再以 1.352 9 的汇率将欧元兑换成美元,这种间接兑换的汇率是 $0.721\,8\times 1.352\,9=0.976\,5$,这个值应该与 x 几乎相等[②]。事实上,汇率报价确实如此,否则存在套利机会。具体来说,如果美元/加元的汇率低于

① 这是微观经济学讨论的问题(涉及成本和厂商间的竞争)。
② 因为存在交易成本,x 可以略微不同于另外两个汇率的乘积。

0.976 5会发生什么？可以创造一个赚钱机器，投资者先借 1 加元，兑换成 0.721 8 欧元，再兑换为 0.976 5 美元，由于美元/加元的汇率低于 0.976 5，那么最终可以兑换成多于 1 加元。想象一个三角形，每个顶点代表一种货币，以上的兑换过程即环绕三角形一周，从 1 加元开始以多于 1 加元结束，这个过程命名为三角套利（triangular arbitrage）[①]。当然，所有交易都可以扩大至百万，这样套利赚的钱更多，然而，这在实际中并没有发生，也就意味着货币市场中的定价使得三角套利不可能（如果可能，也是仅有的几秒）。在这个例子中，应该满足的关系是 $A\times B=C$，同样地，如果知道等式中任意两个值（比如 B 和 C），则知道第三个值（比如 A）。

表 4.1　　三种外汇的兑换汇率

货　币	汇　率
美元/欧元	1.352 9
欧元/加元	0.721 8
美元/加元	x

资料来源：ca.finance.yahoo.com（2011 年 11 月 9 日）。

若不存在套利机会，则一价定律（law of one price）成立。一价定律是一个很有用的工具，在金融学中常被用于给某些资产定价。例如，第 5 章中将会介绍，如果已知单期付息债券的收益率和两期付息债券的收益率，则可以通过一价定律计算出两期贴现债券的价格（或利率）。第 5 章中的另外一个例子，如果已知标的股票的价值、无风险利率以及关于股票波动的一些信息，那么就可以计算得出看涨期权的价值。

4.3　一价定律是完美的吗

一价定律永远成立吗？在外汇交易市场上显然成立。如果不成立，那么就很容易进行套利。然而，在许多其他情况中，一价定律只是合理的近似。因为金融市场中存在很多高技术的交易者想要从套利机会中获利，所以金融市场毫无疑问应当永远遵循一价定律。然而，事实上，“永远”这个词要求过高。尽管市场可以避免简单情况中的套利机会，比如之前套装/夹克/裤子的例子，但若情况变得复杂，一价定律则会失效。考虑以下两个著名的案例：荷兰皇家股票和壳牌股票以及 Palm 股票和 3Com 股票。

---

① 因为交易过程可能只有短短的几秒，所以投资者需要支付的借款利息几乎为 0。

总部位于荷兰的荷兰皇家公司和总部位于英国的壳牌公司曾经是两个完全不同的公司，它们从1907年开始合并，但并没有完全合并，而是使用所谓的双重上市公司结构。荷兰皇家和壳牌公司合并所有的运营，并分别掌握60%和40%的所有子公司所有权[①]，所有的税后现金流，包括股息支付，以60∶40的比例进行分割[②]。尽管所有股东都知晓这点，但令人惊讶的是，荷兰皇家与壳牌的股价之比往往与这个比例并不相等，不仅如此，有学者发现股价之比会持续偏离且偏离度高达35%[③]。

第二个案例，2000年3月2日，公司3Com在子公司Palm首次公开发行(IPO)时出售其5%的股权。IPO之前，3Com曾宣布，不久的将来会将剩余的95%股权分给3Com的现有股东，分配比例约为1.5股Palm股票/1股3Com股票。IPO之后，出现两种购买Palm股票的方式：直接购买Palm股票或者通过购买3Com股票间接购买Palm股票。因为每股3Com股票等同于1.5股的Palm股票，那么3Com股价应该至少是Palm股价的1.5倍，这里说“至少”是因为3Com公司的其他业务有一定的剩余价值。然而，IPO之后发生的实际情况是相当令人惊讶的，Palm股票上市交易的第一天，其股价达到95.06元，与此同时，3Com股价下跌至81.81元。将所有的发行股票纳入计算，得到其他业务的隐含剩余价值是－220亿元，难以置信的是，这样的错误定价持续了几个月。

有趣的是，这两个案例都涉及知名的大公司和错误定价，而这样的错误定价显而易见，并且持续了相当长的一段时间。这两个案例很特殊，因为在其他大多数情况下价格的对错是无法判断的。事实上，套利原则只允许投资者在相对价格间进行套利。投资者会有机会发现，市场相对价格不总是对的，并存在套利机会。

学者讨论了为什么错误定价会如此严重，以及上述两个案例的存在。各种解释大多以套利限制(limits to arbitrage)作为理由[④]。简而言之，套利者承担着错误定价在短期内变得更加错误的风险。如果他们面临的财富约束和职业忧虑越大(因为他们代理投资者管理资产，如果投资者看到短期亏损，可能会终止代理业务)，他们就越不愿

---

① 荷兰皇家和壳牌公司在2004年宣布完全合并(2005年一直实施)，其中的部分原因就是股价的持续偏差。参考De Jong，A.，L. Rosenthal and M. A. Van Dijk，2005，“The limits of arbitrage：Evidence from dual-listed companies”，Working paper。

② 其他一些双重上市公司的著名案例有史克必成公司(由美国的史克公司和英国的必成公司合并而成)，联合利华NV/PLC公司(由荷兰Margarine Unie人造奶油公司和英国Lever Brothers香皂公司合并而成)。

③ 参考Dabora，E. M. and K. A. Froot，1999，How are stock prices affected by the location of trade? *Journal of Financial Economics*，53，189－216。

④ 例如参考Shleifer，A. and R. Vishny，1997，The limits of arbitrage，*Journal of Finance*，52，35－55。

意/或无法改变价格，使其回到他们认可的价位[①]。

然而，一价定律在没有套利局限的情况下基本成立。例如，已知价格在不久后的某日必须变得正确，那么套利者通常会持有资产至结束日(即价格正确)，接下来介绍市场有效性以及它与套利之间的联系。

4.4　市场有效性

一、价值与价格

本节从区分价值与价格开始。内在价值(intrinsic value)，或简单地称为价值(value)，是指一个资产应当值多少；市场价格是指市场认为该资产值多少，而有效性就是关于价格与价值的比较。表面上看，价格似乎是绝对的，因此在本节中如何应用套利这个相对概念显得有些模糊。然而，本节结束时读者将会发现市场有效性同样也是一个相对的概念[②]。

最严格的观点认为，若对于所有资产，其价值与价格相等，则市场有效性(market efficiency)或有效市场假说(Efficient Markets Hypothesis，EMH)成立。然而，只有作出一些相当严格的假设，这个观点才可能成立。特别地，需要假设信息是无成本的，并且所有的投资者能够及时获取信息。

为什么在这个条件下价格与价值相等？考虑以下的例子，某公司以稳定的增长率5%成长，当前每股股利是1元，投资者对股票的要求收益率是20%，投资者的观点一致并无争议，那么股票的(内在)价值是多少？给定所有的假设均成立，利用第2章中的永续增长模型计算可得价值为7元，然而这与价格相等吗？

如果获取信息没有成本并且及时，那么所有人应当认同这个价值。因为信息集的一部分仅仅是怎样处理可用的原始数据，所以，既然投资者处理信息的方式相同，那么对上述的要求收益率、增长率等，投资者应当估计得到相同的内在价值7元。如果价格低于此，那么需求会无穷大；如果价格高于此，那么供给会无穷大，因此，只有价格等于投资者对内在价值的估计值，市场价格才会稳定。综上所述，如果市场有效，那么价

---

① 套利者面临的另一个阻碍是很难卖空股票(卖空者从股价下跌中获利)，这在Palm/3Com的案例中是一个严重的问题，参考Lamont，O. A. and R. H. Thaler，2003，“Can the market add and subtract? Mispricing in tech stock carve-outs”，*Journal of Political Economy*，111，227－268。

② 目前为止，价格可以视为相对于价值而言。

值必须等于价格，并且价格包含了所有的相关信息。

为什么现实中观察到的价格在不断变化呢？事实上，变化的价格完全体现了市场有效性。价格随着投资者主观认可的价值变化而变化，而投资者主观认可的价值随着相关环境的变化而变化，或随着信息集的扩大而变化。为了更好地阐述这一点，回到上面的例子，假设初始的期望增长率是5%，然而随着经济和产业状况的变化，投资者将他们的期望值调整为4%，再强调一次，投资者的观点一致并无争议。那么内在价值会如何变化？价值将立刻下降至6.5元[①]，如果不是这样，那将会出现套利机会，即卖空被高估的资产[②]；如果情况相反，投资者将他们的期望值上调至5.88%，那么价值将立刻上升为7.50元。

新信息是指不可预知的信息，如果某件事情事先被市场预料到，那么从金融学的角度看，这就不能称为新信息，从而市场对此也不应当有所反应。例如，央行宣布将利率提高25个基点(0.25%)，而市场在此之前已经预料到，那么宣布日就不应当受到影响。

价格变化是随机、无法预料的，因为它只对不可预知、随机发生的新信息产生反应。正因如此，价格被认为服从随机游走(random walk)，这个称呼的产生来源于如果一个随机变量是不可预测的，在统计上它被认为是以"随机"的方式移动("走动")。

二、市场有效性的三个前提

理论上，市场有效性依赖于三个前提：投资者理性、投资错误不相关以及套利无限制，如果三个都成立，则市场就是有效的；如果一个不成立，那么市场有效性就有待质疑。市场有效性的第一个前提是投资者理性，具体来说是所有投资者一直保持理性，然而实际中很多现象与此相悖。例如，大多数人会基于道听途说、似是而非的消息做出投资决策[③]。第二个前提是投资错误不相关，错误相关意味着同一时间许多人在犯同一个错误，就这点而言会引发社会性的非理性投资者行为。几个投资者之间的交易可能源于邻居、朋友或合作者提供的谣言[④]，从而同一个错误被接连复制，即错误是相

① 再次使用第2章的永续增长模型，按要求更改增长率。

② 卖空是指卖空者原先并不持有资产，而是向另一个交易者借入资产，到期后通过向第三个交易者买入资产还给之前的交易者。如果资产价格下跌，那么卖空者可以获得收益。

③ 参考 Black, F., 1986, Noise, *Journal of Finance*, 41, 529—543。文中写道："人们有时按照通常的方式基于信息进行交易，并期望从中获得收益，这是正确的。然而，人们有时会误认为噪音是信息从而依据噪音进行交易，并期望从中获得收益，这是错误的。"

④ 参考 Shiller, Robert J., 1984, Stock prices and social dynamics, *Brooking Papers on Economic Activity*, 2, 457—498。

关的。另一个方面，如果非理性交易者的行为总是随机的，那么就没有必要担心市场的有效性（即价格的正确性），因为非理性交易会相互抵消。第三个前提，如果套利无限制，则有效性成立。然而，4.2 节中已经表明市场中存在套利限制。

在上面的例子中，一开始股票售价为 7 元，随着新信息的加入，股票被重新估值为 6.5 元，如果股价没有调整至 6.5 元（即价格是错误的），那么套利者会如何从中获利？相对价格中是否存在不平衡？答案并非显而易见。解决的思路是先找一个“替代资产”，即一个与错误定价资产尽可能相似的资产。例如，如果投资者认为福特的股票被低估了，那么可以买入该股同时卖空美国通用汽车的股票（替代资产），又或者投资者认为福特的股票被高估了，那么可以买入美国通用汽车的股票同时卖空福特的股票，这样套利者就可以从中获利。然而，4.2 节中提到过错误的价格可能会变得更加错误，特别是在短期内，这就是套利存在限制的原因。

4.5　一个更实际的市场有效性定义

接下来将会讨论，基于最严格定义（价值与价格永远一致）的有效性会导致内部矛盾。首先假设这种有效性成立，即价格永远等于价值，由于价格反映了所有的信息，信息收集和信息分析的工作不再具有价值，并且没有人有动机和能力去发现错误定价的资产。

这里面关键的假设——分析是无成本的——显然是不准确的，因此先从放宽这个假设开始。如果分析是有成本的，并且股价及时反映了所有相关的已知信息，那么为什么还需要分析？然而，若没有分析，股价又如何调整至正确的价格？如何反映所有已知的相关信息？这里出现了一个显然的悖论。

然而，存在一种方法解释这个悖论，我们可以用一个简单的“故事”来解释。假设有两种投资者：分析股票的投资者（A 组）和不分析股票的投资者（N 组）。在投资期间，投资者可以无成本地改变策略，即从一个组转换到另一个组。

加入某一组的好处和坏处分别是什么？成为 A 组成员的坏处很明显，即分析是有成本的，至少需要花费时间。如果投资者没有时间也不喜欢分析，那么他可以雇一个人进行分析，但仍需要支付酬劳。除非分析具有好处，否则任何人都没有理由加入 A 组。一个合理的好处是，那些进行分析的投资者将会比那些不分析的投资者获得更高的平均总收益，这里的总收益（gross returns）是指扣除相关的成本之前的收益，而净收益（net returns）则是指扣除成本之后的收益。直觉上，这些多出的总收益源于

有时和 N 组中投资者的交易，因为 N 组中的投资者不分析股票，无法辨别被低估的股票和被高估的股票。这些“无知的”投资者（即 N 组中的投资者）越多，A 组中投资者获得的总收益理应更高。

分析股票既有附加成本又有附加好处，那么投资者应当采用哪一个策略？换句话说，投资者应当付出分析成本以获得更高的收益还是随机挑选股票？显然，投资者应当采用期望净收益更高的策略。假设其中一个策略能够提供更高的净收益，那么市场就不再处于均衡，因为一些投资者会意识到这点并转向采用净收益更高的策略。例如，假设分析股票是更好的策略，随着投资者转向采用这一策略，A 组人数增加，他们在交易中的对手也越有可能是分析股票的投资者。这意味着分析股票带来的好处将会减少，即基于分析股票的总收益将会下降，也就是说，分析股票带来的期望净收益也会减少。事实上，这个过程必将持续下去直到没有一个策略优于另一个策略。

这些讨论的结论是什么呢？首先，唯一稳定的市场情况是分析股票和不分析股票的投资者期望净收益相同，即分析和不分析的策略对投资者是无差异的。其次，在市场均衡时，尽管一些投资者会选择分析而另一些不会，但改变策略并不会有好处（也没有坏处）。相对于不分析，分析带来的额外总收益会被其额外的分析成本正好抵消。考虑到市场是动态的，分析投资者的存在促使价格接近价值，但并不能说价格在每个时点总是正好等于价值。这个“故事”也告诉我们：市场可能有错误定价的资产在等待愿意付出分析成本的人去发现！

例 4.1 根据之前的模型，如果知情者必须为信息获取进行支付，而净值收益却不如非知情者，则会发生什么？

答案：越来越少的投资者会选择知情。一段时间后，选择知情的收益将会增加，直到与不知情的收益相同。

这个说明性的故事或许可以拓展到实际生活中。分析虽然可以增加收益，但在市场均衡时，那些额外的收益应当正好被额外的成本抵消①。以下是一个更加实际的市场有效性定义：

如果没有投资者能够利用所有相关信息获取超额收益（超额收益是指扣除所有涉及的成本），那么资本市场是有效的。对于超额收益，首先要进行风险调整，其次要扣除成本，包括交易成本和分析成本。

① 经济学中，完全竞争理论认为扣除所有成本和正常利润后利润为零。

4.6　市场有效性检验

检验市场有效性主要有两种方法：第一，可以关注专业管理的资金，判断扣除所有成本（包括管理成本）后它们是否还有超额收益，例如养老基金和共同基金。第二个方法则更加间接。根据股票收益的历史数据判断利用所有投资者都知道的公开信息是否可以获取超额收益。因为利用所有信息检验有效市场假说是不可能的，所以只能利用部分信息进行检验。

一般来说，这些有效性检验都可以归结为表 4.2 中的其中一种。技术分析（technical analysis）试图利用过去的价格和收益来获取超额收益。如果市场是弱势有效（weak-form efficient）的，那么这些技术分析应当都是不产生超额收益的。基本面分析（fundamental analysis）认为利用所有公开可得的信息可以获取超额收益。如果市场是半强势有效（semi-strong form efficient）的，那么基本面分析应当也是不产生超额收益的。半强势有效市场检验通常着重于各方都可得到的信息（例如，盈余公告、投资计划、研发成果、股票拆分等）[①]。

表 4.2　　市场有效性测试归类

形　式	信息集
弱势有效	过去的价格和收益
半强势有效	以上信息和所有其他公开可得的信息
强势有效	以上信息和所有内部信息

市场有效性检验的结论是什么？最早在 20 世纪 60 年代的检验，极力支持市场是有效的。例如，即使公司宣布毫无预期的高收益，投资者也不能从中获取超额收益，尽管股价确实会因此上涨，而当新的投资者买入股票时，为时已晚，无法获得超额收益。

然而，自 20 世纪 80 年代初期以来，越来越多的实证研究开始质疑市场有效性。这些研究发现投资者可以采取简单的策略而获取超额收益。异象（anomalies）是指难以被标准风险调整模型所解释的数据模式和套利机会。两个著名且稳健的异象表明，投资者应当买入低市净率或低市盈率的公司股票（价值溢价），买入中期（3 至 12 个月）市场表现强势的公司股票（动量效应）。

① 对于强势有效市场，没有人会认为市场可以达到强势有效。实证研究表明内幕消息可以产生超额收益。

一、管理基金能够打败大盘吗？

市场中的专业投资者能赚取超额收益吗？这里先介绍一下机构投资者。

专业的管理基金或称为机构投资者（institutional investors）主要有两种：养老基金和共同基金。养老基金（pension funds）是指募集雇主和雇员手中的资金并进行投资，用于支付退休后的养老金。共同基金（mutual funds）是指募集投资者手中的资金，从事股票、债券等投资。因此，投资者原本需要投资于若干资产而现在只需投资于一个资产（共同基金），并且只需花费少许成本即可通过基金购买多样化的资产（共同基金投资的资产）。

共同基金不仅仅是账户管理，它提供了迎合投资者需求的投资组合①，并对其进行控制和管理，以确保既定目标能够持续实现。接下来讨论的共同基金业绩是一个值得关注的问题，因为共同基金的投资者支付了费用。确实，共同基金存在很多疑惑不清的费用（不同的共同基金之间费用差异会很大），有佣金基金（load funds）要求初始支付每份额基金的净值（net asset value，NAV）及附加费用②。附加费用包括销售人员收取的佣金以及相关的管理费用。免佣基金（no-load funds）则不需要附加费用，因为它直接卖给了投资者。除了以上部分，交易费用（佣金和价差）也会减少收益，若投资者自行投资，那么可以免去这部分费用。这些费用的存在意味着基金仅仅在总收益上打败大盘是不够的，我们必须比较净收益。

那么，如果合理投资，基金获得的总收益能否足够高以抵消投资者支付的费用呢？对此学者们进行了大量的研究，多数研究结果表明共同基金（以及养老基金）在平均水平上净收益不能打败大盘③。

下面介绍有关共同基金管理表现的一项研究，首先回顾一下资本资产定价模型（*CAPM*）和证券市场线（*SML*）。对于一个投资组合 P，应当满足

$$E(R_P)=R_f+BETA_P\times RP_M \tag{4.1}$$

检验是基于事后的数据，从而等式（4.1）变为：

$$\overline{R_P}=\overline{R_f}+est(BETA_P)\times(\overline{R_M}-\overline{R_f}) \tag{4.2}$$

---

① 基金根据投资策略的不同而划分，例如，有国际型基金、收入型基金、增长型基金、平衡型基金、债券型基金、货币型基金。

② 净值（每份额）是指扣除所有费用（例如管理费用）后的共同基金价值。

③ 两个分别针对美国和加拿大的研究是 Malkiel，B. G.，1995，Returns from investing in equity mutual funds 1971 to 1991，*Journal of Finance*，50，549—572； and Deaves，R.，2004，Data-conditioning biases，performance，persistence and flows：The case of Canadian equity funds，*Journal of Banking and Finance*，28，673—694.

这里的投资组合收益、市场收益以及无风险利率采用的是样本均值，*BETA* 采用的是估计值[$est(BETA_P)$]。给定投资组合风险（*BETA*）、平均无风险利率以及平均市场收益，如果一个资产组合的收益满足方程（4.2），这个资产组合并没有超额收益。因为根据 *CAPM*，它的收益和风险是相匹配的。

如果投资组合的平均收益高于正常值，则说明了什么？这体现了管理能力或者说是 *ALPHA*，换句话说，从平均意义来看，基金经理选对了投资组合。这里用 $ALPHA_P$ 代表“平均超额收益”，那么对（4.2）式稍作调整，即可得到①：

$$\overline{R_P}-\overline{R_f}=ALPHA_P+est(BETA_P)\times(\overline{R_M}-\overline{R_f}) \tag{4.3}$$

实际中，$ALPHA_P$ 和 $BETA_P$ 均由式（4.2）回归估计所得。如果 *ALPHA* 为正且结果显著，那么可以说明管理能力较强。基金实际收益超过 *CAPM* 认为的与其风险对应的期望收益。

回到之前介绍的研究，看一下结果，中国的股票型基金表现如何？图 4.1 给出了答案，在检验期 11 年（2006—2016）中有 4 年，扣除费用后的基金平均收益低于大盘收益，而另外 7 年则相反，其中 2011 年、2012 年、2016 年的基金收益与大盘基本一致。整个样本期内，基金的净收益平均每月低于大盘 0.004%，基本与大盘收益持平。中国股票型基金的管理费用一般为 1.5%，这说明基金经理的分析和投资带来了收益，基本可以弥补投资者支付给基金经理的费用。要注意的一点是，这些收益只是平均收益，并非是用 *CAPM* 进行风险调整后的超额收益。

例 4.2　某年，晓哲管理的一个投资组合收益超过 20%，市场收益是 10%，无风险利率是 5%，*BETA* 值为 1.5，那么这一年晓哲的超额收益是多少？可以认为晓哲是一个好的基金经理吗？

答案：利用式（4.3），用一年的数据代替式中的平均值，计算可得投资组合的 *ALPHA* 值为 7.5%，这是一个很好的收益，但投资者不会因为单独一期的收益而高兴。基金经理的能力是指表现持续良好，一年（或两年）的高收益可能源于幸运。

二、有效性与套利

之前的小节已经说明正的 *ALPHA* 值体现了投资组合的表现，现在的关键是理解有效性和套利一样是一个相对的定价概念。产生 *ALPHA* 的关键是在同样风险的情况下，“买入”便宜的股票，然而便宜是一个相对的概念，有时市场太过乐观，所有股

---

① *ALPHA* 在希腊字母中对应于英语的 *a*，写作 α。

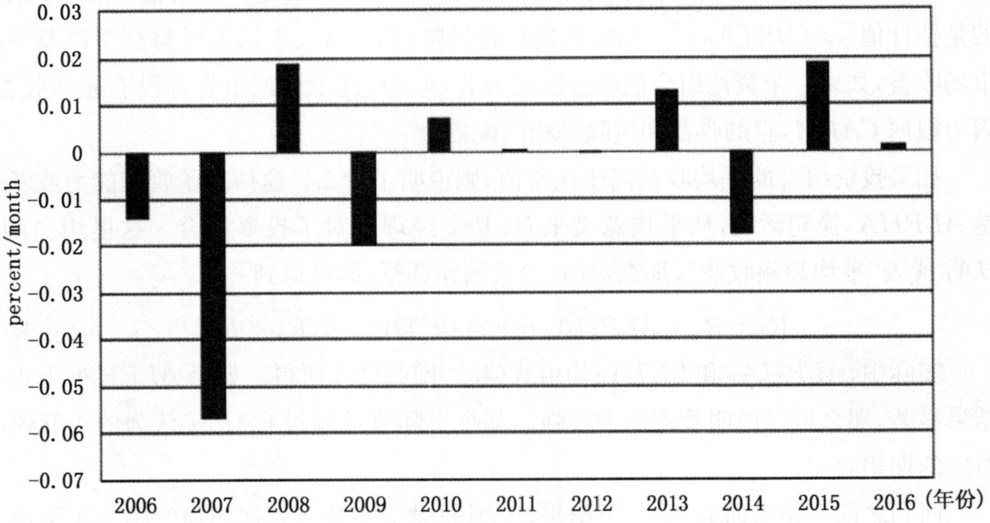

图 4.1 2006—2016 年中国股票型基金的表现

票价格被抬高到非理性的程度。在这样的环境下，仍有可能存在相对便宜的股票。基金经理通过投资这些相对便宜的股票仍可以打败大盘①。

三、行为金融学与有效性的对立观点

心理有时会在投资者做决策时起作用，这对金融市场和市场价格有何影响呢？之前提到过，一个相对新的金融学分支——行为金融学对此给出了肯定的回答。行为金融学的支持者认为心理和行为偏差会影响市场，正因如此，市场并不总是完全有效的。

之前已经介绍了一些著名的异象，行为金融学家对此从心理的角度给出了解释。例如，价值溢价，即风险调整后，低市盈率（P/Es）或低市净率（P/Bs）的股票，通常称为价值股（value stocks），比高市盈率或高市净率的股票表现得更好，后者通常称为成长股（growth stocks）或明星股（glamour stocks）。这个现象产生的原因是什么？可能是因为投资者过度热衷于明星股，促使其股价过高。然而，正如过气明星所揭示的，如今的当红者在未来是很容易过气的。投资者似乎认为高收益增长率将会在未来持续很久，然而事实却相反，高增长之后是低增长（或者低增长之后是高增长）的情况比投资者预期得要频繁，这些都表明投资者会对消息过度反应（无论是好的还是坏的）。

① 尽管这种买入股票（并不像传统套利者那样卖空）的基金经理只是进行“投资”，没有“套利”，但是这里相对本质并没有改变。

在好消息的情况下，股价自然会上涨，但上涨过度（相对于基本面），因此最终会下跌。另一方面，坏消息造成股价下跌，但下跌过度，因此也会有一定程度的反弹。

那么坚信市场有效性的学者如何解释例如价值溢价这样的异象呢？他们最主要的批评集中于联合假设检验（joint hypothesis），这是几乎所有市场有效性检验都必须遵守的。统计推断检验原假设（例如，12 岁男孩的平均身高是 5 英尺）和备择假设（12 岁男孩的平均身高低于或高于 5 英尺，即不等于 5 英尺）。在市场有效性的检验中，原假设是联合假设，准确地说，原假设要求：(1)有效性；(2)一个可以明确给定资产和投资组合“公平”收益的模型。

尽管事物在不断变化，但长期以来衡量公平收益的标准模型是 *CAPM*，但如果 *CAPM* 不是完全正确的怎么办？如果 *CAPM* 忽略了某种风险因素怎么办？有观点认为价值股平均收益更高是因为承担了更大的风险，尽管很多研究反对这点。这种风险有时被称为融资压力风险（distress risk），因为价值股承担了这种附加风险，所以它们应当获得更高的平均收益。*CAPM* 最著名的拓展是 Fama-French 三因素模型，这个模型认为价值股（和小盘股）都承担了市场风险（或者说是 *BETA*）以外的风险，这就是它们长期以来获得更高平均收益的原因。对此，行为金融学家认为，传统金融学家总有可能将一种异象用风险因素进行解释而忽略行为的因素，所以争论还在继续。

联合假设检验同样使得对专业投资经理表现的检验变得复杂。由于某个经理的表现只能用有限的数据检验，从而数据的随机性成为一个棘手的问题。假设在检验某个经理表现时采用了特定的风险调整模型（例如 *CAPM*），并且根据模型计算得出其管理的某个投资组合的“公平”收益是 16%，然而实际上这个投资组合的收益是 18%。这个结果可能是：(1) 偶然的一个随机事件（因为没有足够的观测值）；(2)反驳市场有效性假说的证据（例如支持经理能力的观点）；(3)模型错误（*CAPM* 是错的），即使是正确的模型（*CAPM* 是正确的），但模型的使用需要估计参数，参数估计产生的误差也会导致错误的结果。

总而言之，市场有效性和行为金融学将持续引发争论。然而，无论事实如何，尽管目前许多人认为金融市场是不完全有效的，但若投资经理（或投资者）忽视金融市场，趋向于市场有效，则是将其自身置于投资困境。

4.7　套期保值

人们经常面对风险，因此套期保值（hedging）定义为建立头寸以保护资产的价值。

假设你拥有一个价值 200 000 元的房子，显然你承担了价格风险，因为随着市场环境的变化，房价会上升或下降。考虑另一个不同的风险，火灾会损毁物品，为了简化这个例子，假设你可以每年支付 500 元给家里的物品投保。尽管保险通常包括免赔额，但它可以为这种损失提供保障。这里假设唯一的风险就是火灾，火灾会彻底损毁房子，并且保险对此损失提供无免赔额的全额赔付。进一步假设发生火灾的概率是 0.001，年底时房子的价值是 200 000 元（没有发生火灾的情况下）。

未来可能发生两种状态：状态 1. 没有火灾；状态 2. 火灾彻底损毁你的房子。表 4.3 列出了投保和不投保情况下财富的变化情况。如果你不投保且没有发生火灾，你将拥有的资产是年底价值 200 000 元的房子。如果你不投保且发生了火灾，你将损失全部，资产为零，这显然是一个非常危险的情况，这也是人们为什么选择投保以应对灾祸。如果你投保且没有发生火灾，年底你的总资产将是 199 500 元，这是由房子的 200 000元减去保费 500 元得到的。如果发生火灾，房子将一文不值，但是保险（扣除保费 500 元）价值 199 500 元，因为保险对房子进行了赔付。投保后无论发生哪种情况，年底你的总资产都是 199 500 元。显然投保是一个有价值的套期保值策略，没有人会质疑选择这个策略的明智性。

这里提一个问题：你真的愿意投资一个期望收益为负的资产吗（比如保险）？事实上，保险投资需要花费 500 元，那么年底时这个投资的期望值是多少？因为有 0.001 的可能性价值为 200 000 元，0.999 的可能性价值为 0，所以它的期望值为 200 元（见第 3 章）。总的来说，你投资了 500 元而“期望收益”为负。

表 4.3　　不同状态和投保情况下的财富价值

	不投保	投保
没有发生火灾	房子为 200 000 元	房子为 200 000 元 保费为 −500 元 总和为 199 500 元
发生火灾	房子为 0 元	房子为 0 元 保费为 199 500 元 总和为 199 500 元
是否存在风险	风险很高	无风险

为了更好地理解，再次利用 *CAPM* 和 *BETA*，根据证券市场线（*SML*）有：

$$E(R_i)=R_f+BETA_i\times RP_M \quad (4.4)$$

假设你持有一个 $BETA$ 值为 -3 的资产，如果无风险利率是 5%，市场溢价为 4%，那么期望收益是多少？

$$E(R_i)=5\%-3\times4\%=-7\% \quad (4.5)$$

答案是−7%，这看起来很奇怪。如果定价正确，则这个资产将有负的期望收益。就是说投资者愿意承担负的收益而拥有这个资产。这是因为它是一个非常有用的套期保值工具，投资这样的资产可以有效减少投资组合的风险。$BETA$ 是负值，意味着如果市场下跌，这个资产则会产生正回报，从而对资产组合产生保值效果。保险也是如此。尽管上例中保险的期望收益高度为负（−60%），但它仍然有价值，因为它可以套期保值，减少风险，所有合理的保险（不仅仅是之前考虑的类型）都是这个道理，第 7 章将会介绍有关保险的内容。

4.8　减少资产和投资组合风险

投资者可以保护自己的资产，避免负面事件对金融投资的影响。第 1 章中讨论过衍生产品，它可以用来保护资产，详细的内容将在第 5 章和第 6 章中讨论，这里只简单地介绍一下。假设你持有现价每股 50 元的股票并考虑股价在未来一年内变化，最坏的情况是你的股票到时变得一文不值，而最好的情况是股价会显著上涨。

投资者可以通过买入一个以该股票为标的的看跌期权来保护资产，根据第 1 章中的介绍，看跌期权赋予买方在指定时间以指定价格卖出股票的权利。这个例子中的到期日是一年，投资者可以在到期日以每股 50 元的价格卖出股票。考虑不同的可能性，如果股价最终高于或等于 50 元，那么这个期权就没有作用了；如果股价是 55 元，为什么还要以 50 元卖出呢？但如果股价低于 50 元，那么这个期权就有价值了。例如，如果股价最终是 45 元（或 40 元），投资者可以 45 元（40 元）的价格买入股票，然后执行期权以 50 元卖出，得到利润 5 元（10 元）。显然，期权的价值是每股 5 元（或每股 10 元）。期权的价值随着股价从 50 元起每下跌 1 元而增加 1 元。

那么投资者所有投资的总利润是多少呢？假设这个期权的成本是 3 元，而股票的行权价是 50 元[①]，根据表 4.4，考虑投资者年底的利润（扣除期权成本）。举一个例子，如果股价最终是 40 元，那么投资者每股损失 10 元，而期权价值（扣除成本）是 7 元，所

① 类似于保险，期权的成本通常被称作“期权费”。

以总损失是 3 元，其他情况也同样可以通过计算得出利润。

表 4.4　　基于股票和看跌期权的利润

最终股价（元）	股票回报（元）	期权回报（元）	净利润（元）=股票回报+期权回报−期权费
40	−10	10	−3
45	−5	5	−3
50	0	0	−3
55	5	0	2
60	10	0	7

注意，表 4.4 中最坏的情况是每股损失 3 元，这是因为看跌期权给资产提供了保障。本书之后的内容将会介绍更多有关衍生产品套期保值的作用。

本章习题

1. 假设一个赚钱策略，即你发现电脑所有零件（包括安装的软件）的总成本低于一台电脑的价格，那么有哪些实际问题会阻碍你进行套利？

2. 金融市场和参与其中的投资者，他们的哪些性质造成了套利限制？

3. 错误相关意味着什么？举一个例子说明误差是怎样相关的。

4. 价值与价格总是相等的理论很难证明，解释原因。

5. 共同基金的收益不及风险调整后的大盘收益，根据理论这将发生什么？而这为什么没有在实际中发生？

6. 如果市场是半强势有效的，那么一定是弱势有效的。请对这个观点进行评价。

7. 假设一个投资经理在过去两年中平均每月的收益率是 2.5%，市场收益率平均每月是 1.8%，无风险利率平均每月是 0.5%，投资组合的 *BETA* 估计值是 2.2。请对这个投资经理的表现进行评价。

8. 什么是联合假设检验？为什么这使得判断市场是否有效非常困难？

9. 如果投资者的期望收益为负，那么就不会进行投资。请对此观点进行评价。

10. 全球股票市场在 2008 年出现大幅下跌，对此有预期的投资者可以事先采取什么策略？

第 5 章　资本市场和证券估值

5.1 引　言

第 5 章的主要内容是估值。金融市场促进了资金从盈余部门向赤字部门的转移。由于存在可交易合同，即证券，使得这种转移更有效率。如前所述，三种证券的主要类型分别是股票（所有权）、债券（债务）和衍生工具（风险管理工具）。

5.2 节从股票开始讨论。最简单的估值模型已经在时间价值的讨论中涉及。本节会介绍更精细的模型，如超常增长模型。另一个关注点则是弄清楚这些模型中使用的现金流的适当定义是什么。

接下来的 5.3 节是衍生品，主要涉及期权以及少量的期货，介绍基本的估值方法。虽然对即将到期的期权进行估值很容易，但是在这之前的期权估值都是非常棘手的问题。

随后的 5.4 节，包含了监管、危机和信任。由于金融市场在实体经济中发挥显著的主导作用，并且它们容易受到信任和信心问题的影响，因此需要以监管形式进行公共干预。这种干预试图保证金融市场的操守，特别是当它受到攻击时，如 2008 年次贷危机发生时那样。

5.5 节涵盖的债券，是固定收益证券。它们承诺的付款是预先设置的，使得从表面上看起来很简单。然而在现实中，它们是相当复杂的。一个复杂的地方在于，承诺的收益与实现的回报可能完全不同。短期利率与长期利率之间的关系可以在很大程度上揭示承担风险所需的回报和利率的未来走势。这些内容属于利率的期限结构，将在 5.6 节中探讨。

5.2 股票估值

一、股利贴现模型(Dividend Discount Model,DDM)

在本节中,我们使用时间价值技术来估计股票的价值。更确切地说,我们专注于普通股而不是优先股,前者代表真正的所有权,后者相对股票更像债券。优先股拥有固定股利,通常必须在普通股股东收到任何股利之前宣布和支付,但因为财务困难导致的不兑付股利的情况不构成违约。本节的大部分内容都是第 2 章的直接拓展。

从短期的持有期收益率法开始,在逻辑上,今天的股票价值是你期望在下一期收到的现金——也就是预期股利(d_1),加上你期望在下一期卖出股票的收入(p_1)。由于这些是未来金额,所以它们必须按照该股票的必要回报率折现为现值,我们指定贴现率为 k_e(其中 e 代表股权)。当然,贴现率必须反映风险程度,可以用 *CAPM* 等模型来估算。比如,*SML* 公式基于一只股票承担的风险算出预期回报。这是市场认为承担风险的“公允回报”。使用持有期收益率表达式,股票价值为:

$$v_0=\frac{d_1+p_1}{1+k_e} \tag{5.1}$$

值得注意的是,第 1 期的变量(d_1、p_1)均为期望值。

通过只考虑下一期的股利和价格,我们似乎已经避免了估计潜在无限期未来现金流的问题。但是,当我们考虑到下一期的预期价格时,显而易见这是一种错觉。从等式(5.1)开始,并假设下一期的预期价格(p_1)与下一期的预期股价(v_1)相同。结果如下[①]:

$$p_1=v_1=\frac{d_2+p_2}{1+k_e} \tag{5.2}$$

将第 1 期的预期价格(p_1)进行替换:

$$v_0=\frac{d_1}{1+k_e}+\frac{d_2+p_2}{(1+k_e)^2} \tag{5.3}$$

第 2 期的预期价格(p_2)怎么办呢?重复上面的步骤,我们可以先假设它等于第 2 期的期望股价(v_2),然后进行替换:

---

① 公式左侧和右侧变量都是期望值。

$$v_0=\frac{d_1}{1+k_e}+\frac{d_2}{(1+k_e)^2}+\frac{d_3+p_3}{(1+k_e)^3} \quad (5.4)$$

这样的模式变得清晰。随着我们加入越来越多的加项，价格进一步推导到更远的未来，于是有：

$$v_0=\frac{d_1}{1+k_e}+\frac{d_2}{(1+k_e)^2}+\frac{d_3}{(1+k_e)^3}+\cdots \quad (5.5)$$

这被称为股利贴现模型(*DDM*)。这个模型表明股票的价值是股东以现金的形式收到的，用贴现率在未来支付贴现的现值[①]。

例 5.1　你期望 ABC 公司将在一年后支付股利 1 元，两年后支付股利 2 元，三年后支付股利 3 元。在那个时候(第三年支付股利时)，你认为股票将以 25 元交易。如果股票的必要回报率是 12%，那么股票今天是什么价格?

答案：将数值(股利以及未来交易价格)代入方程(5.4)得到 22.42 元。

二、贴现率的确定

我们接下来讨论如何确定估计普通股价值时应使用的贴现率(即问题中股票的股本必要回报率或 k_e)。如前所述，贴现未来风险现金流的合理利率需要包括反映资金时间价值的回报和奖励风险承担的风险溢价。无风险利率反映了资金的时间价值。这个利率在什么地方可以查询到呢？显然，无风险利率应该是政府固定收益债券的利率。该利率既不包含现金流不确定性，也不包含违约风险[②]。

应选择哪个到期时间？这里的答案是不清楚。当人们持有股票时，他们期望获得不同时间点的一系列现金流。理论上，人们可以为每个时点的现金流选择不同的无风险利率，在某些情况下，这样做也许可以提高估计的质量[③]。然而，在实践中有两种更简单的方法：一种是使用当前的短期(国库券)利率；另一种则是基于以下观点，即无风险利率最好由未来预期短期利率的长期平均值代替。

接下来谈到适当的风险溢价，尽管 *CAPM* 有缺点，但它确实可以作为一个客观的起点。要实现这个模型需要以下两点：市场风险溢价和 *BETA*。首先考虑市场风险溢价。常规方法是使用长期(事后)平均风险溢价的估计。基于收益的长期历史记录，许多人会认为 3%—4%的市场风险溢价是合理的。

---

① 即使你计划在未来某个日期出售股票，这也成立，因为下一个所有者将收到这些现金流(因此他愿意在交易时支付其现值)。

② 见后面关于可转换债券和可回购债券的讨论。

③ 5.6 节将提供如何做到这一点的理论。

例 5.2 去年市场收益率为 25%，国库券利率为 6%。基于此，事后的市场风险溢价为 19%。这是否应该作为市场的风险溢价？

答案：不，这太高了。它毕竟只基于一个观测值。

每个公司都有自己的 *BETA*。理论上，*BETA* 应该是具有前瞻性的，但实际上研究人员从估计历史 *BETA* 开始。这是通过近期的样本使用市场收益对证券收益进行统计回归来实现的，估计出来的斜率就等于 *BETA*①。例如，图 5.1 是根据某公司过去 60 个月的股票收益和市场收益的历史数据进行 *BETA* 回归计算。拟合曲线的斜率是 1.44，即这家公司的 *BETA* 估计值。

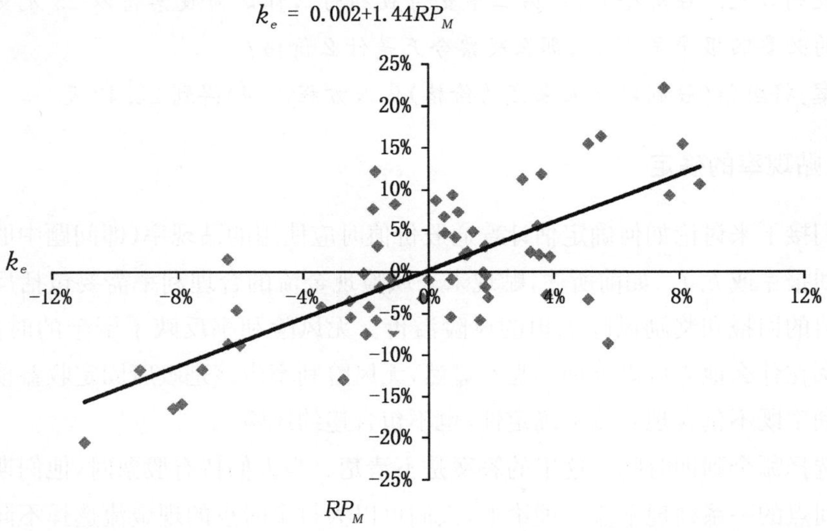

图 5.1 *BETA* 回归估计

然后可以通过对该估计的适当调整来体现 *BETA* 的前瞻性。把 RP_M、R_f 和 *BETA* 估计值用到 *CAPM* 中，就可以计算股票的折现率：

$$k_e = R_f + BETA \times RP_M \tag{5.6}$$

三、股利与企业特定现金流

如前所述，股票可以通过合理估计未来全部股利贴现进行估值。这种方法的一个

① 这种回归线有时被称为“特征线”。

问题是许多公司不支付股利[①]。这些公司通常处于增长阶段，需要所有的现金都用于再投资。因此，在这种情况下，使用另一种定义的现金流则是更方便的方法。这种方法侧重于企业特定的自由现金流。

我们从报告的会计每股收益(e)开始。会计收入的一个问题是，它可以根据会计惯例而有所不同。因此，我们将每股经济收益(ee)定义为：

$$ee = e + (nce - ncr) - dep \tag{5.7}$$

其中，所有变量基于每股收益；nce 是非现金支出；ncr 是非现金收入；dep 是真实经济折旧。

为了得到企业特定的自由现金流(fcf)，要再减去净投资支出(inv)：

$$fcf = ee - inv \tag{5.8}$$

注意，净投资支出是扣除折旧之后的总投资支出，然后可以使用 DDM 进行估值，但使用自由现金流替换股利：

$$v_0 = \frac{fcf_1}{1+k_e} + \frac{fcf_2}{(1+k_e)^2} + \frac{fcf_3}{(1+k_e)^3} + \cdots \tag{5.9}$$

只有当企业遵循剩余股利政策，使得任何时候都满足 $fcf = d$，DDM 和自由现金流法才会相同。然而，在合理的假设下，即使不遵守剩余政策，两种方法也应该产生(大致)相同的答案。

四、固定增长模型(constant growth model)

当施加严格的假设时，可以得出更简单的估价表达式。假设股利(或自由现金流)以恒定速率(g)增长，那么就可以使用第 2 章中的永续增长公式[②]：

$$v_0 = \frac{d_1}{k_e - g} \tag{5.10}$$

在对股票估值时，这个模型通常称为固定增长模型。注意，为了使这个模型有意义，股利的增长率必须小于股票的必要回报率；否则价值会变为无穷大。

例 5.3　假设公司的股利以 5%的恒定增长率增长。当前股利为 1 元。权益的必要回报率为 20%。可以直接在公式中替换这些数值来计算股票价值：

$$v_0 = \frac{1 \times 1.05}{0.2 - 0.05} = 7(\text{元})$$

---

① 第 6 章会涉及股利支付过程和这方面的最新趋势。

② 相同的表达式可以用于自由现金流，只要把股利替换成自由现金流即可。本章其余部分公式中的股利也可以用现金流代替。

什么样的公司适用固定增长模型？成熟行业的公司往往能以相当稳定的速度增长，例如公用事业、银行等金融机构和食品加工公司[①]。

例 5.4 你正在评估大多数分析师认为处于成熟阶段的银行股票。预计明年的股利为 1.20 元。必要回报率(使用 *CAPM*)为 10%。给定 15 元的股票价格，市场预期的股利增长率是多少？

答案：从固定增长模型方程(5.10)开始，整理将 g 放在左边并代入给定数值，得到结果为 2%。

许多公司经历了一段相当快的增长期(增长率 g_H 一直持续到时间 T)，但最终投资机会减少，并且公司达到成熟阶段(T 以后增长率为 g)。超常增长模型在这种情况下是合适的。实际上模型中有两个阶段的固定增长——第一阶段为增长放慢以后，第二阶段为从几年之后开始一直到未来。可以证明，这种情况下公司的价值是：

$$v_0=\frac{d_1}{k_e-g_H}\left[1-\frac{(1+g_H)^T}{(1+k_e)^T}\right]+\frac{d_1(1+g_H)^{T-1}(1+g)}{(1+k_e)^T(k_e-g)} \tag{5.11}$$

例 5.5 假设一家公司预计以 20% 的速度增长，持续 10 年。此后，增长预期为 8%，公司的必要回报率为 15%，最近年度的股利为 1 元[②]。该公司一股值多少钱？

答案：将以上数值代入公式得到 36.35 元。

五、增长机会和市盈率

关于公司价值的一种有用的思维方式是将其分为两个部分：如果没有增长，公司值多少，再加上全部增长机会的价值。如果一家公司不增长，没有新的投资，所有收益都以股利的形式返还给股东。使用永续年金的公式可以得到无增长公司的价值如下(其中我们假设 e 和 ee 之间的区别可以忽略)[③]：

$$v_0=\frac{e_1}{k_e} \tag{5.12}$$

其中，e_1 是下一期的预期每股收益。这个公式意味着，无增长公司的价值等于下一期每股收益除以必要的净资产收益率。实际价值与无增长价值的差异一定来自增长机会的价值。也就是说，以下公式成立：

---

① 可以证明，固定增长意味着收益和股利(以及有效市场情况下的价格)以相同的速度增长。因此，为了考察一家公司是否适用固定增长模型，分析师可以调查收益增长和股利增长在过去是否接近。

② 公式中使用的不是最近的股利(d_0)，而是预期的未来股利(d_1)。在这种情况下，我们必须"增长"最近的股利。

③ 有时人们称那些产生稳定现金的、成功的无增长公司为"现金牛"。

$$v_0=\frac{e_1}{k_e}+npvgo \tag{5.13}$$

其中，$npvgo$ 表示每股未来有增长机会的净现值(net present value of growth opportunities)。

六、用市盈率进行估值

如果将公式(5.13)的两边同时除以下一期收益(e_1)可以得到：

$$\frac{v_0}{e_1}=\frac{1}{k_e}+\frac{npvgo}{e_1} \tag{5.14}$$

市盈率(price/earnings ratios，P/E)，有不同的定义方法。其中一种方法是用当前股价除以预测的下一期收益。这就是公式(5.14)的左边，只不过使用价值替换了股票价格。有时分析师使用 *DDM* 方法(或使用类似于自由现金流的方法)估计股票的价值。其他时候，他们使用基于市盈率的"相对估价法"。实际上，他们将当前的市盈率(基于观察到的价格)与基于方程(5.14)计算出来的市盈率进行比较。当市盈率低于它的理论值(因为价格太低)，他们就建议购买；当市盈率高于它的理论值(因为价格太高)，他们推荐出售。

从市盈率的公式(5.14)看出，增长机会越大的公司市盈率越高。这表明高增长股票不一定是比低增长股票更好的投资。原因是增长率已经被估计到股票价格中。不太明显的是错误定价和非理性的潜在作用。公式(5.14)采用价值进行计算。但是当价格"错误"时，会对市盈率产生影响。例如，如果市场过于乐观，市盈率将被推得过高。

5.3　衍生品

衍生证券(derivatives)有繁多的种类，其中一些非常复杂。在本节中，我们将重点讨论期权，次要介绍期货。

一、期权

期权(option)有两种形式：看涨期权(call option)和看跌期权(put option)。在本书第 1 章中介绍了期权的定义，此处再重复一次。看涨(期权)是指在特定日期之前以特定价格购买特定金额的证券或商品的权利。类似地，看跌(期权)是指在特定日期之前以特定价格卖出的权利。购买或出售的价格可称为行权价(strike price)或行使价(exercise price)。虽然期权合约可以基于股票、债券、指数和商品(例如黄金,石油),但对于我们在本节中的讨论,通常意思是股票期权。

(一)行权日的期权价值

我们将从两个角度讨论期权价值,首先从容易的开始。期权在马上就要到期时的价值是多少?从看涨期权开始,假设行权价为 30 元,标的股票价格为 32 元[①]。持有该期权,你可以很快地挣到 32－30＝2(元/股)。因为通过行使期权可以 30 元的价格购买市场价为 32 元的股票[②]。因为股票当前价格大于行权价,所以这个看涨期权被称为是有内在价值期权(或称价内期权,in-the-money)。类似地,期权可以是无内在价值期权(或称价外期权,out-of-the-money)或平价期权(at-the-money)。前者指的是股价小于行权价的情况,而后者通常指的是股价和行权价相同的情况[③]。一般来说,在行权日,一个看涨价内期权的价值是:

$$call = p - strike \tag{5.15}$$

其中,$call$ 是看涨期权价值;$strike$ 是行权价;p 是股价。反过来,一个价外期权(或者平价期权)在行权日是毫无价值的,只要以下条件成立:

$$p \leqslant strike \tag{5.16}$$

图 5.2 显示了行权价为 50 元的情况下看涨期权价值与股价之间的关系。注意:当股价从 0 元一直到行权价 50 元时,价值函数是 0;而在 50 元的右边是一条有固定斜率的直线。

在之前的章节中,讲到对股票进行保险时介绍了看跌期权。行权日看跌价内期权的价值等于(假设 $p \leqslant strike$):

$$put = strike - p$$

这种关系如图 5.3 所示,同样使用行权价为 50 元。注意股票价值大于行权价 50 元时,价值函数是 0;而在 50 元的左边,它随着股价每下降 1 元而增加。图 5.2 和图 5.3 都是针对期权价值而言的。如果要计算利润而不是价值,我们必须通过扣除购买时的看涨/看跌期权价格。

接下来我们会展示 4.4 节的被保险股票的图表,但首先来看图 5.4,它显示基于

① 期权合约以每股为报价基础,但通常以 100 股为单位出售。
② 为了简化,我们省略了交易成本。
③ 正如我们将在下文中谈到看跌期权时的那样,价内期权是指股价小于行权价的情况,而价外期权是指股价大于行权价的情况。

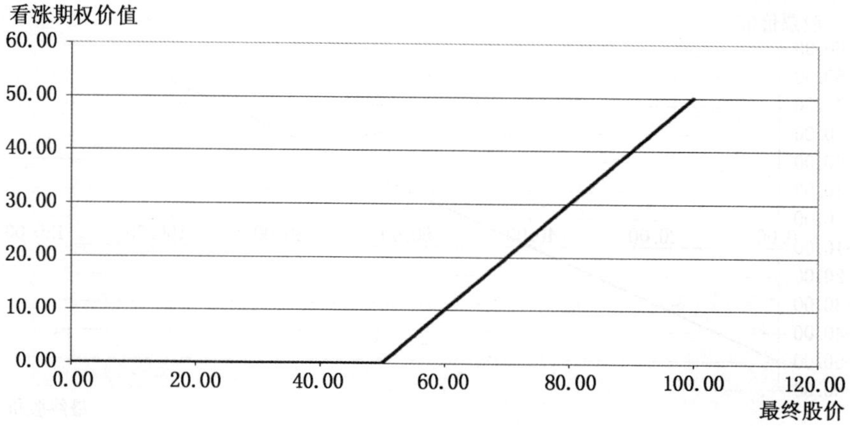

图 5.2 到期日看涨期权价值作为最终股价的函数

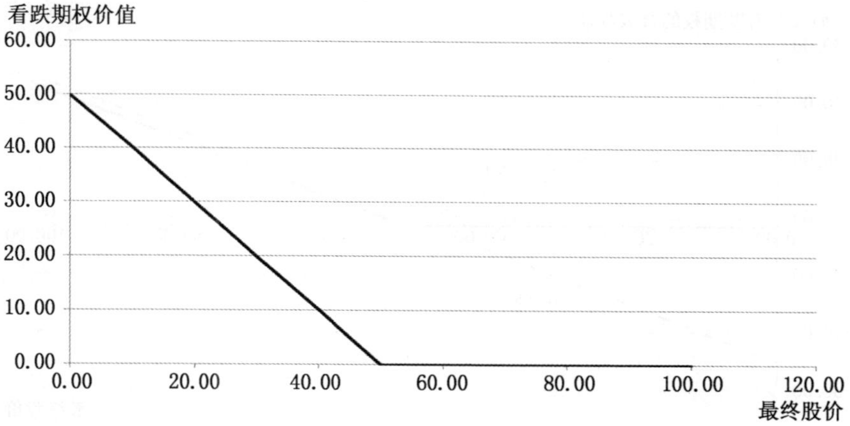

图 5.3 到期日看跌期权价值作为最终股价的函数

50 元的参考价，股东财富与股价变化的关系。

当股价高于 50 元时，股票所有者会从每 1 元上涨中获得额外的 1 元，而如果股价低于 50 元，损失也相应地发生。如果我们结合图 5.3（并扣除了购买期权付出的价格）和图 5.4，我们最终得到图 5.5 中的实线折线，显示了来自被保险股票的利润。

到目前为止，我们只谈到购买（即持有或“多头”）期权。但是，如果你不是购买期权，而是期权卖方（option writer）呢？期权卖方是出售期权的人（或者说是期权的“空头”）。作为交易的另一方，如果期权被行权，你必须随时准备履行义务。显而易见，对

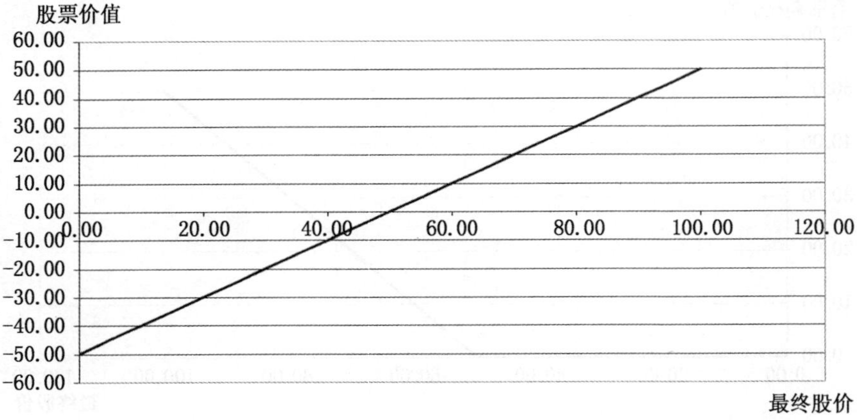

图 5.4 基于 50 元参考价格的股东财富与股价变化

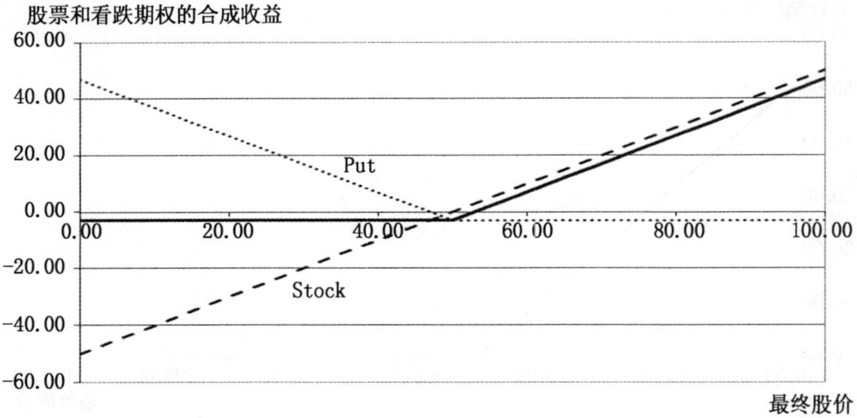

图 5.5 使用看跌期权保险后的股票持有收益

买方来说期权值多少钱,对卖方来说它就"值"负的这么多。原因在于作为期权的卖方,如果期权在行权日有价值,它将在不利于你的情况下被行权,你会被迫(你没有选择)将股票以小于自身价值的价格卖出①。为什么有人想在这种情况下出售一份期权呢?当然是希望这个期权在行权日的价值不如它最初出售的价格,从而给期权的卖方带来利润。

① 在看跌期权的情况下,你会被迫以超过股票价值的价格购买它。考虑期权卖家的价值图形,它们将是期权买家图形的镜像。

（二）行权日之前的期权价值

行权日之前的期权价值要复杂得多。同样考虑看涨期权，假设股价为32元，行权价为30元。在（例如）到期前一个月，期权价值可能是3元。这比期权即将到期时还多1元。这里3元可以被分解为内在价值和时间价值，其中，当前股价和行权价的差（此处为2元）作为内在价值以及剩下的（1元）作为时间价值[①]。当一个期权是价外期权时，其内在价值为零，因此所有的价值都是时间价值。如何解释时间价值的存在呢？基本想法如下：剩余的时间越多，价外期权越有可能上涨从而“浮出水面”，通常人们难以理解时间价值，因为期权也可能会变得不值钱。没错，但实际上期权价值的下降是有限的（你最大的损失是你支付的期权费用），这表明拥有更多的时间总是更好的。

例5.6　股票的交易价为48元。以该股票作为标的的看涨期权和看跌期权行权价为50元。假设看涨期权价格为1元，看跌期权价格为2.80元，将这些价格分解为平价价值和时间价值。哪个期权是价内期权？

答案：看涨期权是价外期权，因为行使它是不合理的。因此，它的整个价值（1元）都是时间价值。另一方面，看跌期权是价内期权，因为行使它每股能够挣到2元。这是它的内在价值。剩下的0.80（2.80−2.00）元则是时间价值。

虽然时间价值的概念直觉上很吸引人，然而计算出确切的价值多少却是一件困难的事情。为了给读者一点更具体的感受，我们会在简化的情况下展示看涨期权的时间价值是如何估计的。假设期权正好离到期还有一期（如一个月）。从今天到截止日期，标的股票可能变化为两个价格：一个高于当前股价，另一个低于当前股价[②]。假设股票今天价格是70元，它可以上涨或下跌5元（上涨至75元或下跌到65元）。进一步假设使用连续复利的无风险利率为3%（即每月0.25%）；1月期看涨期权的行权价为66元。注意：如果股票最终价格为75元，则到期时的看涨期权价值为9（75−66）元，而如果最终价格为65元，则该期权到期时无价值。根据上面的信息能够证明，如果市场没有套利机会，则该看涨期权今天应以4.64元出售。

为了说明这一点，假设一个投资者同时持有股票和出售看涨期权。h 等于卖出每一看涨期权的同时买入的股票数。设 $h=0.9$，这意味着你的投资组合为每一份卖出的看涨期权同时买入了0.9股股票[③]。假如股票上涨，行权日则你的投资组合的价值

---

① 还有一个更复杂的问题。一些期权是“美式”期权，一些期权是“欧式”期权。它们的区别与地域无关。美式期权可以在行权日之前的任何时间行使，而欧式期权只能在行权日行使。大多数期权是美式期权。

② “二项式”模型是在实际中使用的。二项分布基于多次试验，其中只有两个结果中的一个会发生。最简单的二项式模型只有一次试验。

③ 显然一个人不能持有小数份额，但是可以将给出的数字与10相乘就能得到整数单位。

为：

$$0.9 \times 75 - 9 = 58.50(\text{上涨情况}) \quad (5.17)$$

这里我们加总了你的股票(0.9股每股为65元)和(出售)看涨期权(对买家而言，值9元)的最终价值。另一方面，如果股票下跌，你的投资组合的价值为：

$$0.9 \times 65 - 0 = 58.50(\text{下跌情况}) \quad (5.18)$$

我们又一次加总了你的股票(0.9股每股为65元)和(出售)看涨期权(对买家而言不值钱)的最终价值。重要的是无论发生什么，你的头寸都没有风险。这意味着如果使用正确的比例(这里 $h=0.9$)，持有股票和出售看涨期权的组合可以带来无风险的投资。实际上，由于 h 被选择来消除风险，因此也被称为套期保值比率①。鉴于该投资的无风险性质，因此建立此头寸的成本应为最终投资组合价值的现值(以无风险利率进行贴现)，如：

$$COST \times e^{.0025} = 58.50 \quad (5.19)$$

解方程得到构建成本为58.36元。使用此值，并记住构建投资组合所需的最初交易为：

$$COST = 58.36 = h \times p - call \quad (5.20)$$

由于 $p(70)$ 和 $h(0.9)$ 是已知的，只需解出看涨期权，即4.64元，如同上面所说的。

一价定律确保该看涨期权的价值为4.64元。如果看涨期权的价值超过这个数值，通过采用借钱购买股票和出售看涨期权的策略，人们可以获取超过无风险利率的收益。由于该策略的收益率超过无风险利率，因此在行权日(偿还贷款之后)，不需要任何的自有资金就能获得现金。许多套利者都会利用这个机会，然而他们对利润的追求会使得看涨期权的价格相对标的股票的价格下降②。

上面例子中使用的假设还是太简单了。著名的Black-Scholes期权定价公式采用相同原理提出了期权定价公式③。此公式用于在期权到期之前任何时点，对以不支付

---

① 在二项式情况下，h 可以通过计算上涨与下跌时看涨期权的价值差别和上涨与下跌时股票的价值差别之间的比率得到。代入题目中的数值得到 $h=0.9$。

② 相反，如果看涨期权的价格低于4.64元，则可以使用"反向套期保值"：一个人可以买入看涨期权并卖空股票，从而锁定低于无风险利率的利率(作为贷款)，然后可以把收益以无风险利率进行投资。

③ 二项式模型是离散时间模型。为了使模型更加接近现实，考虑几个短间隔(而不是一个长间隔)，同时保持一致的期权到期日。例如，一个人看待四个周的期权，可以是一个四周的区间，可以是两个两周的区间，也可以是四个一周的区间等。随着这些短间隔的长度接近于零，极限情况下的模型变成连续时间模型。如果我们再做一个(技术)假设，我最终得到Black-Scholes。Myron Scholes主要因为这个公式而获得了诺贝尔奖。(Fischer Black，他的合作者，在此之前几年去世。)

股利的股票为标的的看涨期权进行估值。Black-Scholes 给出了以下参数如何影响看涨期权的价值：股票价格、行权价格、到期时间、波动率（如股票收益率的标准差）和利率[①]。

（三）如何使用期权

期权用于套期保值和投机。我们已经看到了如何使用一个看跌期权进行套期保值。套期保值用来减少风险，而投机则承担风险。使用期权进行投机的例子是买入看涨期权（在标的证券中没有任何头寸），希望股价上涨。虽然人们也可以买股票，但是这种投机的方法带来了更大的杠杆[②]。我们会在第 6 章中展示公司如何使用期权来降低风险。

二、期货合约

为了回顾第 1 章讨论过的内容，如果购买的商品或证券立即交割（通常在几天内），那么它们在现货市场中交易。如果现在商定合约但在未来交割，则商定了远期合约。如果合约是一个远期合约，但同时又高度标准化，并在专门从事这种交易的交易所进行交易，那么它就是期货合约（futures contract）。期货（和远期）合约以各种商品和证券为标的。

要看期权合约与期货合约之间的主要区别，想想黄金期权和黄金期货[③]。前者是选择——而不是义务——购买黄金（看涨期权情况）或出售它（看跌期权情况）。唯一需要承担义务的是期权合约的卖方，如果期权在不利于他们的情况下被行权，他们必须完成对方提出的交易。期货合约则不同。买方和卖方都有义务：买方以约定的价格购买黄金，卖方则以约定的价格出售黄金[④]。

与期权类似，期货也是有价值的风险管理工具。虽然一些个人和公司使用它们来投机（承担风险），但是其他人使用它们来降低价格风险。例如，一家金矿公司可能希望通过使用期货合约出售其黄金来锁定利润。

---

① 利率的影响相当小。很显然，股价越高，行权价越低，期权到期时间越长，看涨期权就越值钱。至于波动率，股票的波动率越大，看涨期权就越值钱。

② 杠杆会把结果放大。如果你购买股票，股价的上涨/下跌将会带来收益/亏损，但如果买入看涨期权，每一元投资的影响会更大。在下一章资本结构的内容中将会看到承担债务也会增加杠杆。

③ 甚至有一种被称为“期货合约的期权”的产品。该产品是以期货合约作为标的产品的期权。就定价而言，它们非常类似于“普通的”期权。

④ 有一种方法可以避免这种义务。通过“轧平头寸”来完成，也就是购买你之前出售的期货合约，或出售你之前购买的合约。

三、一些其他衍生品

互换(swaps)基本上是期货合约的"打包"。互换有很多类型,其中最常见的是利率互换。根据这种安排,交易双方同意交换基于"名义本金"的利息支付。通常其中一个利率是浮动利率,而另一个则是固定利率。这种互换实际上被用于调整利率敞口。因为互换是定制的,只在柜台进行交易。

认股权证(warrants)和认股权(rights)是公司发行的看涨期权[①]。前者通常在发行其他证券(如债券)时用作"增甜剂"。在发行日认股权证是深度价外的(即行权价远高于当前股价),并且比典型的看涨期权有更长的到期时间(如5年或更长)。认股权赋予股东在公众之前认购新股的"优先权"。每一股获得一个认股权,你需要一定数量的认股权,以便能够以"认购价格"购买1股股票(例如,每股10个认股权认购价为28.40元)。此认购价仅为行权价。注意:为了保证股票售出,认购价格被安全地设置为低于当前市场价格,或者更确切来说对其市场价格的合理预期。这些认股权可以交易,受欢迎的认股权有时在大交易所交易。与认股权证不同,认股权通常是短期的(如2—10周)。一直到指定的除权日之前,股票都"含权"(即包含认股权)交易,而除权日之后则"除权"交易。

许多债券有类似期权的特征。可以说债券和期权是"捆绑"的。两个重要的例子是可转换债券(convertible bonds)和可回购债券(callable bonds)[②]。在指定条件下,可转换债券可以转换为一定数量的普通股。转换比率是一份票面价值的债券可以转换成普通股的数量[③]。可转换的期权对债券持有者是有价值的,因而体现为此类债券的收益率较低。可赎回债券是与回购(或赎回)特征捆绑的债券。该特征授予发行人在期满前以指定价格回购该债券的权利。这个价格,被称为赎回价,通常随着债券到期而下跌。由于赎回特征是发行者拥有的权利,因而此类债券必须提供较高的收益率以吸引购买者。

---

① 标准的股票期权的数量是不固定的,因为它只需要交易双方(买方和卖方)就可以创建,但是由公司发出的认股权证和认股权的数量则是固定的(仅由企业的有意的行为创建)。

② 许多优先股也是可转换或可赎回的。

③ "转换价值"等于转换比率乘以股价。"转换溢价"是可转债的价格与可转债转换价值之间的差额。而"投资价值"是假定不可转换的证券的估计价值。

5.4　监管、危机和信任

金融市场也正在受到严格监管。我们首先描述发达国家的监管环境并介绍中国的监管环境；然后介绍一个最近的金融危机，虽然主要发生在美国，但对世界各地都有很大的影响，以及如何认为监管不力导致危机的发生；最后，我们介绍参与所有金融市场都需要的要素，即信任和投资者信心。

一、监管环境

在发达国家，由于经济严重依赖金融市场诚信，因此让其依赖不受约束的市场力量是不明智的。公众参与金融市场带来了监管。监管就是规则（或法律）与执行，二者缺一不可。近期的研究强化了在证券市场政府存在的重要性[①]，分析了 49 个国家或地区的证券立法环境。通过分析首次公开发行（IPOs）的法律规定，并研究证券立法环境与资本市场发展程度的各种标准（如总市值与国内生产总值的比率）的联系。研究结果提供了有力的证据，表明强制性披露的法律和加强法律执行力度有利于股市发展。

披露是什么意思？公开交易的公司需要定期提交或披露（如公布）财务报表和如果存在的其他重要信息[②]。如果发生错误（例如违反一般公认会计原则），则需要采取正式的补救措施。

所有发达国家都有一个证券监管机构来监督证券发行和交易。例如，在美国，证券交易委员会（Securities and Exchange Commission）担任这个角色。在中国，根据现行《公司法》《证券法》《证券公司监督管理条例》等相关法律法规规定，中国证券行业形成了以中国证券监督管理委员会依法对全国证券市场进行集中统一监督管理为主，中国证券业协会和交易所等自律性组织对会员实施自律管理为辅的管理体制。证监会依法对证券市场实行监督管理，维护证券市场秩序，保障其合法运行。证券业协会是社会团体法人，通过证券公司等全体会员组成的会员大会对证券行业实施自律管理。上海证券交易所和深圳证券交易所作为一线监管机构，在中国证监会的领导下，为证

① 见 La Porta，R.，F. Lopez-De-Silanes and A. Shleifer，2006，What works in securities laws? *Journal of Finance*，61，1—32。

② 关于平均个人投资者在多大程度上获得这些披露并了解其重要性还存在争议。披露背后的一个哲学问题是信息传播通常被视为等同于信息收集。我们在第 1 章讨论平均投资者所面对的困难，应该让我们注意到披露和有效披露不是一回事。

券集中交易提供场所和设施,通过组织和监督证券交易,对证券公司及上市公司实行自律管理,以使会员更好地遵循法律法规及职业道德准则。

二、2008 年次贷危机

金融系统周期性地会受到严重的冲击。如果经济面临衰退,则股票市场往往会提前反应并表现不佳。但是,这种事件并不是金融危机。相反,这是一个经济事件:金融市场只是反映实体经济状况。然而,有时金融市场指数的大幅波动似乎不与经济环境直接相关。心理通常起关键作用,但市场缺陷可能会加剧这个问题。例如,美国市场在 1987 年 10 月大幅下降但后来相当迅速地反转了。诸如程序化交易和缺乏熔断机制等被归咎为诱发问题的原因①。

私人的小金融机构倒闭并不足为奇,但当一些重要的金融机构处于危险之中时,这会导致市场信心的丧失并诱发危机感。这种情况发生于 2008 年 9 月,通常称之为“次贷危机”。简单来说,导致这场危机的原因在于,在过去多年的时间里,美国的房地产按揭贷款条件变得越来越宽松。这种宽松的一个例子就是零首付按揭贷款的盛行。此外,对借款人能够偿还的可能性通常很少或没有进行尽职调查。许多这样的贷款被打包,证券化并卖给投资者(或由银行和投资银行持有)。当时一些观察家认为这些创新是危险的,可能危及金融机构或持有它们的投资者。监管机构允许这些业务列为“资产负债表外业务”,从而不受资本金要求的影响,这使金融系统面临过高的风险。

这一切都运作良好,一直到过热的美国住房市场达到峰值,并不可避免地开始在 2006 年下降。许多房主拖欠它们的贷款,突然这些按揭证券的市场价值大幅下降。此外,对这些产品有重大风险敞口的机构,其市场价值大幅下降,使它们的偿付能力成为一个问题。考虑在 2008 年 9 月(9 月 15 日至 19 日)的一周内发生的以下事件:

- 美国两家最大的投资银行在同一天基本上消失了:雷曼兄弟申请破产保护,美林公司同意被美国银行收购。
- AIG,市场价值不久前还是世界上最大的保险公司,也处在崩溃边缘,被迫接受美国政府的救助,放弃大多数股份换取现金的注入。
- 两大独立的美国投资银行摩根士丹利和高盛受到了卖空者的猛烈攻击,那些卖空者认为它们的时日不多。

---

① “程序化交易”是由响应价格变动触发的自动购买/出售股票组合的行为。“熔断机制”是价格剧烈波动之后短暂的“停止交易”期。

- 最后在那个周末，美国政府宣布了7 000亿美元的救助，其中许多不良贷款将被政府收购，因此从那些饱受其困扰的金融机构的资产负债表中移除。

为了了解所有这些事件的巨大影响力，当时一篇新闻文章写道(有一些夸张)[①]：

对于一代人来说，华尔街一向被世人树立为力量、效率和透明度的榜样。但是目前国家引以为傲的银行系统正处于崩溃的边缘。只有美国财政部和联邦储备委员会动用了1万亿美元的救助才阻止了全面崩溃……代价如此高昂，甚至可能毁灭美国的财政。

尽管成本巨大，但干预被认为是必要的。主要原因是，如果允许下降的螺旋继续下降，投资者和世界其他国家将很快对美国的金融体系失去信任。最终，美国当局和其他受影响国家的这种大规模干预恢复了市场的信心，并在许多私人部门贷款人无法或不愿提供贷款的时候向市场注入了急需的流动性。一些机构不愿意借钱给其他金融机构的一个原因是因为担心它们的对手可能是下一个倒下的。

当这种程度的崩溃发生时，不可避免地需要新的监管和立法。时任美国总统巴拉克·奥巴马于2010年7月签署生效了《多德—弗兰克华尔街改革和消费者保护法》。该法案改变了现有的监管结构，创立了新的机构(如金融稳定监督委员会)，加强监督那些被认为会影响"系统性风险"的机构，并创立了有序处理破产机构的机制，使政府不需要通过救助这些公司来挽救金融体系[②]。一些人表示怀疑，认为该法案没有太大作用，未来金融危机爆发的可能性并未减少。Nouriel Roubini就是其中之一，他建议最好的办法是拆分一些大金融机构，这样某个特定公司的破产便不能威胁到整个金融系统[③]。换句话说，解决"大而不倒"问题的方法是缩小大银行的规模。Roubini确实认为未来如此大规模的危机是不可避免的。

2011年秋天，新闻报道了另一个金融危机，然而这一次的性质却完全不同，罪魁祸首主要是政府而非金融机构。希腊和其他几个面临严重的财政和债务问题的欧盟国家正在被迫出台一系列紧缩措施，以便换取救助资金。一些人甚至预测欧元会消失，因为像德国这样强大的欧元区国家，越来越倾向于脱离欧元区。

受到公共和私人债务的巨大拖累的世界经济正从2008年的金融危机中非常缓慢地恢复，回想起来大多数人还是会认为，当时政府所采取的主要干预措施阻止了更糟

---

① Report on Business, Globe and Mail, September 20, 2008.

② 系统性风险是威胁整个金融系统的风险，而不仅仅影响系统内的个别公司。

③ Roubini, N. and S. Mihm, 2010, *Crisis Economics: A Crash Course in the Future of Economics*, Penguin Press, New York.

糕的经济和金融形势的发生。只有在经历漫长的时间以后我们才能看到真正的经济成本是什么，以及当前的环境是否真的会减少未来危机产生的可能性。

三、信任

毋庸置疑，这种金融危机会使人们紧张。信任受损并且对金融系统的信心下降——这也是美国政府认为有必要进行干预的一个原因，尽管这对纳税人来说可能存在巨大的成本。

为什么缺乏信任是有害的？缺乏信任导致人们不参与市场。如果人们不相信披露的真实性和金融体系的诚信，投资者可能决定离开市场。有人认为，信任可以被定义为个人认为被欺骗的可能性的主观概率[①]。研究者发现，如果人们认为有3%的可能性被欺骗，那么他们进入金融市场所需的财富水平是完全信任的个体的5倍。这意味着即使非常小的顾虑也将使人们远离金融市场。这可以解释为什么有时候有钱的人会离开金融市场(特别是股票市场)。

监管环境可以通过在危机发生时介入来帮助培养信任。也就是说，监管机构允许的某些做法最终埋下了目前危机的隐患，它们也在次贷危机中受到打击。信任也通过执行游戏的规则来培养。有人认为一个系统中有三种类型的参与者：少数参与者会无条件地参与并按照规则行动；约25%的参与者试图绕过规则；更大多数的参与者，如果他们认为其他人是遵守规则的，才会参与和按照规则行动[②]。规则被有效执行可以让人们感受到大家都在遵守规则。正是这个更大的“可能的同意者”群体必须相信系统是公平和可信赖的，才能让他们继续按规则行动，如果他们也开始作弊，则系统肯定会崩溃。

5.5 债　券

回想一下，固定收益证券是一种约定承诺支付的证券。不支付这些款项意味着发行人违约。我们会宽泛地使用“债券”一词[③]。首先要注意的是，债券是一种贷款，就

---

① Guiso, L., P. Sapienza and L. Zingales, 2005, Trusting the stock market, Working paper.

② Fehr, E. and S. Gaechter, 2000, Cooperation and punishment in public goods experiments, *American Economic Review*, 90, 980−994.

③ 通常，“债券”一词是特指期限至少为1年的固定收益证券。

像住房抵押贷款一样①。然而它们之间还是存在一些显著差异的。一个区别是债券是证券,而贷款是不可交易的资产②。另一个关键的区别是付款方式。通常,为了满足债券合同,发行人承诺在债券的整个生命周期内进行一系列付款。这些款项完全是利息支付。当债券"成熟",即其期限到期时,必须进行最后一次付款,包括最后一次利息支付以及本金。

一、计算债券收益率

所有债券市场参与者都熟悉一个关键数字——到期收益率(yield to maturity, YTM)。当投资者提及债券收益率时,通常是指到期收益率,使用以下公式计算(通常称为债券定价公式):

$$p=\frac{c}{1+YTM}+\frac{c}{(1+YTM)^2}+\cdots+\frac{c+f}{(1+YTM)^n} \tag{5.21}$$

其中,p 是债券价格;c 是定期的利息支付(使用"息票支付"这个术语,coupon payment);f 是面值③。注意,n 是债券的到期日剩余的期数。除非我们另行申明,否则应假定期间为 1 年。YTM 是使得债券承诺的现金流的现值(债券定价公式的右边)与债券的价格(公式的左边)相等时采用的贴现率。YTM 必须用金融计算器、电子表格或试错法进行计算④。请注意,债券的付款包含一部分到期日(n)结束的年金和一部分第 n 期的一次性付款。因此,债券定价公式也可以改写成:

$$p=c\times PVIFA(YTM;n)+f\times PVIF(YTM;n) \tag{5.22}$$

例 5.7　假设息票利率为 6%的 5 年期息票债券的价格为面值的 84.84%,计算 YTM。

答案:使用公式(5.22)和试错法得到 10%。

人们还听到分析师提到当期收益率(current yield),它被定义为年度利息与市场价格的比率(c/p)。例如,前面案例中债券的当期收益率为 6/84.846=7.07%。一般来说,当提到收益率时,是指到期收益率。

---

①　由于债券是可交易贷款,使个人债券持有者不可能密切监督发行人的交易,因此需要由具有受托人资质的金融机构进行第三方监督。

②　贷款,如按揭贷款,可以证券化。这意味着一组这样的贷款被打包,并以其现金流为支撑发行证券。按揭贷款证券化虽然有其价值,但原则上导致了 2008 年的次贷危机。但是按揭贷款证券化本身并非错误——过失在于那些本来应该监督证券及其抵押物的机构,却缺乏监管和未履行应尽职责。

③　也称"本金价值"或"到期价值"。

④　这种思想是试出 YTM 的值。如果 YTM 导致太高/太低的价格,那么增加/减少 YTM。电子表格(如 EXCEL)在金融中无处不在,极大地简化了这种计算。

几乎所有的债券都是每半年度支付一次利息。通常收益率也用半年度复利的原则来表示，这意味着实际收益率将略高于名义收益率，原因由下面的例子来说明。面值为100元、票面利率为7%的4年期债券每半年支付3.50元。如果价格是面值的96.663%，*YTM*用半年期，单位为4%，因为：

$$96.663=\frac{3.5}{1.04}+\frac{3.5}{(1.04)^2}+\cdots+\frac{(100+3.5)}{(1.04)^8} \tag{5.23}$$

年票面收益率为$2\times4\%=8\%$，年实际收益率为$8.16\%(1.04^2-1)$。

某些债券承诺到期时一次性支付。这种证券被称为纯贴现债券。一个著名的例子是政府发行的国库券。在这种情况下，*YTM*很容易计算：

$$p=\frac{f}{(1+YTM)^n} \tag{5.24}$$

改写公式：

$$YTM=\left(\frac{f}{p}\right)^{1/n}-1 \tag{5.25}$$

这些债券被称为纯贴现债券(pure discount bond)的原因是，它们必须按照面值进行折价出售($p<f$)；否则其实际收益率将为零[①]。当纯贴现债券的期限超过1年时，它们通常被称为零息票债券[②](zero coupon bond)。

例5.8 我们还是用一个国债的实际例子来回顾及应用我们前面所学的利率计算方法。这个例子出现在例2.6中。财政部2003年发行规模面值为260亿元、期限为20年的固定利率国债，年票面利率为3.40%，每年4月17日和10月17日周期性(每半年)支付利息，2023年到期归还本金。该国债简称国债0303，代码为100303，2003年4月25日在深圳证券交易所上市交易。如果债券发行价是98元每100元面值，计算其到期收益率。如果债券发行价是102元每100元面值，计算其到期收益率。如果债券发行价是100元每100元面值，计算其到期收益率。

答案：如果债券发行价是98元每100元面值，即投资者支付98元则可以购买面值为100元的该国债。运用公式(5.22)，这里使用半年期到期收益率，则：

$$98=100\times3.40\%/2\times PVIFA(YTM;40)+100\times PVIF(YTM;40)$$

解得半年$YTM=1.77\%$，年到期实际收益率为$(1+1.77\%)^2-1=3.57\%$。这属于投资者折价购买的情形。

---

① 国库券收益率以不常见的方式表示。例如，91天期限、3%收益率的国库券拥有名义的年化收益率12.033%(3%×365/91)，而实际收益率为12.55%。也就是说，复利期间总是与国库券的剩余期限一致。

② 当我们在下一节讨论利率的期限结构时，零息票债券将很重要。

如果甲投资者2003年支付102元购买面值为100元的该国债，则到期收益率为：

$$102=100\times 3.40\%/2\times PVIFA(YTM;40)+100\times PVIF(YTM;40)$$

解得半年 $YTM=1.63\%$，年到期收益率为 $(1+1.63\%)^2-1=3.29\%$。这属于投资者溢价购买的情形。

如果甲投资者2003年支付100元购买面值为100元的该国债，则到期收益率为：

$$100=100\times 3.40\%/2\times PVIFA(r;40)+100\times PVIF(r;40)$$

解得半年 $YTM=1.70\%$，有效年利率为 $(1+3.40\%/2)^2-1=3.43\%$。这属于投资者平价购买的情形。

由上可见，到期收益率随利率和债券价格变动。二者方向相反。

在第2章的例2.6中，我们计算过这个国债的年实际利率为 $(1+3.40\%/2)^2-1=3.43\%$。这实际上假设债券发行价和面值是相等的。在我们学习了债券收益率后，我们就知道债券的收益率取决于息票利率和债券价格。

二、利率、收益率、息票利率、回报率和收益率差价

金融术语很容易被混淆，涉及债券时更是如此。我们必须仔细区分利率、收益率、票面利率和回报率。问题是有时候这些术语会在不同的地方被使用①。

考虑在不同环境中使用的术语“利率”。当发行债券时，发行人承诺在债券的整个期限内进行一系列付款。对这些承诺的利息支付，人们常常喜欢使用术语息票支付②。息票利率(coupon rate，CR)定义为 c/f，其在债券生命周期内保持固定，但它实际上不是任何意义上的市场利率。

如果息票利率不是真正的当前利率，什么才是呢？债券的市场利率等于其到期收益率。后者每日随经济中信贷状况的变化而变化③。例如，如果到期收益率上升并超过息票率，$YTM>CR$。债券定价公式表明，到期收益率上升，意味着价格下跌，所以 $p<f$ 也是成立的。类似地，$YTM<CR$ 等同于 $p>f$。

经济学家喜欢谈论唯一的利率，这似乎是不常见的，因为实际上利率的种类几乎与不同债券的种类一样多。2年期的封闭按揭利率与5年期国债利率(或收益率)不同；它们与10年期AA级公司债券的收益率又不同。然而，利率往往一致波动。它们

---

① 一个好的例子是收益率，如上所述，既可以是到期收益率，也可以是当期收益率。有时候人们也在用收益率表示已实现的回报率。

② 这个术语的历史原因是债券凭证附有息票，必须剪下来并提交来获得利息付款。

③ 正如有关收益率差价的讨论表明，违约风险的变化也可能是一个因素。

一起上涨或下跌，虽然利差依然存在①。经济学家经常使用“利率”一词作为反映无风险水平的收益率，因此不强调单个利率之间的差异②。

那么回报率呢？它们与收益率相同吗？换句话说，如果我买入一份两年到期，收益率为8.5%的债券，我的回报率是每年8.5%吗？答案是：只有在很罕见的情况下才是这样。

很显然，当债券在到期前卖出（或计算回报率）时，收益率和回报率可能会不同。回想第1章中回报率的公式：总回报率是现金流占初始价格的百分比加上资本利得的百分比，如下③：

$$R=\frac{\Delta p}{p_0}+\frac{cf}{p_0} \tag{5.26}$$

对于债券来说，现金流是息票，因此上述公式变为：

$$R=\frac{\Delta p}{p_0}+\frac{c}{p_0} \tag{5.27}$$

对于如政府发行的无风险债券来说，第二项是确定的，但第一项资本利得是未知的。因此，回报率将随着价格变化，如果回报率恰好等于初始收益率，那一定是运气好。

资本利得决定回报率，但是什么决定前者呢？资本利得取决于收益率的变化，如同债券定价公式阐述的一样。如前所述，债券价格和债券收益率必须反向运动。由于更高的价格等于更高的资本利得，那么收益率和回报率必然反向运动。

例5.9 5年期债券的票面利率为6%和到期收益率为10%，目前按照面值的84.84%出售，假设1年后，债券的价格为面值的81.78%（这意味着*YTM*是12%）。计算这一年的回报率，可以得出回报率小于最初的收益率。为什么？

答案：使用公式(5.27)。答案是3.46%，由−3.61%的资本利得和7.07%的现金流百分比收益组成。回报率小于初始收益率的原因是，随着*YTM*上升，会带来资本损失。

在整个债券的生命周期上的回报率如何呢？如果我暂时忽略违约风险，那么资本

① 这并不是说利差本身是不会变动的。

② 与经济学相反，金融学较少关注整体利率水平。大量的关注点在于收益率差价的决定因素。

③ 当现金流不能恰好在持有期结束时发放，那就必须小心。正确的方法是将持有期拆分为一系列较短的期间，其边界与现金流发放的时点相一致。计算每个子周期的回报率，结果为+1；将这些回报率相乘，结果为−1。这就是相关期间的回报率（使用此期间作为度量的基础）。对于足够短的期间，人们常常轻微“作弊”，并假设所有现金流在期间结束时发放。

利得或损失是确定的，因为到期日价格必须等于面值。然而，即使一个人从债券发行就买入并持有它直至到期，也只有在很罕见的情况下，实现的回报率才会等于债券的(原始)收益率[①]。原因是在 *YTM* 计算时假定利息总是以 *YTM* 进行再投资。因此，实现的回报率将会超过或低于 *YTM*，这取决于该假设的有效性。

例 5.10　你在首次发行时购买了 5 年期票面利率为 8%的债券。购买价与面值一样。利息每半年支付一次。如果你能够以 10%的利率再投资所有利息(半年复利)，那么债券生命周期内实现的回报率是多少？

答案：首先计算你持有的最终价值，即面值(假设 100 元)和向前复利 10 个期间的息票付款(在此使用 *FVIFA* 公式)的总和。最终价值为 150.31 元。然后，使用 *FVIF* 公式，简单地整理并解出贴现率，等于 4.16%。乘以 2，得到 8.32%，这就是基于半年复利的实现回报率。它大于 *YTM*，因为人们可以以大于 *YTM* 的利率进行再投资。

最后，我们简要讨论为什么相同时间观察到的不同债券收益率不相同。换句话说，为什么能够观察到债券价差(即收益之间的差异)？简而言之，债券的收益率利差存在主要有两个原因，即到期时间和违约风险。我们现在讨论后者，并在 5.6 节讨论前者[②]。

三、违约风险

具有较高的违约概率的债券应该比具有较低的违约概率的债券获得更高的收益率。在这种情况下，必须区分承诺收益率(promised return)和预期收益率(expected return)。举个简单的例子，市场上有一只债券承诺一年后支付 100 元。不考虑时间价值，如果这只债券没有风险(100%的概率能够支付 100 元)，你现在愿意付出 100 元买这只债券。这只债券的承诺收益率是 100/100－1＝0。期望收益率也是 0。如果这只债券有很大的风险，50%的可能支付 100 元，50%的可能支付 0 元。你现在可能只愿意付出 50 元购买这只债券，这只债券的承诺收益率是 100/50－1＝100%。但这只债券的期望收益是(100×50%＋0×50%)/50－1＝0%。

标准的 *YTM* 是通过承诺付款计算的。为了使预期收益率更接近低风险的债券，

① 然而，与在更短的期间上度量回报率相比，当持有债券至到期时，回报率和收益率通常彼此更接近。

② 其他三个原因是息票、可销售性和特殊选项(例如可转换)。为什么息票会影响债券收益率将在后面的脚注中讨论。至于可销售性(或流动性)，流动性较差的债券应该要求更高的收益率，因为投资者(在出售债券时)很难在短时间内收到接近市场价格的报价。附加选项的债券将在 5.6 节中讨论。

高风险债券要求较高的承诺收益率。要理解这一点，比较方程(5.21)和(5.28)(这是通过预期值计算的)：

$$p=\frac{E(c)}{1+E(YTM)}+\frac{E(c)}{[1+E(YTM)]^2}+\cdots+\frac{E(c)+E(f)}{[1+E(YTM)]^n} \tag{5.28}$$

对于有风险的债券，其预期的现金流 $E(c)$ 上限是其对应承诺的部分(因为承诺的部分可能违约)，因此有风险的债券的承诺收益率必须高于预期收益率。

请注意，一些公司通过给发行的债券提供信用等级，包含有关违约概率的信息，为市场提供有价值的服务。例如，多美年债券评级服务(dominion bond rating service)将债券评级分为 AAA、AA、A、BBB、BB、B、CCC、CC、C 和 D。与金融测试的分数类似，A 要高于 B，B 又要高于 C。另外，A 的数量越多越好。评级越高，评级者认为公司越不可能违约。

四、债券价格变动和期限

我们已经证明，债券价格和债券收益率反向移动。关于价格变化和收益率变化的主要关系如下：

债券的到期时间越长，债券价格的波动性越大。也就是说，给定 *YTM* 的变动，长期债券的价格会以更大的百分比变动。

为了说明这一点，假设有几只票面利率为 8%的息票债券，它们的到期时间从 3 年到 15 年。所有债券发行时都按照面值出售。表 5.1 显示了它们的价格对收益率增加或减少 2%或 4%的反应。

表 5.1　　不同期限的债券价格和收益率变化(面值=100 元)　　单位：元

期限(年)	*YTM* 变化			
	−4%	−2%	2%	4%
3	111.10	105.35	95.03	90.39
5	117.81	108.42	92.42	85.58
7	124.01	111.16	90.26	81.75
9	129.74	113.60	88.48	78.69
11	135.04	115.77	87.01	76.25
13	139.94	117.71	85.79	74.31
15	144.47	119.42	84.79	72.76

显然债券的到期时间越长，对给定的收益率变化的价格反应就越大。也就是说，长期债券具有更高的利率风险。正如接下来将要讨论的，由于这个原因，长期债券通常具有更高的收益率。较高的收益率包含风险溢价，以便购买长期债券的投资者获得风险补偿的回报。

5.6 利率的期限结构

一、债券剥离

传统意义上，标准债券是到期时间大于一年的包含息票的产品[①]。唯一的零息票固定收益证券是短期货币市场工具，如3月期到1年期的国库券。如今存在长期的政府的零息票债券，它们是通过债券剥离的过程被“设计”出来的。操作上是金融机构购买标准的付息债券，并独立出售现金流(称为资产剥离证券)。例如，某只2年期债券(假设每年付息)的第1年和第2年的现金流可以变成以下两只债券：一只1年期的零息票债券和一只2年期的零息票债券[②]。

资产剥离(strips)证券的价值暗含在对应付息债券的价格之中。举例说明，如果我们知道1年期付息债券的收益率(或付息债券价格)以及2年期付息债券的收益率(或付息债券价格)，则可以“倒推出”1年期的零息票利率和2年期的零息票利率。该阐述基于一价定律以及能够无成本剥离或组装债券。

考虑一只1年期的付息债券价格，可以写成：

$$p1=\frac{c}{1+YTM}+\frac{f}{1+YTM} \tag{5.29}$$

也可以写成：

$$p1=\frac{c}{1+r_1}+\frac{f}{1+r_1} \tag{5.30}$$

此处 r_1 为1年期零息票年收益率(或利率)。可以看出，1年期零息票年利率和1年期有息债券的年收益率是相等的。

考虑一个2年期的债券价格，可以写成：

$$p2=\frac{c}{1+YTM}+\frac{c+f}{(1+YTM)^2} \tag{5.31}$$

---

① 初始发行期限为1年或更少的固定收益证券通常不支付利息。

② 此处我会忽略以下现实情况，即机构经常把最后一期的利息和本金分开出售。

上式也可写为：

$$p2=\frac{c}{1+r_1}+\frac{c+f}{(1+r_2)^2} \tag{5.32}$$

此处r_1为1年期零息票年收益率(或利率)，r_2为2年期零息票年收益率(或利率)。通常我使用r_n作为第n期零息票债券的年收益率(或利率)①。注意在零息票的情况下，通常术语“n期收益率利率”和“n期收益率收益率”是可以通用的。在零息票利率或收益率的情况下，将使用术语即期收益率或即期利率(spot yield，即期意思是现在进行买卖)。在公式(5.31)中，由于1年期年利率是已知的(从1年期债券价格可以算出)，唯一未知的是2年期即期利率。如果该利率(或其对应价格)并未反映出该零息债券的交易价格，就会存在套利机会。正如第4章所述，如果“套装”(即上述2年期息票债券)相对于“裤子”和“外套”(即上述两只零息债券)而言更便宜，则可买入前者，进行债券剥离，并将分离的现金流出售来获取利润；反之，如果2年期息票债券相对上述两只零息债券而言较贵，则买入两只零息债券并将其打包成一只息票债券。轻松的套利将会持续进行，直至上述价格(或利率/收益率)相一致。因此从式(5.31)我们可以推出2年期即期利率r_2。

二、收益率曲线

表示即期收益率与到期时间之间关系的连续图形被称为收益率曲线(yield curve)，通常也被称为利率的期限结构(the term structure of interest rate)。根据一系列收益率和到期时间的点，尽可能接近地连接这些点便可以得到一条曲线②。图5.6显示了基于政府付息基准债券所得到的一条收益率曲线。这种向上倾斜的形状是较典型的，虽然有时也会见到向下倾斜、水平或其他形状的曲线。随后我们将讨论当观察到这些不同的形状时意味着什么。

在选择债券绘制该曲线的过程中，重点是使得所有影响收益率的其他因素维持不变而只是到期时间变化。考虑到这一情况，通常只考虑政府证券。这些证券无违约风险，拥有良好的流通性，而且(通常)不包含特殊选项。不幸的是，即便是政府债券，不同债券间的息票利率也是不相同的。可以证明，由于税收和收益率曲线斜率的因素，

---

① 如果知道所有$n-1$期的纯贴现利率和第n期息票支付债券的收益率，就可以计算r_n。

② 通常使用比较复杂的利率期限结构拟合技术。例如，见Deaves, R., and M. Parlar, 2000, A generalized bootstrap method to determine the yield curve, *Applied Mathematical Finance*, 7, 257—270。

息票利率可能会对收益率产生影响[①]。因此，最好是完全采用零息票政府债券，之前讨论的资产剥离证券正是出于此目的的理想选择。基于这样的资产剥离证券的曲线被称为即期收益率曲线[②]。

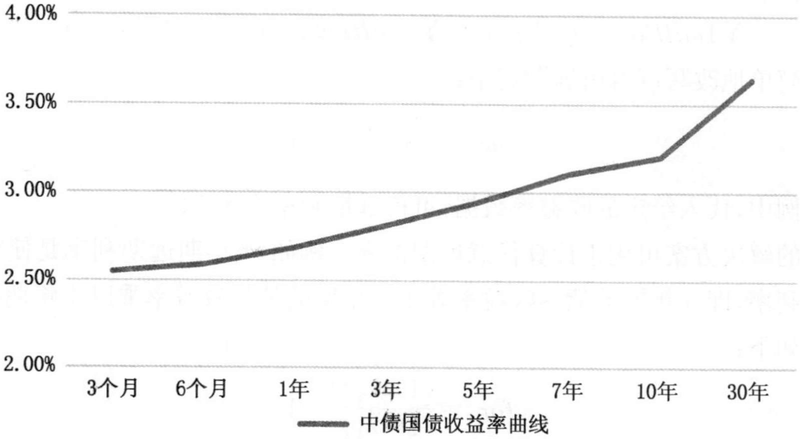

数据来源：中国人民银行网站。

图 5.6　中债国债收益率曲线(2017 年 1 月 13 日)

三、远期利率

对于该章节的余下部分，当提及收益率或利率时，意为即期(或零息债券)收益率或利率。同时，示例所涉全部债券均为零息债券。为了理解期限结构，以及在某一给定时点收益率曲线为何会如此呈现，将长期收益率分解为一系列组成部分是非常有用的。第一步是理解远期利率(forward rate，远期意思是未来时刻进行买卖)[③]。

假设存在 1 年期零息债券和 2 年期零息债券，它们每 100 元票面价值对应的售价分别为 89.28 元和 82.65 元(意味着对应的收益率为 12%和 10%)。投资者想进行两年的债券投资。一个策略是购买 2 年期债券。以 100 万元投资，他可以购买价值 121 万元(100/82.65×100 万元)面值的债券，从而保证回报率为 10%。另一个策略是购

---

① 在大多数税收制度下，低息票债券的收益率低于高息票债券的收益率，因为普通收入的税率较高(利息收入税率较低)，而低息票债券的部分回报通常是资本利得。这意味着纯贴现债券的收益率曲线将低于可比的息票债券的收益率曲线。

② 即使不存在资产剥离证券，也可以估计合成的零息票债券的收益率曲线。

③ 有时"隐含"(如"隐含远期利率")被加到术语中，因为这些远期利率必须由计算得出，而不是被观察到。

买1年期债券，当它们到期时，“将它们滚动”至新的1年期债券，使得两个策略回报率相等的一年以后的利率（当前未知），被称为未来一年的远期利率。

设 for_j 为未来第 j 年的远期利率①。回到上面一段的例子，for_1 为所求的远期利率，计算公式如下：

$$¥1million\times(1+r_2)^2=¥1million\times(1+r_1)(1+for_1) \tag{5.33}$$

通过简单地改写可得出远期利率：

$$for_1=\frac{(1+r_2)^2}{1+r_1}-1 \tag{5.34}$$

在本例中，代入给定的收益率数据，可得远期利率为8.04%。

类似的解决方案可用于计算任意远期汇率。例如，4年期远期利率是使得以下等式成立的利率，即5年期的债券收益率等于4年期的债券收益率乘以4年期的远期利率。结果如下：

$$for_4=\frac{(1+r_5)^5}{(1+r_4)^4}-1 \tag{5.35}$$

更一般的公式为：

$$for_j=\frac{(1+r_{j+1})^{j+1}}{(1+r_j)^j}-1 \tag{5.36}$$

可以证明，假定收益率之间相差不太大（即收益率曲线比较平坦），长期利率近似等于1年期即期利率和其他所有完成该期限跨度需要的远期利率的平均值②。例如，3年期即期利率近似等于1年期即期利率、1年期远期利率和2年期远期利率的平均值③。

例5.11 1年期、2年期以及3年期债券的即期利率分别如下：$r_1=11\%$；$r_2=10\%$；$r_3=9\%$。请计算1年期和2年期的远期利率。

答案：使用公式（5.35），可求得1年期远期利率为9.01%，2年期远期利率为7.03%。

四、期限结构理论

试图解释收益率曲线的两大主要理论是：(1)无偏预期理论；(2)流动性溢价理论。

---

① 这里我们用年作为一个周期，但任何时间长度的周期都可以使用。

② 假设一条时间轴的间隔代表了周期。1年期即期利率会占据第一个间隔，1年期的远期利率会占据第二个间隔，2年期的远期利率则会占据第三个间隔，以此类推。

③ 更确切地说，3年期即期利率恰好等于1年期即期利率、1年期远期利率和2年期远期利率的几何平均值。当进行连续复利计算时，则使用利率的算术平均[如(12%+8%)/2=10%]才是适当的，而不是几何平均。

回顾之前的远期利率示例，其中 1 年期远期利率为 8.04%。根据无偏预期理论（UET，unbiased expectation theory），当市场参与者观察到这一利率时，平均来说他们会预期一年以后的 1 年期即期利率最终等于 8.04%。也就是说，以下等式成立：

$$for_1 = E(r_1) \tag{5.37}$$

此处 r_1 为一年以后发生的利率。$E(r_1)$ 是对一年以后发生的利率的期望值。UET 的逻辑是直截了当的。可以证明，如果远期利率等于预期的未来即期利率，那么购买短期债券并将其滚动与购买长期债券的预期收益是相同的。因为如果它们不相等，一个策略的预期收益高于另一个，就会带来改变投资组合的动力，导致价格变化，直到达到平衡[①]。

虽然大多数观察者都认为，远期利率与市场预期的未来即期利率密切相关，但那些支持另一种期限结构理论——流动性溢价理论（liquidity premium theory，LPT）——的人认为预期的未来即期利率与远期利率之间存在一个缺口，称为流动性溢价。该缺口会导致远期利率高于预期的未来即期利率[②]。也就是说，以下等式成立：

$$for_1 = E(r_1) + liquidity\ premium \tag{5.38}$$

流动性溢价理论支持者认为，远期利率是预期的未来即期利率和流动性溢价的加总。事实上，流动性溢价被认为是较小的。这些流动性溢价被认为是购买长期债券承担流动性风险的回报。

我们用一个简单的例子来说明什么是流动性风险和溢价。假设存在 1 年期零息政府债券和 2 年期零息政府债券，它们的年收益率都是 10%。如一个投资者现在有 1 000元存款，一年后他需要 1 100 元给小孩交学费。他可以花 1 000 元购买 1 年期债券。这样一年后一定能拿到需要的 1 100 元并保证小孩能上学。如果他购买 2 年期债券，一年后因为债券还没到期，他必须卖掉债券才能取回现金。注意：2 年期债券必须等到到期日（2 年），债券发行人才支付面值，即投资者必须持有该债券 2 年才能保证年收益率为 10%，即两年后他能拿到 $1\,000\times(1+10\%)^2=1\,210$（元）。但一年后卖掉并不能保证这个债券能卖 $1\,000\times(1+10\%)=1\,100$（元）。一年后能卖多少取决于 2 年期债券（还剩 1 年到期）当时的市场价格。这样投资者就面临可能没足够的钱交小孩的学费。这种因为流动性需求产生的风险称为流动性风险。大部分的投资者都

---

① 可以证明，如果存在很多“风险中性”的套利者，UET 一定是正确的。他们对利润的追求将确保远期利率与预期的即期利率相同。

② 这个期限升水实际上只是风险溢价的一种。有的人还使用“流动性溢价”这个词。

有流动性的需求。因此,如果 2 年期债券要吸引投资者,必须提供高于 10%的收益率以补偿投资者承担的流动性风险。这个高出的部分就是流动性溢价。

LPT 的逻辑则来自长期债券比短期债券面临更大的流动性风险这个事实。由于这种额外风险,市场必须给长期债券的投资者更高的收益率作为回报。大多数证据都支持 LPT,但是由于流动性溢价似乎非常小,所以 UET 也很接近真相。

掌握了这些知识,也许可以解释收益率曲线。首先假设 UET 是正确的,这实际上有助于理解收益率曲线的逻辑。如果收益率曲线向上倾斜并且 UET 是正确的,那么市场参与者认为短期利率将会上升。另一方面,如果收益率曲线是向下倾斜的,那么在 UET 的假定下市场参与者认为短期利率将会下降。平坦的曲线则对应于利率不会改变的预期。在 LPT 的假定下,平缓上升的收益率曲线可能是由于风险溢价造成的,并不一定代表未来利率会上升,而陡峭上升的曲线则表明未来利率会上升,因为风险溢价较小并不足以解释陡峭的斜率。另一方面,向下倾斜的曲线确凿无疑表示利率下降,因为只有利率下降才能抵消风险溢价造成的向上斜率,并导致曲线向下。

五、不同贴现率的多个现金流的现值

关于期限结构的知识使我们可以更精细地把未来的现金流贴现到现在。我们可以对未来不同的时间点使用不同的贴现率,而不是使用固定的贴现率。例如,假设你确定从今天起 1 年后收到 100 元、2 年后收到 200 元、3 年后收到 300 元;观察到 1 年期、2 年期和 3 年期债券的即期利率分别为 10%、10.50%和 11%。你可以进行如下计算:

$$V_0=\frac{100}{1.10}+\frac{200}{(1.105)^2}+\frac{300}{(1.11)^3}=474.06(\text{元}) \tag{5.39}$$

例 5.12 1 年期利率为 11%,2 年期利率为 12%,3 年期利率为 13%。假设你期望 1 年后收到 500 元、2 年后收到 300 元、3 年后收到 400 元,这些现金流合计的现值是多少?

答案:这是现值可加性的直接应用。唯一的区别是每个现金流以不同的贴现率贴现。第一项的现值为 450.45 元;第二项为 239.16 元;第三项为 277.22 元。总金额为 966.83 元。

本章习题

1. 你认为某股票将于明年支付 2 元股利,它的必要回报率为 11%。如果预期明

年股利支付时的股票价格为32元，那么你今天愿意花多少钱买这只股票？

2. 某公司预计下一期将支付2元股利。假设其股利无限增长且增长率为5%，贴现率为11%，该股票的售价为多少？

3. 长艇海洋(Longboat Marine)正处于高速增长阶段。每股收益和每股股利预计在未来两年内将以18%的速度增长，第三年将以15%的速度增长，随后维持6%的固定速度增长。公司刚刚支付了股利1.15元。如果股票的必要回报率是12%，那么当前的股票价格是多少？

4. 某普通股当前支付股利为2元。预计股利在未来三年将以8%的速度增长，之后将以4%的固定速度永久增长。适当的贴现率为12%。该股票价格是多少？

5. 文森公司的股票将在接下来的一年支付2元的股利。预计股利将以5%的固定速率永久增长。市场的必要回报率为12%。该股票当前的每股价格是多少？10年后，该股票的价格是多少？

6. 意林制造报告了800万元的收益。它总共发行了200万股普通股。预计当前收益将以每年3%的速度永久增长，除非公司获得新的投资机会。该公司有一个新的项目，目前需要300万元的投资。该新项目将在随后的20年内每年产生150万元收益。公司股东要求股票的回报率为12%。如果公司不投资该项目，股票的每股价格为多少？投资该新项目值得吗？请计算该项目的净现值(NPV)。如果公司投资该项目，股票的每股价格为多少？

7. 杰西公司预计在未来两年末将会支付等额股利。此后，股利将以4%的固定增长率无限增长。该股票目前交易价格为30元。如果必要回报率为12%，则明年预期的每股股利为多少？

8. 风暴季(Storm Season Inc.)，一家高科技初创公司，在10年内将不会支付任何股利。第11年时公司预期能够支付每股1元股利。该公司认为，在接下来8年内股利将以15%的速度增长(第12—19年支付的股利)。在这之后，预期未来增长率为5%。假设投资者同意此观点。如果该股票目前售价为每股4元，市场要求的回报率是多少？

9. 某看涨期权行权价为40元，在一个月内到期，期权价格为3元。标的股票目前售价为42元。该看涨期权的时间价值为多少？其平价价值为多少？

10. 某看跌期权价格为8.50元，在3个月内到期，行权价为50元。标的股票目前售价为45元。该看跌期权的时间价值为多少？其平价价值为多少？

11. 期货合约与期权合约在消除风险方面的基本区别是什么？

12. 在2008年秋季，许多银行突然不再信任其他银行的财务诚信。讨论这将会带来什么问题。

13. 面值为1 000元、票面利率为8%的10年期每年付息的息票债券的价格为900元。该债券的到期收益率为多少？

14. 票面价值为10 000元的每年付息的息票债券，距离到期还有14年，票面利率为7.75%，到期收益率为9%，该债券价格为多少？假设该债券每年付息两次，并且到期收益率基于半年度复利，请再次计算该债券价格。

15. 收益率曲线是什么？

16. 如果1年期即期利率为6%，2年期即期利率为8%，计算所有可以得出的远期利率。

17. 考虑以下两只债券：债券A和债券B，票面利率均为10%，票面价值均为1 000元，均为每年支付利息。债券A的期限为20年，而债券B的期限为10年。如果到期收益率为10%，这两只债券的价格分别为多少？如果到期收益率上升至12%，这两只债券的价格分别为多少？如果到期收益率下降至8%，这两只债券的价格分别为多少？

18. 如果1年期即期利率为6.5%，2年期即期利率为7.5%，3年期即期利率为7%，计算所有可以得出的远期利率。证明3年期即期利率是三个数的某种平均数。这些数字是哪些？请做出解释。

19. LPT认为，平均来说，长期债券的收益率应高于短期债券的收益率。请解释。

20. 两只债券在各方面(如到期日、违约风险)都相同，但其中一只债券的票面利率较高。为什么有人会想要购买票面利率较低的债券？

21. 票面利率为10%、收益率为12.475%的每年付息的息票债券的价格等于票面价值的85%。该债券的期限为多少？

22. 无论期限如何，收益率均为6.3%。这意味着预期利率将不会改变。请予以评论。

23. 你观察到以下收益率：1年，7%；2年，8%；3年，9.50%；4年，11%；5年，12%。请计算未来4年的1年期远期利率，并根据两大主要利率期限结构的理论对这些数字进行解释。如果无偏预期假说成立，请证明3年后出售的4年期债券的预期收益与3年后出售的5年期债券的预期收益是相同的。

第6章　公司金融与资本预算

6.1　引　言

在这一章，我们从公司内部投融资决策角度来讨论公司金融，本章的难点在于资本预算问题。当公司面临不同的投资项目时，需要对各个项目进行分析，进而决定是否投资，这一过程被称作资本预算(capital budgeting)。考虑到项目在未来产生的现金流往往会出现在不同的时间点，因此有必要将不同时间点的现金流进行处理，在统一标准下做比较。由此可见，本章所讲述的内容是货币的时间价值理论的另一个重要应用。

风险因素是资本预算过程中的另一个重要考量。大多数项目所产生的未来现金流是不确定的，因此没有考虑风险溢价的无风险利率并非合适的折现率。如果一个项目完全由股权融资，那么其合适的折现率应该为股权要求回报率(required return on equity or the cost of equity)，这一折现率可以通过资产定价模型来求解。当一个项目的融资来源既有股权又有债权时，合适的折现率应该考虑到所有的融资来源，并将不同来源的融资成本进行平均化处理。这一折现率就是我们前面所提到的资本的成本(更准确的说法是，加权平均资本成本，weighted average cost of capital①)。为了简便起见，在本章中我们假设所有进行资本预算的公司均为全权益公司(all-equity firm)，也就是说，资本成本与其股权要求回报率完全相同。

另外，我们假设新项目并不会改变原公司的风险特征。一家公司可以被看作是一

① 有时也被称为“最低预期资本回报率”。

系列过去已有的项目和未来可能投资的项目的集合。过去已有的项目包含一定程度的风险，股东会要求获得与之匹配的回报。我们假设新项目的风险总是与原有项目的风险程度相同，在这种情况下公司的所有项目的风险与公司整体的风险保持一致。

那么又该如何对充满不确定性的未来现金流进行估计呢？事实上，资本预算过程中最困难的任务就是对未来现金流进行估计，其中需要考虑大量的外部因素的影响，不同的公司类型也会影响估计值。例如，市场部门需要预测未来销售量，同时生产团队则需要提供生产技术和生产成本的相关信息。对于现金流的不确定性，我们假设所有包含在现金流中的不确定性都会反映在给定的折现率上。当折现率被正确选择的时候，风险增加的同时资本成本也会随之提高。

所有盈利项目都需要考虑成本和收益。实际上，资本预算就是一个成本收益分析的过程。如果投资的成本高于收益，那么就应该放弃这个项目；反之，如果投资的收益高于成本，我们就应该接受这个项目。这里所说的成本和收益，都是指项目的现金流：现金流出代表成本，现金流入代表收益。通常情况下，项目开始时往往会有一笔比较大的现金流出，即初始投资支出，在随后的阶段会有一系列的现金流入，即项目的收益。直觉上来说，如果这些现金流入相比现金流出要大，那么该项目就值得投资。但问题在于现金流发生的时间是很重要的，所以需要特别考虑折现。

在商业实践中通常会利用一系列的决策标准来判断项目是否值得投资。在 6.2 节中，我们会给出这些不同的决策标准。虽然这些标准或多或少都会有缺陷，但是考虑到其广泛的应用，还是有必要去了解它们的原理和使用方法。本章中我们会针对下述几种方法进行介绍：回收期法（payback period method）、净现值法（NPV method）、内含报酬率法（IRR method）以及盈利系数法（profitability index method）。我们在下文中即将讲到的净现值法是相对较好的估值方法，但是这种方法在应用中也需要十分小心。

新项目通常会与其他项目以及公司当下的运行状况密切相关，我们将在 6.3 节中对这一现象进行讨论。我们会分析新项目与其他项目相互影响的性质，并给出一些解决方案。然后，我们会具体研究互斥项目（mutually exclusive project），这类项目要求决策者对一系列项目进行排序。此外，对于不同期限的项目，也需要特别关注。

在 6.4 节，我们将讨论一系列常见的问题。首先，我们将引入敏感性分析（sensitivity analysis），这种分析方法可以用来研究不同假设条件的改变对项目的影响。然后，我们考虑新信息存在的情况下，如何对原有项目进行定期检查。项目的接受与否往往是基于当时的情况做出的决策，一些之前认为值得投资的项目，经过一段时间后也许会变得不再具有投资价值。在某些情况下，对未来的销售预测无法实现。面对这种情况，一种选择就是放弃项目，而这本身也是资本预算决策的一部分。公司有时也可以做出其他选择，例如推迟项目、扩大项目或者随着投入成本的波动而改变投资。当公司有机会做出这些选择的时候，在进行项目分析时就应该将其考虑进去。

在 6.5 节至 6.7 节中，我们简要分析了一些公司金融中的关键因素。首先，我们对股利政策（dividend policy）进行了讨论，公司需要决定分红给股东的金额。在某些假设条件下，股利政策与公司的其他政策分析不相关。然而，在现实中，股利政策的确会影响公司的其他政策分析，主要原因在于股利向投资者传达了一些信息，此外还要考虑代理成本（agency cost）问题。在 6.6 节，我们对资本结构（capital structure）进行分析，讨论债务股权混合融资的模式。同样地，在理想世界中，资本结构也与公司的其他决策分析不相关。可以想象，无论把一个蛋糕分成多少块，其总量是不会改变的。现实中，绝大多数情况下债券股权混合融资是相对较优的，因为这种融资模式可以为公司提供利息的税收抵扣，同时在适当的债务水平下公司面临财务困境的概率也不会太高。最后，在 6.7 节，我们会讨论风险管理（risk management）。公司在运行过程中总会有很多风险，投资者对此也都有所了解，因此有人认为进行风险管理是没有必要的。也有越来越多的人持相反的观点，他们认为如果公司可以有效隔离由于投入价格波动导致的公司价值变动的话，股东则会从中获益。

6.2　资本预算的决策方法

我们在表 6.1 中给出了两个投资计划 A 和 B 的例子，其中第 2 列和第 4 列分别是两个投资计划的现金流，在本节中我们用这个例子对不同的决策方法进行分析和解释。

表 6.1　　项目 A 和 B 的现金流

时间(年)	项目 A	累计现金流入	项目 B	累计现金流入
0	−10 000		−10 000	
1	1 000	1 000	5 000	5 000
2	3 000	4 000	4 000	9 000
3	3 000	7 000	2 000	11 000
4	3 000	10 000	1 000	12 000
5	3 000	13 000	1 000	13 000

回收期(payback period)是指预期可以收回初始投资的时间。在第3列和第5列中,我们将现金流入进行累加,这样可以更轻松地计算出回收期。对于投资计划A来说,回收期为4年。对于B,在第2年和第3年之间项目初始投资被全部回收。在B计划这种情况下,我们一般假设现金流的流入是在一年时间内均匀分配的,因此回收期可以用下式求出:

$$PB_B = 2 + \frac{1\,000}{2\,000} = 2.5(\text{年})$$

公司的管理团队需要有一个预定的回收期,这样有助于做出投资决策。例如,如果管理者认为只有回收期不高于3年的项目才可以接受,那么项目B就会被投资,项目A就会被拒绝。

例6.1 一个投资计划要求初始投资10 000元,其现金流入为:第一年3 000元,第二年2 000元,第三年3 000元,第四年4 000元。试求该项目的回收期。

答案:回收期为3.5年。

净现值(net present value,NPV)法是投资决策的最好方法,本书的第2章中曾对此方法有过介绍。一个项目的净现值,是指其现金流入和现金流出的现值之差,即:

$$NPV = \sum_{t=0}^{T} \frac{CF_t}{(1+k_e)^t} \tag{6.1}$$

其中,k_e是每一期的股权要求回报率(或者按照本节的假设,等于资本成本),T是项目的持续期,CF_t是第t期的现金流。这里需要注意的是,我们假设每一期现金流只发生一次。

假设公司的资本成本为10%,对于投资项目A来说,其净现值为(以千元为单位):

$$NPV_A = -10 + \frac{1}{1.1} + \frac{3}{1.1^2} + \frac{3}{1.1^3} + \frac{3}{1.1^4} + \frac{3}{1.1^5} = -0.445\,8$$

对于投资项目B来说,其净现值为(以千元为单位):

$$NPV_B = -10 + \frac{5}{1.1} + \frac{4}{1.1^2} + \frac{2}{1.1^3} + \frac{1}{1.1^4} + \frac{1}{1.1^5} = 0.657\,8$$

管理者采用下述方法进行投资决策:

当$NPV>0$时,接受该投资计划;

当$NPV<0$时,拒绝该投资计划。

因此,公司会接受项目B,而拒绝项目A。

例 6.2　在例 6.1 中，如果假设资本成本为 10%，试求项目的净现值，并给出投资决策。

答案：利用公式(6.1)，净现值为 −633.84 元，应该拒绝该项目。

内含报酬率(Internal rate of return，IRR)是指可以让项目净现值为零的折现率。内含报酬率的求解公式为：

$$\sum_{t=0}^{T}\frac{CF_t}{(1+IRR)^t}=0 \tag{6.2}$$

对于项目 A，对应的方程为(现金流以千元为单位)：

$$-10+\frac{1}{1+IRR}+\frac{3}{(1+IRR)^2}+\frac{3}{(1+IRR)^3}+\frac{3}{(1+IRR)^4}+\frac{3}{(1+IRR)^5}=0$$

对于项目 B，对应的方程为(现金流以千元为单位)：

$$-10+\frac{5}{1+IRR}+\frac{4}{(1+IRR)^2}+\frac{2}{(1+IRR)^3}+\frac{1}{(1+IRR)^4}+\frac{1}{(1+IRR)^5}=0$$

利用内含报酬率进行投资决策时应遵循以下准则：

当 $IRR>k_e$ 时，接受该投资计划；

当 $IRR<k_e$ 时，拒绝该投资计划。

利用试错法(或通过 Excel 公式、金融计算器等方式)，我们求出 $IRR_A=8.43\%$，以及 $IRR_B=13.57\%$。因此，公司应该接受项目 B，拒绝项目 A。

例 6.3　在例 6.1 中，内含报酬率是多少？假设资本成本为 10%，是否该接受这一项目？

答案：根据试错法，内含报酬率为 7.21%，因此不应该接受这一投资项目。

盈利指标与净现值十分相似。计算盈利指标时，需要区分现金流入和现金流出，然后分别求出现金流入和现金流出的现值。盈利指标就是这两个现值的比值，即：

$$PI=\frac{\displaystyle\sum_{t=0}^{T}\frac{INFLOW_t}{(1+k_e)^t}}{\displaystyle\sum_{t=0}^{T}\frac{OUTFLOW_t}{(1+k_e)^t}} \tag{6.3}$$

其中，$INFLOW_t$ 和 $OUTFLOW_t$ 分别表示现金流入和现金流出。投资决策应遵循如下准则：

当 $PI>1$ 时，接受该投资计划；

当 $PI<1$ 时，拒绝该投资计划。

对于项目 A 来说，其盈利指标为 0.96，而项目 B 的盈利指标为 1.07，因此公司应该接受项目 B,拒绝项目 A。

例 6.4 在例 6.1 中,盈利指标是多少?是否应该接受这一项目?

答案:根据公式(6.3),盈利指标为 0.94,应该拒绝这一项目。

读者也许注意到,根据我们给出的四种方法,投资决策完全一样:接受项目 B,拒绝项目 A。从结果来说,似乎这几种方法没什么区别。但是实际上,在不同情况下应该选用不同的方法。因此,有必要进一步分析各个方法的使用条件。

一、净现值法的优点

回收期法并非有效的决策方法,主要原因在于其没有考虑货币的时间价值。针对这一缺点,有人提出了改进的贴现回收期法(discounted payback period method)。与传统回收期法不同的是,我们需要先将现金流入进行贴现处理,然后再根据累积贴现现金流求得回收期。表 6.2 分别给出了项目 A 和项目 B 的贴现回收期求解过程。

表 6.2 **项目 A 和项目 B 的贴现回收期** 单位:元

年份	项目 A			项目 B		
	现金流	贴现现金流	累积量	现金流	贴现现金流	累积量
0	10 000			10 000		
1	1 000	909.09		5 000	4 545.46	
2	3 000	2 479.34	3 388.43	4 000	3 305.79	7 851.24
3	3 000	2 253.94	5 642.37	2 000	1 502.63	9 353.87
4	3 000	2 049.04	7 691.42	1 000	683.01	10 036.88
5	3 000	1 862.76	9 554.18	1 000	620.92	10 657.80

上表中我们使用的贴现率为 10%。项目 A 不存在贴现回收期,因为累积贴现现金流一直小于初始投入。对于项目 B,贴现回收期为:

$$DPB_B = 3 + \frac{10\ 000 - 9\ 353.87}{10\ 036.88 - 9\ 353.87} = 3.95(\text{年})$$

例 6.5 在例 6.1 中,贴现回收期是多少?

答案:由于现金流入的现值小于初始投资,因此贴现回收期不存在。

虽然贴现回收期法是一种改进的方法,但是其依旧不太理想。主要原因是,无论回收期法还是贴现回收期法,都没有考虑达到回收期之后年份的现金流。例如,如果项目A在第6年会有一笔100万元的现金流，根据回收期的相关方法，项目B依旧优于项目A，这显然是不合理的。

回收期法的另一个缺点在于，其缺少一个用来帮助管理层确定公司要求的回收期的目标准则。3年的回收期是否合适？5年是否更好？诸如这些问题都需要考虑包括风险在内的很多因素，然而回收期法没有考虑这些因素。

从另一个角度讲，回收期法的确为公司提供了长期项目占用资金时间的信息，可以被视为项目流动性的一个指标。对于某些资本受限的公司来说，这一点是很重要的。

管理层最重要的目标是什么呢？绝大多数人认为，管理层应该使公司所有者财富最大化。对于一个上市公司来说，也就是最大化公司的股票盘价格，或者是最大化公司股权的总价值。只有净现值法才能准确地实现这一目标。事实上，对于一个项目来说，其净现值是衡量这一项目为股东带来价值的一个绝对度量。我们前面所提到的项目B，其初始投资为10 000元，净现值为657元。这意味着，执行该项目会消耗10 000元的初始投资，其价值为10 657元，多出的这部分就是为股东财富带来的增加值。

下面我们列举出一些净现值法所独有的优点：

(1)考虑了货币的时间价值，这一点是回收期法没有考虑到的，贴现回收期法在这一点上有所改进。

(2)该方法考虑了项目整个持续期内的现金流。这一点是回收期法和贴现回收期法的共同缺点。

(3)净现值法可以为管理层提供一个清楚的判断准则：接受或者拒绝。然而，回收期法和贴现回收期法不能帮助进行类似的判断。

(4)净现值法可以正确地为项目进行排序，当一系列项目存在互斥关系时，这一点尤其重要，我们在下文中也将对其进行进一步分析。需要注意的是，内含报酬率法和盈利指标法有时会给出错误的项目排序。

(5)由于净现值法计算的是绝对价值，因此考虑了项目规模。相比之下，内含报酬率法和盈利指标法所计算的都是相对价值。

二、净现值是贴现率的函数

正确理解净现值与贴现率的函数关系是很重要的。图6.1给出了项目A的净现值与贴现率的关系。我们注意到，净现值随着贴现率的增加而减小。此外，净现值与横轴的交点即为内含报酬率，在这一点上净现值为0。

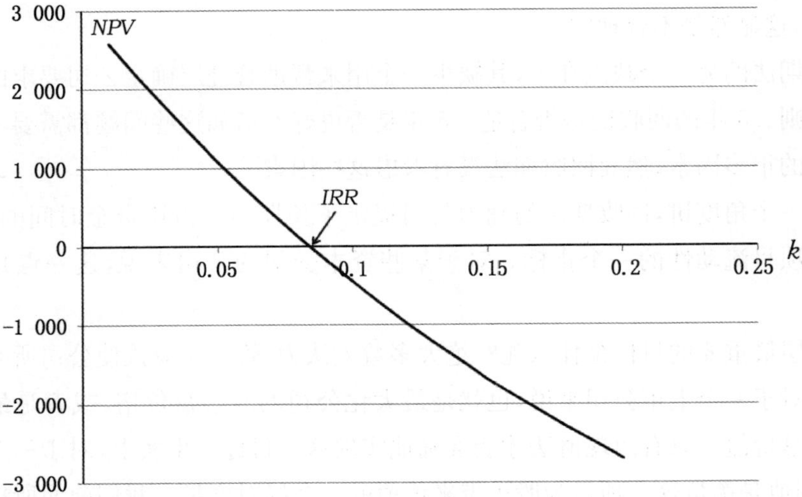

图 6.1 净现值与贴现率的关系

三、内含报酬率法与盈利指标法的适用性

一般情况下，针对相互独立的传统投资项目(independent projects)，净现值法、内含报酬率法和盈利指标法得到的结果是一样的。值得注意的是，这里我们讨论的项目具有“独立”、“传统”和“投资”等特点。所谓的独立项目，是指该项目不会对其他未来的项目，或者公司现有的项目产生影响。所谓传统项目，是指现金流的符号会且只会改变一次：从正号变为负号，或者从负号变为正号。表 6.3 给出了非传统项目的例子，其中现金流符号的改变超过一次。所谓投资项目，是指现金流符号由负变为正的项目；反之，则为非投资项目。

表 6.3 非传统项目的现金流

年份	项目 1	项目 2
0	负号	负号
1	正号	正号
2	正号	负号
3	正号	正号
4	负号	正号

相比净现值法而言，内含报酬率法和盈利指标法有时并不能够正确地对项目进行排序。同样地，如果所讨论的项目与上述独立的传统投资项目一样，那么就不会出现排序错误的问题。

以非传统项目为例，内含报酬率法很难在这些项目上使用。主要原因在于，对于非传统项目的现金流来说，内含报酬率可能不存在，或者存在多个不同的内含报酬率。这种现象说明，内含报酬率法缺乏有力的经济学基础和逻辑解释。在这种情况下，很显然我们应该选用净现值法。

四、内含报酬率和投资回报率假设

内含报酬率法的一个主要问题在于，其假设收到的现金流可以在项目剩余的期限内以内含报酬率继续进行投资。在式(6.2)中，我们将现金流入和现金流出分别置于等号两边，并同时乘以$(1+IRR)^T$。假设只存在一笔现金流出，那么我们可以得到下式：

$$OUTFLOW_0 \times (1+IRR)^T = \sum_{t=1}^{T} INFLOW_t \times (1+IRR)^{T-t} \tag{6.4}$$

等式右端是所有现金流入以内含报酬率进行投资，在未来项目结束日期的价值。注意到等式左端为现金流出以内含报酬率进行投资，在未来项目结束日期的价值。等式左右两端相等，这也就是所谓的回报率假设。从中可以看出，根据这一假设，项目期内的投资回报率等于内含报酬率。相比之下，净现值法假设现金流以资本成本进行再投资，这种假设更加符合实际。这是因为，即使没有内部投资机会，公司得到的现金流也会以其他方式进行再投资，而根据再投资的风险不同公司会获得不同的回报率。

例 6.6　利用表 6.1 中给出的数据，分别对项目 A 和项目 B 计算所有收到的现金流以内含报酬率进行再投资时的到期价值，然后以内含报酬率为贴现率，求到期价值的现值。

答案：根据式(6.4)的右端，给定项目 A 和项目 B 的内含报酬率分别为 $IRR_A=8.43\%$和 $IRR_B=13.57\%$，其现金流的到期价值分别为 14 985.98 元和 15 387.10 元。以内含报酬率作为贴现率，其现值均为 10 000 元，与初始投资额相等。

虽然内含报酬率法存在这些缺陷，但其依旧可以对独立项目给出正确的结果，主要原因在于，独立项目不考虑项目的排序。正如我们接下来即将讨论的一样，当项目排序需要被考虑的时候，内含报酬率法就会得出错误的结果。

6.3 项目之间的互相影响

许多项目并不能够被看作是独立项目。换句话说，项目之间的相互影响的确存在。有些项目会影响未来其他的项目，也可能会影响公司目前的运营。对于前者，有必要研究清楚所有项目之间的相互影响。如果一个项目的实行与否有可能会影响公司的运营，那么我们就需要研究影响的增量部分。具体来说，公司由于开始了新项目所产生的总现金流(incremental cash flow)，超出原来(没有接受新项目)现金流的部分，可以被看作是增量现金流。例如，考虑升级某个设备的项目。新旧设备都会产生维护成本，从增量的角度来看，现金流(正或者负)应该是新设备的维护成本与旧设备的维护成本之差。

外部性是指一个项目对另一个项目的现金流，或者对公司目前运营的影响。外部性可正可负。设想一家公司有两个可投资项目 A 和 B，如果项目 A 对项目 B 有正的外部性，那么项目 B 的现金流就会由于项目 A 而增加；如果项目 A 对项目 B 有负的外部性，那么项目 B 的现金流就会由于项目 A 而减少。

关于项目之间的相互依赖，最简单的情况是项目的互补。如果项目 A 和项目 B 是互补项目，那么这两个项目必须同时接受或者拒绝。当面对这种项目时该如何决策呢？我们应该简单地把这两个项目的现金流相加，然后将其看作一个单独的项目，从而利用前面给出的方法进行分析。负外部性的一个极端例子是互斥项目，即只能从一系列项目中选取一个进行投资。从本质上来说，如果同时选取两个或多个项目，那么除其中一个之外的其余项目的现金流均为零 。

对于相互影响的项目，我们应该采用下述方法进行分析：

(1)列举出所考虑的项目所有可能的投资组合。

(2)求出单一项目的净现值，以及各投资组合的净现值。

(3)选择净现值最高的项目或者投资组合。

例 6.7 假设有五个项目(A、B、C、D 和 E)，其中，A 和 B 是互补项目，C、D 和 E 是互斥项目，请列举出可行的投资组合。

答案：以下投资组合是可行的：1. A&B&C；2. A&B&D；3. A&B&E；4. C；5. D；6. E；或者 7. A&B。当然，我们也要考虑到，拒绝所有项目是可行的。

假设一家公司正在考虑一系列互斥项目，只有一个单独的项目可以获得投资，因此需要对所有项目进行排序。由于内含报酬率法和盈利指标法可能会得出错误的排序结果，因此我们应该选用净现值法。在这里我们考虑传统投资项目，假设所有项目只有一个初始负的现金流，后续均为正现金流。下面我们对造成这三种方法在项目排序上产生差异的原因进行区分：(1)时间差异；(2)规模差异；(3)生命期差异。

一、时间差异

表 6.4 列出了两个具有时间差异的项目。其中，项目 C 与项目 D 具有相同的初始投资，但是后续的现金流入却不相同。相比项目 D，项目 C 在前期现金流入较少，后期会收到更多。

假设资本成本为 10%，那么根据净现值法和盈利指标法可以得出，项目 C 优于项目 D。然而根据内含报酬率法，项目 D 优于项目 C。表 6.4 同时给出了修正内含报酬率，稍后我们就会详细地解释这一概念。正如前面所说的，净现值法是正确的方法，但是我们有必要来分析内含报酬率发生错误的原因。

表 6.4　　**项目 C 和项目 D 的现金流**　　单位：元

年份	项目 C	项目 D
0	−10 000	−10 000
1	1 000	5 000
2	2 000	4 000
3	3 000	2 500
4	4 000	1 000
5	6 000	1 000
净现值	1 273.5	1 033.5
内含报酬率	13.76%	15.49%
盈利指标	1.13	1.10
修正内含报酬率	12.67%	12.19%

图 6.2 描绘了项目 C 和项目 D 的净现值与资本成本的关系。我们注意到，两个项目的净现值在资本成本处于 11%与 12%之间某点相交。如果资本成本低于这一交点，那么项目 C 的净现值高于项目 D；反之，则项目 D 的净现值更高。

内含报酬率法之所以会出错，是因为其错误的再投资回报率假设，这一点我们在前面也已经提到过。我们可以尝试对内含报酬率进行改进，以避免这一错误的出现。

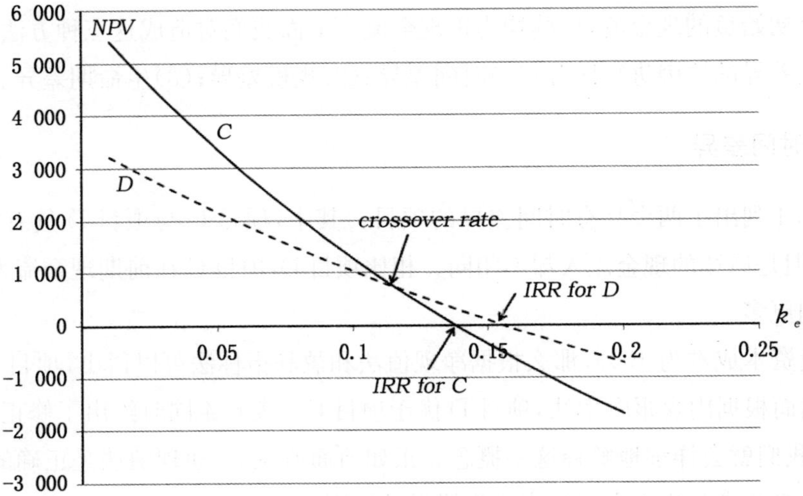

图 6.2 净现值与资本成本的关系

当再投资回报率为资本成本时,所求得的内含报酬率被定义为修正内含报酬率,如下式所示:

$$\sum_{t=0}^{T}\frac{OUTFLOW_t}{(1+k_e)^t}=\frac{\sum_{t=0}^{T}INFLOW_t\times(1+k_e)^{(T-t)}}{(1+MIRR)^T} \tag{6.5}$$

对于项目 C,求解其修正内含报酬率的公式为(以千元为单位):

$$10=\frac{1\times1.1^4+2\times1.1^3+3\times1.1^2+4\times1.1^1+6\times1.1^0}{(1+MIRR)^5}$$

解该等式可得其修正内含报酬率 $MIRR=12.67\%$。对于项目 D,对应的等式为(以千元为单位):

$$10=\frac{5\times1.1^4+4\times1.1^3+2.5\times1.1^2+1\times1.1^1+1\times1.1^0}{(1+MIRR)^5}$$

解该等式可得其修正内含报酬率 $MIRR=12.19\%$。从结果中我们发现,修正内含报酬率法得到了正确的排序。

例 6.8 计算例 6.1 中投资计划的修正内含报酬率。

答案:根据公式(6.5),其修正内含报酬率为 8.21%。

修正内含报酬率法依旧不能完全替代净现值法,主要原因在于其没有考虑规模差异。盈利指标法也会遇到相似的问题,我们在下面对这一问题再进行详细的讨论。

二、规模差异

表 6.5 给出了两个具有规模差异的项目案例。项目 E 的初始投资与项目 F 有所不同，然而其后续现金流的时间点却很相似。在这种情况下，除了净现值法，其余各种方法均会得出错误的排序结果。盈利指标法出错的原因在于，其衡量的是单位初始投资的收益，而没有考虑初始投资的规模问题。这一案例再次强调了净现值法对互斥项目的重要作用。

表 6.5　　**项目 E 与项目 F 的现金流($k_e=8\%$)**

年份	项目 E 的现金流(元)	项目 F 的现金流(元)
0	100	50
1	28	15
2	28	15
3	28	15
4	28	15
5	28	15
净现值	11.80	9.89
内含报酬率	12.38%	15.24%
盈利指标	1.12	1.20
修正内含报酬率	10.44%	11.97%

三、生命期差异

到目前为止，我们对互斥项目进行分析时都假设其生命期完全一致。当这一假设不再满足的时候，即便是净现值法也需要谨慎使用。

我们考虑如表 6.6 所示的生命期不相同的项目。如果忽略生命期的差异，我们应该选择项目 H。但是，如果这些项目可以被重复多次，又该如何选择呢？考虑到项目 G 的生命期更短，因此其会更具竞争力。

表 6.6　　项目 G 和 H 的现金流($k_e=10\%$)

年份	项目 G 的现金流(元)	项目 H 的现金流(元)
0	10 000	10 000
1	5 000	4 000
2	5 000	4 000
3	5 000	4 000
4	—	4 000
净现值	2 434.26	2 679.46
等价年金	978.85	845.29
项目链净现值	6 669.60	5 759.56

我们可以利用两种方法来对不同生命期的项目进行调整:等价年金法以及相同期限法。第一种方法利用如下公式将项目的净现值转化为等额年金:

$$EAA=\frac{NPV}{PVIFA(k;n)} \tag{6.6}$$

我们注意到,表中两个项目的不同之处在于其生命期不同,第一个项目持续 3 年,而第二个项目持续 4 年。这两个项目的等价年金分别为 978.85 元和 845.29 元。从这个角度来说,项目 G 要优于项目 H。

相同期限法需要构建项目链,其期限为两个项目生命期的最小公倍数。从表 6.6 我们可以看出,项目 G 的生命期为 3 年,项目 H 的生命期为 4 年,因此项目链的期限为 12 年。对于项目 H,项目链的净现值为:

$$NPV_H^{chain}=2\ 679.46\times\left(1+\frac{1}{1.1^4}+\frac{1}{1.1^8}\right)=5\ 759.56(\text{元})$$

对于项目 G,其项目链的净现值为 6 669.60 元。无论是从哪种角度来看,项目 G 都更好一些。

6.4 资本预算中存在的复杂性

本节中我们将会讨论资本预算中的一些关键问题。虽然本节中我们侧重于一些概念,但是在实际操作中,我们需要时刻铭记的是,其中一些关键问题对于资本预算的正确使用十分重要。

首先，对于沉淀成本（sunk cost）和机会成本（opportunity cost）的分析经常会出错。沉淀成本是指投资之前已经支付的并且无法收回的成本。一种常见的错误就是把沉淀成本计入初始投资中。需要注意的是，沉淀成本并不是真正的成本，因为其与未来的投资项目并不相关。例如，一家公司购买了一些设备，这些设备只能用于某个项目，并且这种设备无法自由交易，这就是一种沉淀成本，资本预算过程中应该忽略掉。

另外一种错误是没有考虑机会成本。例如，一家公司拥有一块土地并且计划在上面修建厂房，那么在初始投资成本的计算中，应该考虑到这块土地的市场价值。这是因为，如果这块土地不被用来建厂，则可以被出售掉。

另一个经常被忽视掉的成本是投资所需的净营运资本（net working capital）。净营运资本是指流动资产与流动负债的差值。公司规模越大，所需的净营运资本就越高，因此公司扩张往往需要更多的净营运资本。这部分净营运资本也需要得到融资，因而需要在初始投资额中考虑。

在本节中，我们假设公司只利用股权融资。然而实际上，公司往往同时利用债权和股权进行融资，在这种情况下，用于折现的资本成本不应该是股权要求回报率，而应该是加权平均资本，即股权要求回报率和债权要求回报率的加权平均。这会产生一些问题：首先，我们必须要对利息支付仔细分析，债务的偿还（包括本金和利息）不应该被包含在现金流出的计算中。其原因在于，这些债务的偿还其实构成了资本提供者的回报。其次，由于债务具有抵税效用，因此债务的成本要低于债券的收益率。

另一个需要注意的问题是，我们有必要严格区分会计收入和现金流。正如我们在第 5 章中说过的那样，这两者之间的区别在于会计收入包含了非现金调整项，其中包括非现金费用和收入。一种主要的非现金费用就是会计折旧，这一项与现金流的计算不相关。如果我们从会计收入的数据开始计算，那么关键的一步就是将会计折旧项加回，因为在现实中需要在初始时刻支付全部的投资额。如果忽略掉这一步，则会造成投资额的重复计算。简而言之，我们应该考虑的是实际的现金流，而不是会计盈利。

税收因素也会显著影响公司的决策。正如前面所提到的，债务具有抵税效用。此外，也需要考虑到折旧的税后效用，因为一项资产的折旧需要从收入中扣除。由于税收原因而接受或拒绝一个项目是很常见的，因此这里必须要强调一点：资本预算决策过程中考虑的都是税后现金流。

本节中所考虑的大多数是本土的项目，然而，如今越来越多的公司开始参与跨国项目。对于国际项目的资本预算需要考虑更多的相关内容。例如，有时在海外项目的现金流并不能够自由转移回国内,类似于这样的风险需要在决策过程中考虑。

虽然上述这些问题都很重要,但是在本书中,我们都将忽略掉这些问题。然而,我们会对如下三个方面进行着重分析:敏感性分析的作用、项目重估导致的放弃项目以及资本预算中选择权的重要性。

一、敏感性分析

净现值方法的准确度究竟如何?在有些情况下,求出净现值仅仅是第一步。在这之后,我们需要分析净现值结果的可信度有多高。净现值的求解过程包含一系列假设,例如贴现率、对未来收入的预期(可通过对未来价格和产量的预计得到)、单位成本、可变固定成本等。对任一假设进行改变,均有可能影响净现值的大小。管理层需要了解净现值结果对这些假设的敏感程度。如果净现值对某个变量十分敏感,也就是说,这一变量的微小变化就可能会导致净现值变为负值,那么管理层应该对该项目未来的变化保持足够的警惕。

对这一问题进行分析的一种方法就是情景分析(scenario analysis),也就是说,我们可以设想一些未来可能发生的情景。例如,基本情况、最差情况和最好情况。或者我们可以列出所有未来的可能性,然后针对所有的可能性情况进行分析,进而求解净现值。如果在绝大多数情况下净现值都为正,那么该项目很有可能就不会亏损。这种方法被称为情景分析。

敏感性分析是情景分析的一个变种。敏感性分析是指除了某一个变量之外的其他变量均保持固定不变,从而可以研究净现值对这一变量的敏感性。在前面的一些净现值的图中,我们已经利用了敏感性分析的方法来表述净现值和折现率的关系。此外,我们也可以对其他变量进行分析。

模拟分析是情景分析的一种扩展形式,利用所有变量的概率分布模拟出大量的净现值,这些结果可以用频率图绘出。我们需要再次指出的是,通过绘图,管理层可以直观地发现正的净现值出现的频率有多少,因而有利于管理层判断项目成败的可能性。

例 6.9 根据前面问题中给出的数据,假设初始投资额为 10 000 元,后期现金流为:第一年 3 000 元,第二年 2 000 元,第三年 3 000 元,第四年 4 000 元。假设最后一年有 50%的概率实现 8 000 元的现金流,50%的概率现金流为零。试求两种情况下的净现值。假设最后一年的两种可能现金流为 3 500 元或者 4 500 元,结果又会如何?

答案:对于 8 000 元或 0 的情况,净现值分别为—3 365(0)元或 2 098(8 000)元。对于 3 500 元或 4 500 元的情况,净现值分别为—975(3 500)元或—292 (4 500)元。

注意到在第一种情况下，净现值有可能为正，第二种情况下，净现值均为负数，说明该项目前景不乐观。

二、再估值以及中途放弃投资的可能

在一个项目被接受之后，应该定期进行复查，因为公司可以选择是否继续投资或者放弃该项目。事实上，如果放弃该投资得到的净现值为正的话，就应该终止投资。

考虑下面这个例子。一家公司为生产某项产品而购买了一些设备，该项目预计持续 5 年以上，每年估计的现金流为 100 000 元，假设资本成本为 20%，那么这些现金流的净现值为：

$V_0 = 100\,000 \times PVIFA(0.20;5) = 299\,060$(元)

如果这些设备现在能够以 400 000 元卖出，那么停止该项目，卖出这些设备能提供100 940元的正净现值。因此应该终止该项目并反向投资(放弃该项目，卖出现有设备)①。

此外，在分析反向投资的时候，我们必须小心使用内含报酬率法。在这种情况下，决策准则为：

如果 $IRR < k_e$，放弃该项目(即反向投资)；

如果 $IRR > k_e$，继续该项目。

我们用前面的例子来说明反向投资。

例 6.10　回到本节一直讨论的案例中，对于项目 B，假设一年后第一笔现金流入为 4 500 元而不是 5 000 元，并且此后所有的现金流都减少 10%。如果该项目目前能够以 7 000 元的价格卖出，请问是否应该反向投资？

答案：反向投资的净现值为 948.77 元，来自如下一系列现金流：第一年为 7 000 元，第二年为－3 600 元，第三年为－1 800 元，第四年为－900 元以及第五年为－900 元。此外，我们可以求出内含报酬率为 1.52%。根据任一方法，都应该选择反向投资。

三、传统的净现值忽略了管理层的选择权

最近一些资本预算的理论指出，传统净现值分析方法的某些假设条件在应用中无

① 也许读者会疑惑为何有公司会愿意以 400 000 元购买这些设备。其原因在于，这些公司认为自己有把握提高收入，或者降低成本，因而可以获得更高的净现值。

法实现。例如，通常我们会假设，项目会以初始时刻的规模持续进行到结束。换句话说，投资项目无法扩展、收缩或者放弃。通常情况下，我们也会假设只有在初始时刻才可以决定是否接受该项目。

然而，现实世界远比这些假设要复杂。随着新信息的到来，关于市场条件和未来现金流的不确定性将逐渐消失，管理层有可能灵活改变其初始投资策略，以实现扩大未来收入或减少未来损失的目的。管理层的这种可以在未来改变策略的能力，能够在很大程度上影响投资决策，如果过于简单地对此进行分析，会削弱净现值法的效果。

实际上，投资机会可以被看作是一系列基于实际资产的期权。基于这种理解，资本预算的相关分析方法也被称作实物期权理论(real options theory)。例如，假如一家公司有权随时进行一项投资计划，那么就意味着这家公司持有一项权利而不是义务，在未来某个特定时期(在此之后投资项目作废)之前，实现未来预计现金流的现值。这项期权的行权价格就是初始投资额，具体开始项目的日期由该公司自己决定。下面，我们给出一个类似的案例。

考虑一家拥有某新药专利的制药企业 A，考虑到其他制药企业可能在未来进入同一市场，并且初始投资是不可回收的(即所投资的生产线仅可用于生产这种新药)，因而其投资决策比较复杂。假设该厂可以立即投入 3 200 000 元兴建生产线，其产量保持恒定且永远不变，生产成本为零，目前产品的价值为 400 000 元[①]。

第二年，如果另一家制药厂 B 成功开发了类似药品，并获得许可进行生产，那么其价格就会改变。假设有 50%的概率，制药厂 B 失败了，因而公司 A 有一定的垄断能力，该药价格为 600 000 元。同样地，也有 50%的概率，制药厂 B 成功了。由于竞争价格会下降至 200 000 元。我们假设该药的价格从此之后一直保持不变。此外，假设贴现率为 8%，那么该公司究竟是现在立刻投资，还是等明年观察到另一家公司科研结果以及市场状况后再做决定?

首先我们用传统的净现值方法，基于以上信息可得(以千元为单位)：

$$NPV=-3\ 200+\sum_{t=0}^{\infty}\frac{400}{1.08^t}=-3\ 200+5\ 400=2\ 200$$

虽然未来的收入有可能是 200 000 元或者 600 000 元，在这里我们用 400 000 元作为未来的期望现金流。这里的 NPV 实际上是两种情况的 NPV 之和。

如果 B 公司失败，这种可能性下 A 公司的投资净现值是

---

① 本例不论从数字或者情景角度都比较简单，这也是为了方便读者学习其中的关键点。

$$NPV = 0.5 \times \left[-3\,200 + 400 + \sum_{t=1}^{\infty} \frac{600}{1.08^t}\right] = 0.5 \times (-3\,200 + 400 + 7\,500)$$
$$= 2\,350$$

如果 B 公司成功，这种可能性下 A 公司的投资净现值是：

$$NPV = 0.5 \times \left[-3\,200 + 400 + \sum_{t=1}^{\infty} \frac{200}{1.08^t}\right] = 0.5 \times (-3\,200 + 400 + 2\,500)$$
$$= -150$$

二者之和 2 200 000 元是项目的净现值。由于我们求得了正的净现值，似乎应该接受这一项目。然而，这一结论并不准确，因为对应的方法没有考虑等待以及放弃投资这一期权的价值。实际上，这一例子中包含了两个互斥项目：立即投资或者等到明年信息更多的时候再做决定。接下来我们对后者进行分析。

如果公司等待一年，并且在竞争者不进入市场竞争的情况下开始生产，净现值为（以千元为单位）：

$$NPV = 0.5 \times \left[\frac{-3\,200}{1.08} + \sum_{t=1}^{\infty} \frac{600}{1.08^t}\right] = 0.5 \times (-2\,963 + 7\,500) = 2\,269$$

从中我们可以得出什么呢？很显然，等待一年再决定是否投资对公司更加有利，因为这种情况下的净现值为 2 269 000 元，高于在初始时刻即投资的净现值 2 200 000 元。这个等待的好处是避免了现在投资，但明年 B 公司研发出新药，价格下跌造成投资损失的可能性。

公司具有的这种可以选择推迟一年再做投资决策的灵活性价值几何？这种择时期权（timing option）的价值就是两个净现值的差值，即 69 000 元。也就是说，相比于只能在初始时刻做出投资决策，公司愿意支付 69 000 元获得这一择时期权，以便推迟一年做出决策①。

上面的例子描述了使用基于期权的净现值法的一个重要原因。由于其可以量化公司灵活选择权的价值，因而更具优势。这并不意味着传统净现值法应该被忽视，因为传统方法正是基于期权的净现值法的必要组成部分。我们可以得到下式：

$$\text{带有期权的净现值} = \text{传统净现值} + \text{期权价值} \tag{6.7}$$

例 6.11　继续讨论我们之前分析过的问题。如果未来两种可能的现金流为

---

①　对于同样的案例，可以换一种问法。例如，相比于没有择时期权的公司，如果允许公司选择投资时机，那么投资成本应该设置成多少才能让公司价值保持一致？这一问题的答案应该是 3 348 元。换句话说，假设只允许现在做投资决策的公司需要支付 3 200 元的投资支出，具有择时期权的公司需要支付 3 348 元的投资支出，那么两考的价值相等。

100 000元和 700 000 元，那么应该如何做决策？期权价值是多少？

答案：根据公式(6.7)，代入 700 元可以得到 2 893.52 元。这说明择时期权的价值为 693.52 元。由于未来的不确定性更大，因此择时期权价值也更高。

有一些其他的例子也可以用来描述具有期权的投资机会，之前我们也举了关于扩大规模期权(option to expand)的例子。有时根据传统的净现值法而拒绝的项目，其实应该被接受，尤其是考虑到公司可以根据市场需求灵活改变策略这一特点。另一种可能性是公司可以根据市场条件改变投入。例如，考虑一家发电厂，该厂可以根据电力需求来改变其生产能力，并希望最小化成本。假设该厂正在考虑三个互斥项目：燃煤发电机组、天然气发电机组或者是一种可以灵活改变燃料的发电机组。虽然由于高昂的建造成本导致第三个项目看起来似乎净现值会很低，但是如果考虑到灵活改变燃料这一期权的价值，实际上这个项目就会成为最优的投资项目。

6.5 股利政策

股利支付是指公司向股东支付现金的行为。理想状态下，如果收益足够满足再投资需求，那么剩余部分可以用来发放股利。实际上，由于有些投资者倾向于固定的股利政策，因此有时哪怕公司遇到损失，也会继续支付股利。这种情况是可能的，因为支付股利所需的现金可以通过借贷或者发行新股获得。

公司经理面临的一个问题是：哪种股利政策是最理想的？随后我们会指出，这一问题十分复杂，在这里我们需要指出的是，在理想情况下，既没有税收和交易成本，也不存在信息不对称的情况下股利政策是与公司决策不相关的，这一结果也许会让人们感到意外。换句话说，改变或者降低股利对公司价值没有任何影响[①]。

一、股利不相关性和复制股利

股利不相关性(irrelevance of dividend policy)是基于以下逻辑，由于投资者可以自行复制股利，因此市场不会因为公司发放股利而提高对其的估值。股利发放就是将现金发放给股东，然而股东也可以通过出售股票获得同样的现金收入。为了便于分析，我们假设希望从其投资 XYZ 中获得一定的现金流。如果股利发放可以达到这一现金流，那么投资者自己不需要做任何其他事情。如果没有股利，或者股利不足以达

① 所谓信息不对称，是指相比于投资者，管理层对公司的信息掌握更多的一种情况。

到投资者的需求，那么该投资者可以售出一些股票，自我复制股利（home made dividend）。另一方面，如果股利太高而超出了投资者需求的现金流，投资者可以将超出的部分拿来购买更多该公司的股票，通过这种方法来复制出自己想要的股利。这里的重点在于，投资者可以通过自制股利的方式来选择其需求的现金流。无论公司采取何种股利政策，投资者都能够进行一定的操作以达到自己的目的。因此股利政策似乎的确与之不相关。

我们来举例说明。假设一个没有增长机会的公司价值为 100 万元，其发行了 1 万股股票，每份股票的价值为 100 元。假设自由现金流（与净利润相等）为 100 000 元，股权要求回报率为 10%。注意到公司价值与永续年金公式相吻合：

$$1\ 000\ 000=\frac{100\ 000}{0.1}$$

最符合逻辑的股利政策应该是每年每股支付 10 元，因为这正好是每股可以产生的自由现金流。通过这种方式，现金流入和现金流出实现了相互匹配。

如果公司决定不支付股利会怎么样？这部分现金会用来做什么？这些是很复杂的问题，需要设计第 1 章中讨论过的代理人冲突的问题。这部分留存收益可能被用来投资到较差的项目中（我们在前面假设该公司没有增长机会）。我们的假设简化了股利政策的分析，在这里我们不考虑投资问题和代理人冲突。因此，我们假设股利政策不会影响投资政策，也就是说，这些现金总会以某种方式返还给投资者[①]，另一种方式就是股票回购（stock repurchase）。简单来说，股票回购就是指公司买回自己发行在外的股票。

假设公司通过股票回购将这些留存现金返还给股东，同样每年需要返还的金额为 100 000 元，在回购完成后，公司价值依旧为 100 万元，但是发行在外的股票数量有所减少，因此每股价格会上涨。实际上，每股价格会变为 110 元：初始的 100 元加上通过回购实现的每股 10 元的间接“返还”，因此回购后的股票数量为：

$$9\ 091=\frac{1\ 000\ 000}{110}$$

换句话说，大约有 909 份股票被回购。对于那些真正想要 10%现金流的股东，他们也可以实现自己的需求。例如，在初始时刻某个投资者拥有 1 000 份股票，其价值为 100 000 元，这意味着该投资者想要获得 10 000 元现金流。回购后该投资者所持有

① 即便把这些现金留存下来不做任何事（即投资在短期证券上）也是一种投资。

股份价值为 110 000 元，因此他只需要卖出 10 000 元价值的股票，也就是：

$$\frac{10\ 000}{110}=90.9(\text{份})$$

二、现实情况：为什么股利政策会影响公司价值

本节我们简要介绍一些股利政策影响公司价值的原因。有一些研究指出，公司宣布将提高红利支付的消息会提高股价，我们首先对这一研究结果进行讨论。为了说明这一点，需要指出的是，学术研究发现许多投资者更偏好于稳定的红利支付，投资者不喜欢股利减少。由于存在这些偏好，公司会很谨慎地增加股利，除非管理层认为这种股利的增加是可以持续的。基于这一原因，增加股利的行为被看作公司前景较好的一种信号。因此，这种理论认为，真正提升股价的并不是股利增加本身，而是其传达的信号。

另一种观点认为，股利增加与代理人成本有关，因此也可以被看作是公司前景较好的信号。这种观点的逻辑是，如果公司没有好的投资项目的话，将现金发给股东，则可以避免管理层投资更多较差的项目。

此外，还有一个原因也可以解释股利支付改变为何会影响公司价值。由于存在不同的现金流需求或者税收上的限制，有些投资者更喜欢高股利，另外一些投资者更偏向于低股利甚至零股利，也就是说，投资者可以被区分为不同的种类。由于不同公司的分红比例不尽相同，因此不同种类的投资者就会选择与他们偏好相近的公司进行投资。

如果在某一时刻，有许多投资者的股利偏好突然发生了变化，例如有更多的投资者偏好于更低的分红，结果又会如何？在这种情况下，公司可以降低分红比例来迎合这些投资者，进而提高公司价值。

6.6 资本结构政策

公司需要为其运营来进行融资，募集来的资本用于投资和持续经营活动。我们可以将融资分为股权(股票)融资和债权(债券)融资。虽然股利分红是可以由公司自由决定的，但是债券的利息却是事先确定好并要进行定期支付的，如果未能完成利息或本金的支付，公司就将面临违约和破产。

一、杠杆

当一家公司以股权和债权混合方式进行融资的时候，我们称这家公司存在杠杆(leverage)，我们定义杠杆为债务价值与权益价值的比值。我们从杠杆对现金流波动性的影响角度开始进行分析，假设一家无负债公司估值为 2 000 万元，其发行了400 000份股票，每份股票价值为 50 元。这家公司正在考虑以 8%的利率发行 800 万元的债务，并利用这部分融资回购 160 000 份股票。

根据表 6.7，假设未来有两种可能性：如果销售业绩较差，那么息前收益为 100 万元；如果销售业绩较好，那么息前收益为 300 万元。如果没有债务融资，那么息前收益与净利润没有区别。两种情况下每股净利润分别为 2.50(1 000/400)元或 7.50 元，资产回报率(return on assets，ROA)分别为 5% (1 000/20 000)或 15%，由于不存在债务，因此股权回报率(return on equity，ROE)与资产回报率保持一致。当存在杠杆的时候，再次计算上述比率，我们发现当销售业绩较差的时候股权回报率有所下降，在销售业绩较好的时候股权回报率有所上升。这就是杠杆的作用——可以放大结果。

表 6.7 **发行债券前后公司的数据** 单位：万元

	发行债券之前		发行债券之后	
	销量较差	销量较好	销量较差	销量较好
息前利润	100	300	100	300
利息	—	—	64	64
息后利润	100	300	36	236
每股利润	2.50	7.50	1.50	9.83
资产收益率	5%	15%	5%	15%
股权收益率	5%	15%	3%	19.67%

二、资本结构的不相关性

在之前我们已经讨论过了理想情况下股利政策的不相关性，现在我们继续分析资本结构的不相关性。这里需要同样的关键假设：不存在税收和破产成本(bankruptcy costs)。对于资本结构的不相关性，有严格的证明，我们在本书中会对其简要介绍。我们在第 4 章中举过关于套装/外套/裤子的例子，其实一家公司也可以看作是一套套装，将其分为股权和债权，就等价于将一套套装分为外套和裤子。在理想情况下，如果不限制任何套利机会(arbitrage opportunity)，这两部分(不论如何进行剖分)之和将会等于整个套装。

表6.8用了无套利一价原则来证明资本结构在不存在税收和破产成本下不影响公司价值。假设市场有两家公司未来都产生 X 的现金流。公司U是无借债的全股权公司。公司的价值 V_U 等于股本价值 S_U($V_U=S_U$)。公司L是有债和股份的公司。公司的价值 V_L 是债的价值 B_L 和股本价值 S_L 加总($V_L=B_L+S_L$)。投资可以选择两种策略：策略一，购买 $\alpha\%$ 的U公司股份，当前成本为 $\alpha\%V_U$；策略二，购买 $\alpha\%$ 的L公司股份和购买 $\alpha\%$ 的L公司债务，当前成本为 $\alpha\%S_L+\alpha\%B_L=\alpha\%V_L$。公司债务面值为 F，支付利息为 r。从表中可以看到，这两种策略产生相同的未来收益。根据一价原则，这两种策略当前成本应该一样，即 $\alpha V_U=\alpha V_L$，从而证明 $V_U=V_L$。若不相等，投资者则可以用便宜的策略买入，用贵的策略卖出，赚取无风险利润。

表6.8　　无套利原则证明资本结构的不相关性

	当前成本	未来收益
策略一		
购买 $\alpha\%$ 的U公司股份	$\alpha S_U=\alpha V_U$	αX
策略二		
购买 $\alpha\%$ 的L公司股份	αB_L	$\alpha(X-rF)$
购买 $\alpha\%$ 的L公司债务	αS_L	αrF
加总	$\alpha B_L+\alpha S_L=\alpha V_L$	αX

从另一个角度来看待这一问题就是利用所谓的“自制杠杆”(home made leverage)，这与之前讨论过的股利政策不相关性比较类似。假设一家公司在初始时刻是没有杠杆的(即没有债务)，随后这家公司决定重组其资本结构、发行债券，并回购部分股票。我们进一步假设该公司的某个投资者对这家公司初始的资本结构是很满意的，那么这个投资者的一部分股票被回购之后，其获得的现金可以用来购买新发行的债券。例如，该投资者在初始时刻拥有1%的股票，在回购结束后，该投资者依旧持有1%的股票，另外还持有1%的债券。最终的结果是，该投资者依旧持有1%的公司价值。

三、现实情况：为什么资本结构会影响公司价值

关于杠杆对公司的影响主要有两个原因：税收和破产成本。根据前者，发行债务

是有利于公司的；根据后者，债务会带来不利影响。考虑税收的影响，公司会倾向于多发债，因为利息可以抵税。通过增加债务，可使投资者获得更多的现金流，而不用上缴公司税[①]。因此，当其他条件不变的时候，公司应该采用更高的债务水平。

那么为什么并非所有公司都是高杠杆的呢？主要原因在于破产成本。这里的破产成本不是指破产发生时股东面临的财富损失。本书中的破产成本，是指在破产处理过程中需要支付给律师等第三方的成本。客户和供货商一般也不愿意与处于财务困境的公司进行交易，这也是另一种形式的破产成本。

这些成本通常都是事前可知的。公司一般会保持适当的债务水平，这样既可以利用利息的抵税效用，又可以避免产生破产成本，相比之下，债务过高很容易带来破产成本。理论上来说，最优的债务水平应该是在这一债务水平上每 1 美元额外的债务所带来的抵税收益，正好等价于由于破产概率增加导致的破产成本提高的预期值。

6.7 风险管理

在当今充满变数的商业环境下，没有任何一家公司可以忽视风险管理的作用。风险管理是指公司对成本和价格变化的风险敞口（risk exposure）的管理。一般情况下，公司需要对利率、汇率和大宗商品价格的风险敞口进行对冲。

本节所涉及的内容对于公司管理层来说是很重要的，在过去几年这种重要性越来越高，其主要原因有：首先，绝大多数公司在过去几年面临更大的风险。虽然经济全球化愈加深入，但是很少有人会专门分析汇率变动和其他国家经济危机对本国经济的影响。然而风险的确是存在的，因此我们需要分析应对的方法。过去数年间的金融创新为我们带来了多种全新的、高度专业化的衍生品，专门用来解决这些风险。

假设我们是一家公司管理团队的一员，通过风险管理我们应该达到什么样的目的呢？与其他类型的管理层决策类似，风险管理的主要目标是最大化每股价值，即每股价格。如果风险降低的同时又不会对现金流产生影响，那就是所谓的双赢结果。

为了实现这一目标，我们需要对不同风险进行测量。例如，一家公司的价值（通过预期未来收益求得）与原油价格（该公司的一个关键风险来源）的增长负相关，这家公司如果购买原油看涨期权，能否对冲掉这一风险？如果原油价格上涨，则该公司会从

---

① 在本书中，我们忽略个人税收的影响，如果相比于股利，个人的利息所得需要缴纳更高的税，那么投资者更倾向于持有股票。

期权头寸上获利，同时会在经营中遭受损失。如果购买正确数目的期权，这两者会正好相互抵消。

一般情况下，一家公司会受到多个关键风险来源的影响，因此一个完整的风险管理计划应该能够处理尽可能多的风险来源。公司价值相对于各种价格变化的敏感度可以用类似于以下的公式进行估计：

$$\frac{\Delta V}{V}=b_1\frac{\Delta p_1}{p_1}+b_2\frac{\Delta p_2}{p_2}+\cdots+b_n\frac{\Delta p_n}{p_n} \tag{6.8}$$

每一个 b_i 都分别测量了公司价值相对于一个关键因素变动的敏感性。如果我们分析一家具有原油风险敞口的公司，并且第一个价格指的就是该项大宗商品，那么第一个风险敞口系数(b_1)应该为负。我们的目标就是采取正确的措施使得所有的系数最终变为零。

那么公司应该如何进行风险管理呢？并不是所有的公司都会进行风险管理，哪怕是那些进行了风险管理的公司，其操作方式也是存在问题的。在实践中，有三种不同的方法：被动、防御或者主动。数年前几乎所有公司都采用第一种方法。被动方法是指其策略不会针对市场条件预期的改变而变动，也不会尝试去减轻各种类型的风险。换句话说，忽略掉外部风险因素，并简单地对公司内部进行管理。最优的风险管理应该是防御性的：管理层应该有意识地采取行动以实现公司对市场风险敞口的最小化(考虑对冲成本之后)①。此外，公司通常不会去预测未来市场的走向，主要原因在于成功预测价格是十分困难的，公司也不应该专门去进行这方面的研究，而应该专注于自身的经营。最后一种，即主动方法，是一种混合的方法，公司利用对未来市场条件的预期来管理资产和负债，同时有选择地进行对冲。这种方法的危险在于，由于管理层过度自信，其可能会错误地认为自身对市场条件以及价格变动的预期是完全正确的。

例 6.12 考虑一家大宗商品经销商，该公司以市场价买入大宗商品，然后以长期固定的价格卖出。该公司应该采取哪种对冲策略？

答案：如果卖出价在事先已经固定，那么该公司应该通过期货合约来锁定买入价格。

本章习题

1. 一家公司有一个投资项目，该项目未来的预期现金流如下：初始时刻，−500

① 对冲是一种保险，如果保费过高，那么最优策略是选择不参加保险。

元;第一年,200 元;第二年,300 元;第三年,150 元。请计算回收期。如果给定 10%的折现率,试求净现值。最后,求出内含报酬率,并根据三个结果做出投资决策。

2. 在第 1 题中,假设第一年已经结束,公司如期收到了 200 元。这时公司能够以 450 元卖出该项目,请问公司应该如何做?

3. 在第 2 题的情况下,假设愿意出价 450 元购买该项目的公司认为该项目未来现金流会更高,试求在未来现金流增加多少的情况下,购买方可以实现盈利。

4. 假设寒景公司现在投资 100 万元进行一项新的建设工程,该项目会在未来产生每年 150 000 元的永续年金,该项目的折现率为 10%。试求该项目回收期和贴现回收期。为何后者会高于前者?另求该项目的净现值,并分析该公司是否应该投资这一项目。

5. 在什么情况下净现值法和内含报酬率法会产生完全一致的结果?

6. 一家游乐场刚刚购买了附近的一块土地,并计划在上面建设娱乐设施。目前有两个互斥项目可供选择,项目 A 需要花费 76 000 元,预期使用期为 5 年;项目 B 需要花费 80 000 元,预期使用期为 7 年。这两个项目每年都会产生 47 000 元的现金流,然而项目 B 每年比项目 A 多消耗电力 8 000 元。项目 A 每年的装饰费用为 5 000 元,其他费用合计为每年 14 000 元。假设资本成本为 10%,利用等价年金法,做出投资决策。

7. 假设我们已经求出了项目 N 和 L 的净现值。当资本成本为 10%的时候,N 和 L 的净现值分别为 4 000 元和 3 000 元。当资本成本为 0 的时候,N 和 L 的净现值分别为 6 000 元和 9 000 元。假设两个项目有同样的成本和使用期,解释为何会发生上述结果。

8. 假设某项目在今天会有 5 000 元的现金流入,同时在未来有如下的现金流出:第一年,2 500 元;第二年,2 000 元;第三年,1 000 元;第四年,1 000 元。

a. 试求该项目的内含报酬率。

b. 如果贴现率为 10%,是否应该接受这一项目?

c. 如果贴现率为 20%,是否应该接受这一项目?

d. 分别求出贴现率为 10%和 20%情况下的净现值。采用净现值法和内含报酬率法计算的结果是否一致?

9. Sandford 矿业公司计划开采一处金矿。该矿的初始投资成本为 600 000 元,之后的第一年会带来 100 000 元的现金流入,随后的现金流预计每年增长 8%,并持续 10 年。11 年后,该矿会被关闭,清理费用需要 50 000 元。试求该金矿的内含报酬率。

如果要求的回报率为10%,是否应该投资该金矿?

10. 天天国际在新疆拥有一块农田,每年预期会带来800 000元的收益并永久持续。该公司没有任何折旧资产,并且是全权益公司,发行在外的股票数为200 000份,股权要求回报率为12%。此外,天天国际有一个投资机会,该投资机会具有100万元的现值,并且需要400 000元的初始投资。除此之外,公司没有其他投资机会。假设市场是有效的,公司的股价应该为多少?

11. 某公司正在考虑两个具有相同期限的互斥项目A和B,其现金流如下表所示:

期限	A项目现金流	B项目现金流
0	−100 000	−100 000
1	40 000	120 000
2	45 000	
3	50 000	

假设这些项目可以被无限次重复,贴现率为7%,那么该公司应该投资哪一个?利用项目链方法进行估值。

12. 项目A和B的净现值分别为1 000 000元和2 000 000元。如果两个项目同时进行,净现值为2 500 000元。由于存在负的外部性,公司应该只投资其中一个,请讨论。

13. 在本章的制药厂案例中,假设再投资回报率为9%,试分析结果并讨论。

14. 同样在制药厂案例中,假设在两期之后现金流才会变动,结果是否会改变?重新估值该项目并讨论。

15. 在什么情况下资本结构会影响公司估值?请分析并讨论。

16. 凯文公司经营电影拍摄业务,银是该公司的主要成本投入,因此其利润对银价的变动比较敏感。该公司是否需要考虑对冲这一风险?如果需要,请给出对冲风险的方法。

第 7 章　个人理财和退休储蓄

7.1　引　言

本章我们把目光转向个人理财方面。个体在金融决策时所面临的最重要的选择是为退休生活而进行的储蓄和投资问题。在 7.2 节我们主要分析发达国家和中国的退休金计划(pension plan)。哪些因素会影响收入替代率(income replacement ratio)？收入替代率是指退休后能够拿到的收入与个体退休前工作收入的比率。个体能够决定的最主要因素就是储蓄率，收入替代率对储蓄率的变动非常敏感。

在 7.3 节至 7.5 节，我们主要讨论资产配置问题。资产配置(asset allocation)定义为适合投资者的股票和债券(也包括其他资产类型)的组合，其主要受到年龄和退休因素的影响。后者会影响一个人的风险承担能力，年龄相同的人群对风险的态度却有不小的差异：一些人能够承受市场大幅波动而另一些人却不行。

在 7.6 节至 7.8 节，我们讨论不同的投资方法。个体可以投资于共同基金，但是之前的章节已经证明这是一个昂贵的选择。然而积极地进行资产配置同样不一定是一个明智的选择，因为大量的研究表明基于错误的信息，而非实际的信息，投资者往往会过度交易。因此，对于许多投资者来说，指数化投资变成了一个不错的选择，指数化投资是指一种能够复制市场走势的投资。

最后，在 7.9 节里我们简单地讨论一下保险，从本质来看，保险是一种负收益的“投资”，如果它降低风险所带来的收益和其购买成本匹配，那么这种保险就值得购买。这种投资逻辑只在某些情景下适用：一个人用保险去应对一些小概率灾难性事件的发生，比如重大财产损失或者责任索赔。

7.2 储蓄来源和计划

一、西方发达国家退休金计划

在美国、加拿大、欧洲等发达国家或地区，退休金主要来自三个方面：政府项目、各种公司年金(company pension)和个人储蓄。第一种退休金来源只能提供最小程度的安全网保护。所以如果想过上舒适的退休生活，公司年金和个人储蓄就变得非常重要。

并不是所有的公司都提供养老金。如果提供的话，一般来说有两种方式：养老金确定收益(defined benefit，DB)计划和确定贡献(defined contribution，DC)计划。在DB养老金模式中，根据公式来计算支付给退休人员的养老金。比如说，在退休后你能够拿到的金额等于你最后5年工作的平均工资的1.5%再乘以你为公司工作的年限(上限是35年)。所以，如果你在职业生涯的最后5年的平均工资是60 000元/年，并且你为该公司工作了20年，那么你可以在退休后每年得到18 000元，这笔金额会一直发放到你去世为止。提供这种养老金模式的公司有受托责任去设立一个专项养老金基金，确保员工未来在退休时能够拿到公司当初承诺的足额养老金。这类养老金基金的经理会合理地安排投资项目，以确保养老金计划能够顺利实施。当这类养老金基金面临不利的市场因素时，其可能会出现资金不足的状况(需要外部资金注入来弥补资金缺口的情况)。因为采取DB模式的公司不得不面对这种风险，所以如今这类养老金基金越来越少了。目前新增的养老金几乎可以全部归入DC模式。在美国和英国，DC几乎快取代DB模式了。公司更偏好DC模式，因为两种模式下公司缴纳的金额相同，而DC模式将风险全部转移到员工身上。在DC模式中，公司提取退休金，可以交给独立的金融机构保管运用。在职工退休时，从退休基金中支付退休金。或者员工自己选择投资模式，但这种模式的缺陷是员工承担基金投资的所有风险。如果员工没有进行合理的投资，员工在退休后可能会面临养老金不足的问题。

二、中国养老退休金计划

养老保险属于中国社会保障体系的一部分，图7.1说明的是中国的社会保障体系以及养老保险在社会保障体系中的位置。

图7.2说明的是现行的中国养老保险体系组成部分。从基金规模来说，城镇职工

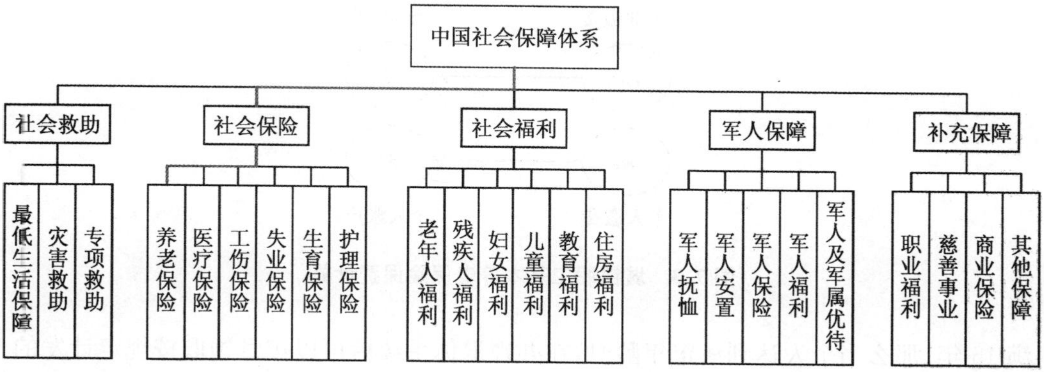

图7.1 中国社会保障体系

基本养老保险是最多的一部分。以2014年为例,城镇职工基本养老保险基金结存31 800亿元,占基本养老保险基金累计结存的89.2%。

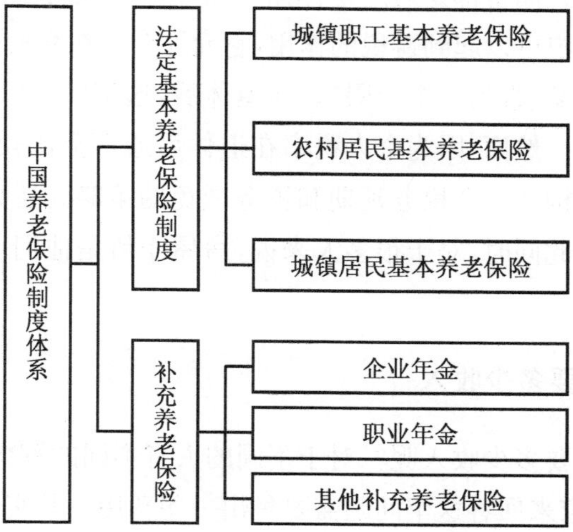

图7.2 中国养老保险体系组成部分

城镇职工基本养老保险的保费缴纳包含单位缴纳和个人缴纳两部分。单位缴纳部分由用人单位按照国家规定的本单位职工工资总额的比例缴纳基本养老保险费。目前,企业缴费的比例一般不得超过企业工资总额的20%。个人缴纳由本人工资的8%缴费形成。

如果单位和个人依法参加基本养老保险并履行缴费义务,同时个人累计缴费时间

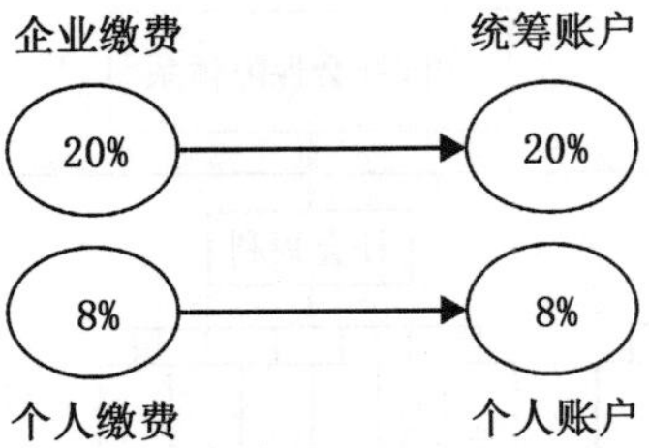

图 7.3 城镇职工基本养老保险保费计算

满 15 年，那么当个人达到法定年龄时，在办理退休手续后可以按月领取按规定计发的基本养老金，直至死亡。

三、个人储蓄

对于那些关心自己退休生活质量的人来说，个人储蓄是不容忽视的一部分。大多数用于退休生活的个人储蓄都是通过退休储蓄账户来完成的。在美国、加拿大等国，一个注册退休储蓄账户可以起到避税的作用，它允许个人在交税前在应纳税的收入中扣减该计划缴纳的金额(直到一个上限)。在退休后，这笔钱可以取出来使用，此时这笔钱要计入应税收入。然而，因为个人税率在退休后通常都比较低，所以合理运用注册退休储蓄账户可以构建一个税务延期和税务减免的策略。还有一些人把大量的储蓄投资证券账户。与此同时，对于很多人来说，房屋净值是他们个人财富的重要组成部分①。

四、退休生活需要多少收入

在退休期间你需要多少收入呢？对于不同的人有不同的答案:取决于他的生活方式。通常来说，请专家来回答这个问题需要付出一些费用。其实他们的回答也是基于你工作收入的百分比。这其实反映出人们内心想要追求一些类似于过去的生活方式。很多人认为在退休后拿到与退休前差不多的收入是必要的。然而，因为退休后并没有工作时那么大的开销，也不用抚育子女，大部分人在较少的收入下也过得不错。通常

---

① 在退休期间，有几种方式可以把这项资产变成可以创造收入的项目。其中一种方式就是出售它(然后自己租一间)，把钱用于投资，然后定期取出一部分用于正常生活开支。独居的老人可以更换更小面积的房屋，把这两个房屋价值的差额部分用于投资。另一种方式是对你的房屋净值的一部分进行“反向抵押贷款”(reverse mortgage)，金融机构会提供一次性金额支付或者一系列的现金流。其中，“反向抵押贷款”是以拥有住房的老年居民为放款对象，以房产作为抵押，在居住期间无需偿还，在贷款者死亡、卖房或者永久搬出住房时到期，以出售住房所得资金归还贷款本金、利息和各种费用的一种贷款方式。

的经验是退休收入占工作收入的 70%左右即可。

假设你是一位理财规划师，正在为客户提供理财建议，那么首先从为客户设计储蓄计划开始。你的客户小兰，今年 35 岁，目前年收入 50 000 元。她已经为自己的退休生活储蓄了 50 000 元。她估计从非个人储蓄部分(政府项目和公司年金)一年可以获得 10 000 元。忽略她之前的储蓄，截至目前，这笔钱占她工作收入的 20%，显然这远远不能满足她的退休生活。如果把她之前的 50 000 元退休储蓄用于投资，退休生活也会更好一些。现在的问题是：按照正常标准，她还需要从收入中拿出多少钱用于储蓄？我们假设她认为每年从收入中拿出 10%用于退休储蓄是在她的承受范围之内，那么这样做就足够了吗？

为了回答这个问题，我们要计算她的收入替代率(income replacement ratio)，其定义是退休后的收入占退休前收入的百分比。为了方便计算，我们作几个比较严格的假设(这些假设在后面都可以改变)，退休后，假设小兰购买了一份养老金，这个养老金的持续期和她的预期寿命匹配。相关变量的初值设定如下：

(1)储蓄率(10%)；

(2)工作年限(25 年)；

(3)退休后预期寿命(25 年)；

(4)退休储蓄的投资回报率(5%)；

(5)养老金利率(2%)。

根据以上假设，我们可以算出她的收入替代率是 62%。这是第 2 章所介绍的时间价值的直观应用。不过我们会把涉及的计算步骤再快速地介绍一遍。

第一步是计算出基于目前的储蓄计划，当她退休后能获得多少钱，这包含两部分：她已经储蓄的 50 000 元和每年的定期存款。把这 50 000 元转换成更直观的终值：

$V_t = V_0 \times (1+k)^t = 50\ 000 \times (1.05)^{25} = 169\ 317$(元)

接下来计算她定期储蓄的终值，我们用 *FVIFA* 公式可以得到：

$$V_n = CF \times \frac{(1+k)^n - 1}{k} \tag{7.1}$$

代入并求得：

$$V_{25} = 0.10 \times 50\ 000 \times \frac{(1+0.05)^{25} - 1}{0.05} = 238\ 636.24(\text{元})$$

把两式的金额加起来，我们得到 407 953.24 元。等到退休那一天，这笔钱就是那个时候的现值，基于 2%的养老金利率和 25 年的退休期我们可以计算年金支付。

$$407\ 953.24 = CF \times \frac{1-\frac{1}{(1+0.02)^{25}}}{0.02}$$

计算出年金支付额为 20 895.54 元，再加上 10 000 元（通过政府和公司等外部渠道每年能获得的养老金收入），我们可以直接计算收入替代率：

$$收入替代率 = \frac{30\ 895.54}{50\ 000} = 0.62$$

五、这些收入够用吗

这些钱对她来说可能不够用。还记得我之前提到的通常目标是退休后拿到 70% 的工作收入。那么上面的哪个部分还能改进？她可以决定自己的储蓄率是多少？所以我们可以调高储蓄率，重复上面的计算步骤。图 7.4 告诉我们一个很符合直觉的结果，她储蓄得越多，退休后日子越好过。

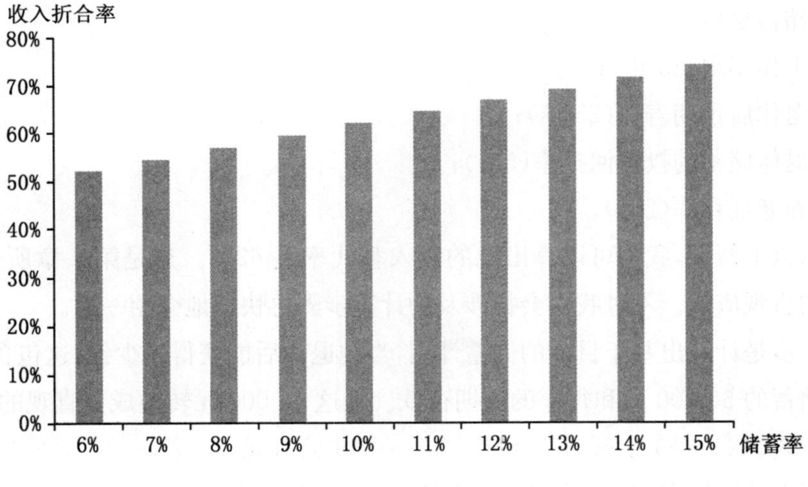

资料来源：Deaves, R., 2006, *What Kind of an Investor are You?* Insomniac Press, Toronto.

图 7.4 收入替代率如何随着储蓄率而改变

某些读者可能认为她的工资会随着时间而增长，其实我在计算的时候已经考虑到这个问题。注意我们的（投资回报率和年金利率分别为 5% 和 2%）比率设定得比较低，如果你把它们看作是经过通货膨胀调整的，那么这个数值还是很合理的。换句话说，我的分析已经考虑到通货膨胀的情况。只有在她的工资出现实质性上涨时，我们的分析才会低估她的退休收入[1]。而工资的涨幅取决于她职业道路的发展情况，如果小兰在她的职业生涯中不断高升，那么她会发现她的工资增速会超过通货膨胀率。所以为了简化计算，我们假设她目前的收入已经达到她职业生涯的顶峰[2]。

在上文的假设中提到，小兰有25年的职业生涯，并能享受25年的退休生活，那么这样的假设合理吗？前者是合理的：很多人确实在60岁之前就退休了。如果她的健康状况不错，可能她会希望工作更长的时间，为了能在退休期间获得更多收入而做准备。所以，25年的工作时间这个假设可以进行一定的调整。但是，25年的退休生活这个假设更多的是一种尝试，因为如今35岁的女性的平均期望寿命超过80岁，所以她可能需要增加一些退休金，这要求她进行更多的储蓄。

事实上，情况比想象中还要严重一些，因为通常没人知道自己什么时候会死去。如果她活得比自己估计的更长，比如超过了90岁或更多，那该怎么办？那么基于我们之前的储蓄计划，她的退休金会在她去世之前就用光。这里有几种显而易见的办法，除了增加储蓄率外，她还可以多工作几年。更长的工作时间对收入替代率的影响如图7.5所示。工作更长的时间会让她的退休生活变得更好。

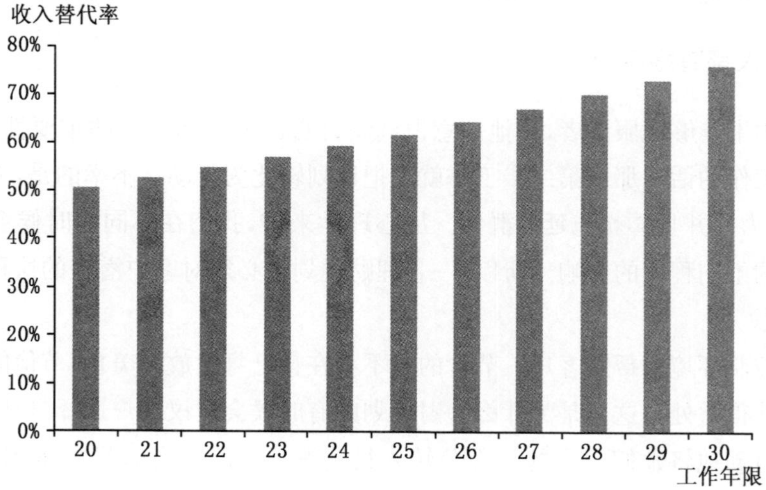

资料来源：Deaves，R.，2006，*What Kind of an Investor are You*? Insomniac Press，Toronto.

图7.5　收入替代率如何随着工作年限而改变

---

① 回忆一下，实际值是扣除了通货膨胀因素的部分。

② 如果在扣除通货膨胀因素的部分后，她的工资仍在上涨，那么她的退休生活会比我们分析得更好。

另一种提高退休生活品质的方式就是增加投资组合(portfolio)的收益率(目前假定为5%左右),这世上只有一种方式可以提高收益率,那就是承担更多的风险。那么问题是承担多少风险才是合适的?尽管承受更多风险能够使收益的均值变得更高,但是最坏的结果也变得更差了。因为这是下一节要讨论的主题,所以我们暂时把它放在一边。

这里还有另外一个容易被我们忽略的不确定性因素。在我们的计算中,我们假设每年的投资回报率都保持5%不变,事实上,在有的年份投资回报率远远超过这个数值,而在另一些年份又会远低于这个数值。从长期来看,时间会抹平这些收益率的波动,但是短期并非如此。问题是在她投资的这些年里,市场好坏顺序的不同会导致完全不同的结果,如果行情好的那些年都集中在她早期没有钱的时候,而行情差的年份都集中在她投资的末期,这样一来收益率就失去了反转的机会。在这种情况下(把行情好坏的排序反转过来)我们通过数值模拟不难发现,她获得了比我们之前的计算结果更少(更多)的收益。这是另一个为退休收入制定更高期望目标的理由,因为当你运气不佳的时候,退休后的收益可能会低于预期,在这种情况下,当初制定的高目标就为你的退休生活提供了一定的下跌空间。

六、人人都有拖延症

如果本书能够说服读者,让他们意识到制订自己的退休计划的重要性,并且储蓄是第一步工作的话。那么第二步工作就是把计划转化为行动。不幸的是,人类是一种贪婪、自控力差并且喜欢拖延的群体。从心理学来讲,我们在不同的时候会受到两种心理倾向的不同程度的影响。所以,一名理财规划师必须对客户潜在的这种倾向进行慎重的考虑。

通过控制环境来帮助客户。节食的人不会在自己身边放满美食,节俭的人会从控制欲望中获得益处。这也是为什么理财规划师有时候会建议客户选择自动储蓄计划,该计划能自动地将她们收入的一部分转入投资账户。所以有时候能听到一种说法:“首先支付自己”(pay yourself first,意思是在你进行其他花销前,先把收入的一部分存到养老账户中,用于养活未来的自己)。

7.3 资产配置

让我们接着上一节的例子往下分析,回忆一下我们做的那些敏感性分析的结果,小兰在退休前储蓄得越多，工作的时间越长，她退休后的生活就变得越好。那么，还有一个因素是投资回报率，在我的例子中假设它为5%，如果小兰的投资能做得更好呢？这对于她的退休收入当然有帮助。图7.6展示了这种情况。在7%的投资回报率下，她在退休后的收入替代率能够达到80%。

那么为什么假设5%的投资回报率是合理的呢？你可能会觉得5%的回报率太低了。但是要记住，我们讨论的所有变量都去除了通货膨胀因素，包括投资回报率。回顾第3章的内容，股票市场的平均回报率是18%（沪深300）。政府债券的平均回报率是4%。如果把一半的资产放到股票市场，另一半放到债券市场（这是很常见的一个投资策略），她能够获得11%的投资回报率。如果投资组合中股票的占比增加，我们有理由相信她退休时的期望收益也会随之增加。但是，糟糕的市场行情也可能会造成资产价值的巨幅下跌。所以，扣除6%的通货膨胀率后，我们假设的投资回报率就是5%左右①。

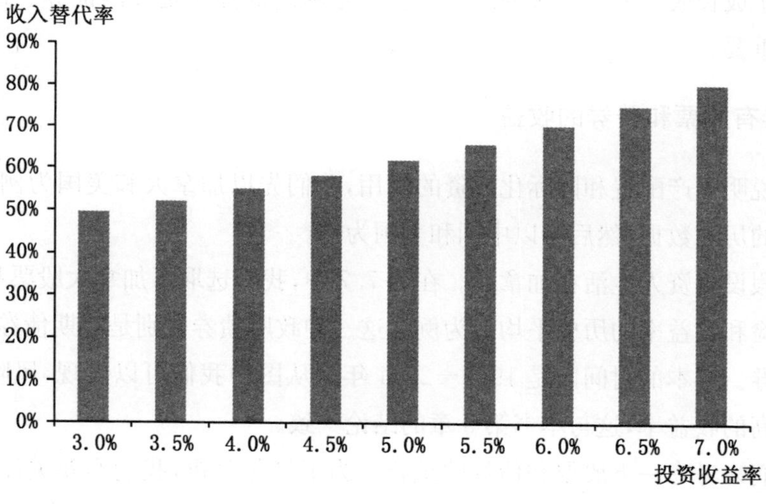

资料来源：Deaves, R., 2006, *What Kind of an Investor are You?* Insomniac Press, Toronto.

图7.6 收入替代率如何随着投资收益率而改变

资产配置（asset allocation）是一个把你的资金分配到不同资产类别的过程。对同一资产类别进行分散化配置是明智的选择，比如，你需要消除公司个体风险（firm specific risk），那么你需要在股票组合中持有一定数量的不同公司的股票。同样，出于管

① 对于养老金利率，2005年中期加拿大实际债券收益率经过通货膨胀调整后稍微低于2%。

理风险的目的,在不同的资产类别间进行资金分配也是明智的决定。接下来,我们考虑怎样进行资产配置最合适。这个问题的答案因人而异,受到个人偏好(preference)的影响。

一、广义资产分类:股票和债券

广义的资产分类方式就是把资产分为股票和债券两类。在这两类资产中我们还可以进行更细的划分。在债券中,一个关键的划分点是区分政府债券和公司债券。前者暴露在利率风险下,而后者受到利率风险(interest risk)和违约风险(default risk)的双重影响。另一个关键的划分点在于区分到期时间短(货币市场工具)的债券和到期时间长的债券。在股票中,有两个关键的划分因素,那就是公司规模因素和价值、成长因素。从历史数据来看,大型公司和小型公司的表现大为不同,小公司股票的表现往往优于大公司。同样,价值股和成长股的业绩表现也呈现出明显差异,价值股的表现往往优于成长股。另一个区分的关键在于是国内证券还是外国证券。这对于股票资产尤为重要。

二、持有股票和债券的收益

为了说明资产配置和国际化投资的作用,我们先以加拿大和美国为例,因为它们有比较长的历史数据,然后再以中国和美国为例。

我们假设投资人生活在加拿大。在图 7.7 中,我们选取了加拿大股票和三种政府债券的风险和收益率的历史平均值为例。这三种政府债券分别是短期债券、中期债券和长期债券。样本的时间段是 1957－2004 年。从图中我们可以发现,风险高的资产表现出更高的收益率,这与本书第 3 章的结论一致。

让我们来考虑一下股票和债券的组合。为了简化分析,我们主要关注中期债券。图 7.8 展示了(加拿大)股票和(加拿大中期)债券的不同组合的收益率。有效集说明了在这两类资产中进行分散化配置所带来的好处。显然,根据这幅图所示,只持有债券是非常不明智的选择。在某个范围内增加股票持有,可以在获得更多收益的同时还能降低风险(这个结果让人惊讶)。注意到,最小风险的资产组合包含大约 20%的股票成分。

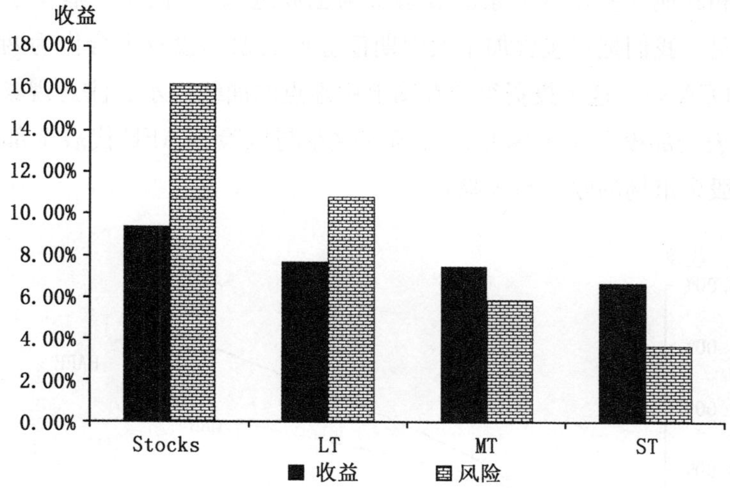

资料来源：Deaves, R. , 2006, *What Kind of an Investor are You*? Insomniac Press, Toronto.

图 7.7　加拿大股票和短期(ST)、中期(MT)和长期(LT)政府债券的风险与收益

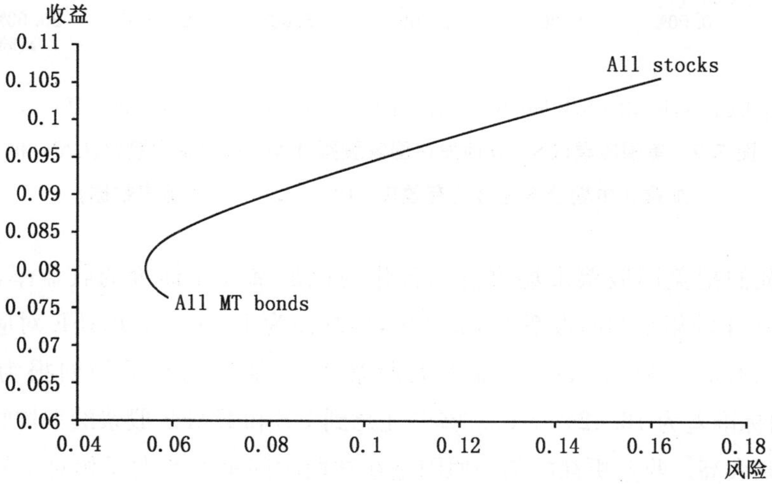

资料来源：Deaves, R. , 2006, *What Kind of an Investor are You*? Insomniac Press, Toronto.

图 7.8　加拿大股票和中期(MT)债券组合的有效集(1957—2004 年的历史数据)

三、国际化分散投资

有大量证据表明，国际化分散投资可以在降低风险的同时保持一定的收益率。让我们把美国和其他一些发达国家的股票市场也放进来[①]。图 7.9 展示了这些资产组合的回报情况。我们把仅包含加拿大中期债券或股票的投资组合作为两个参考的基准点(MT 和 CAN)。这个投资组合在图上用虚点的曲线表示。注意观察另外两个标记点(US 代表全部投资于美国股票市场的收益与风险,EAFE 代表全部投资于其他发达国家的股票市场的收益与风险)[②]。

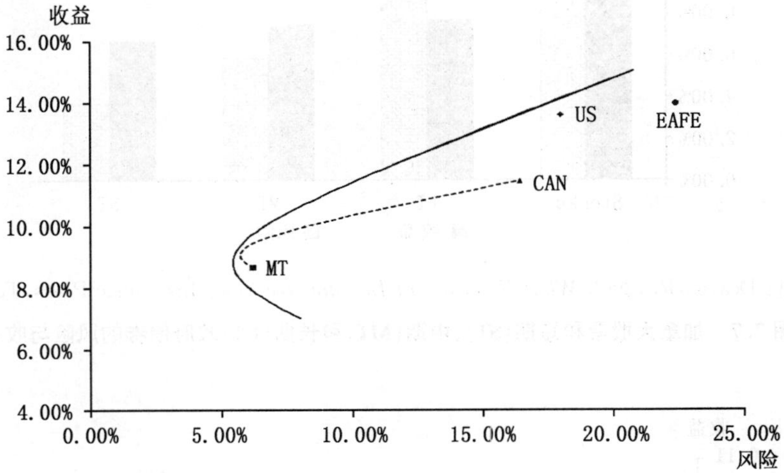

资料来源:Deaves,R. ,2006,*What Kind of an Investor are You*? Insomniac Press,Toronto.

图 7.9 美国股票(US)、其他发达国家股票(EAFE)、加拿大股票(CAN)和加拿大中期债券组合的有效集 (1971—2004 年的历史数据)

如果我们把美国股票市场收益率转化为以加拿大元标价的收益率,那么它在 1971—2004 年的年平均回报率为 13.58%,标准差为 17.99%。EAFE 对应的两个数值分别为 14.51% 和 22.44%。加拿大股票/中期债券的年平均回报为 11.45%/8.66%,而标准差为 16.42% / 6.23%。注意到 US 和 EAFE 股票的平均收益率和风险都比加拿大高。收益更高的部分原因是在这段时间里加拿大元相对于外国货币贬值,而风险更高的原因是不仅有市场风险还有汇率风险。

回忆一下我们在第 3 章学过的内容,除去我们已经说明的那些信息,为了计算包

---

① 由于获取数据受到限制,在这个例子中我们使用的数据从 1971 年开始。

② 正如前文提到过的那样,我使用标准普尔 500 指数(S&P 500 Index)来代表美国股票市场的收益率。标准普尔 500 指数广泛地被用于评价基金管理的业绩表现。对于其他发达国家最具代表性的指数就是摩根士丹利的 EAFE 指数(也就是欧洲、澳大利亚和远东地区股票市场的组合 Morgan Stanley's EAFE. i. e. ,Europe,Australia and Far East)。

含以上四种资产的投资组合的风险和收益，我们还需要知道这些资产两两之间的相关性。表 7.1 展示了它们之间相关性的情况。回忆一下，相关系数的取值范围定义在[−1,1]内，我们可以发现这些股票市场在某种程度上是正相关的，所有的股票市场与加拿大的债券市场是弱相关的。

表 7.1　　**四类资产的相关系数矩阵(1971—2004 年)**

	CAN	US	EAFE	MT
CAN	1.00	0.59	0.58	−0.06
US	0.59	1.00	0.58	0.29
EAFE	0.58	0.58	1.00	−0.02
MT	−0.06	0.29	−0.02	1.00

资料来源：Deaves, R., 2006, *What Kind of an Investor are You?* Insomniac Press, Toronto.

考虑一个由以上四种资产构成的投资组合。如果某人的目标是获得 11%的期望收益率，并且他打算在某个外国股票市场上投入 20%的资金，那么余下的资金怎么在加拿大的股票市场和债券市场进行分配？通过第 3 章可知计算投资组合期望收益率的公式为：

$$E(R_P)=\sum_{i=1}^{n} x_i E(R_i) \tag{7.2}$$

把左边的投资组合的期望收益率设为 11%，然后把刚才设定的国外股票的权重代入公式，得：

$$11\%=0.2\times13.58\%+0.2\times14.51\%+w\times11.45\%+(0.6-w)\times8.66\%$$

其中，w 是投资到加拿大股票市场的资金占比权重，求解以上一元一次方程可得 w 为 6.67%，也就是把 6.67%的资金投资到加拿大股票市场，53.33%的资金投资到加拿大债券市场。

那么如何计算这个资产组合的风险呢？回想一下我们在第 3 章学过的计算资产组合方差的公式：

$$\sigma^2(R_P)=\text{可分散化风险}+\text{不可分散化风险} \tag{7.3}$$

其中：

$$\text{可分散化风险}=\sum_{i=1}^{n} x_i^2\sigma^2(R_i) \tag{7.4}$$

和

$$不可分散化风险=\sum_{i}^{n}\sum_{j=1,i\neq j}^{n}x_i x_j CORREL(R_i,R_j)\sigma(R_i)\sigma(R_j) \quad (7.5)$$

在第 3 章我们介绍过一些关于如何调整相关系数矩阵的技巧。我们从相关系数矩阵出发,把矩阵中的元素与以下元素相乘:相关的资产组合权重、相关的标准差,从而得到调整后的相关系数矩阵。在我们的例子中,调整后的相关系数矩阵如表 7.2 所示。

表 7.2　　调整后的四类资产的相关系数矩阵

	CAN	US	EAFE	MT
CAN	0.00012	0.00023	0.00029	−0.00002
US	0.00023	0.00129	0.00094	0.00035
EAFE	0.00029	0.00094	0.00201	−0.00003
MT	−0.00002	0.00035	−0.00003	0.00110

为了得到问题中提到的该投资组合的方差,一种简单的办法就是把调整后的相关系数矩阵中的所有元素加起来,然后取其平方根(开平方),这样我们就得到了这个资产组合的标准差,即 8.96%。

例 7.1　如果上述四种资产的权重均为 25%,那么这样的投资组合的标准差是多少?

答案:运用之前提到过的关于标准差和相关系数矩阵的方法,可以计算出该投资组合的标准差是 12.32%。

这个点落在有效集上面吗?事实上非常接近,但是还没落在有效集上面。如果能够算出给定收益率下最小风险值的投资组合的所有可能性,这些点形成的曲线(有效集)就是结果。接着上面的例子,如果一个人想要把由上述四种资产构成的组合的期望收益保持在 11%的水平,并且最小化该投资组合的风险,那么四种资产的权重分别是:CAN,5.58%; US,19.80%; EAFE,20.68%;MT,53.95%。这个投资组合的风险是 8.959%,比我们之前算出来的结果稍微低一些。这个最优权重和最小风险是通过计算机程序解第 3 章的方程(3.23)得出来的,通常我们称为优化程序①。

我们应该怎样去看待优化程序计算出来的这个权重?不用过于重视!虽然资产

① 提出最优资产组合理论的先驱是马科维茨(Harry Markowitz),所有“有效前沿(efficient frontier)”又被称作“马科维茨前沿”(Markowitz frontier),为此他后来获得了诺贝尔奖,更多请参考 Markowitz, H., 1952, Portfolio selection, *Journal of Finance*, 7, 77—91。

配置非常重要，但是我们要学会有保留地对待计算机告诉我们的这些有着精确百分比的权重数值。因为输入参数变化一点，结果可能会截然不同。计算出来的最优权重对于历史数据的敏感性非常强，我们没有理由相信过去的历史数据能够准确地代表未来。具体来说，优化程序计算出来的有效集的基础是每一类资产一段时间内的期望收益、标准差和各种资产组合的相关系数。事实上，有些研究表明基于历史数据计算出来的参数在预测未来方面并不可靠①。话虽如此，历史确实能够为未来提供一些指引和线索，并且比较一致的观点是，过去的风险水平和相关性能够预示未来的风险水平和相关性。不过过去的收益率和未来收益率之间的关系就不那么明显了。

7.4　国际化资产配置对中国有益吗

现在我们考虑中国投资者组合与国际化的问题。中国投资者投资中国股市的收益用沪深 300 指数收益为代表。投资债券收益用上证国债指数收益为代表。图 7.10 给出了用这两种资产组合产生的有效集。

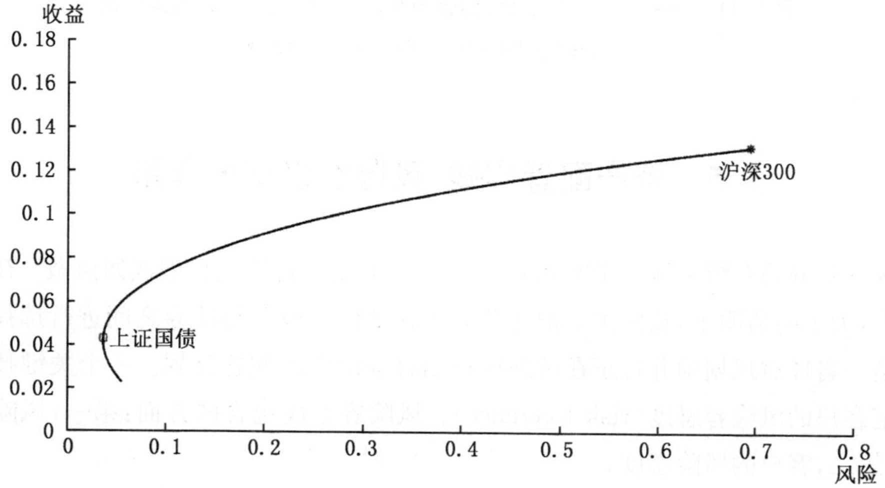

图 7.10　沪深 300、上证国债以及它们构成的投资组合的风险与收益(2005 年 1 月—2015 年 12 月)

---

① Farrell, J. L., Jr., 1989, A fundamental forecast approach to superior asset allocation, *Financial Analysts Journal*, 45 (No. 3), 32—37.

如果中国投资者可以购买美国股票，那么情况又会如何呢？我们用标普 500 指数收益代表美国股市收益。图 7.11 给出了加入标普 500 后的有效集。可以明显看到，新的有效集拓展了旧的有效集，意味着国际化投资对中国投资者是有益的。

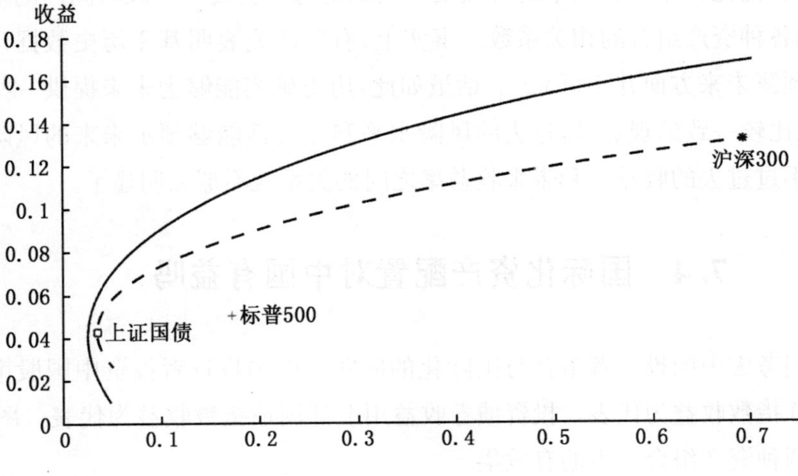

图 7.11 沪深 300、上证国债、标普 500 以及它们构成的投资组合的风险与收益(2005 年 1 月—2015 年 12 月)

7.5 资产配置实践:风险容忍度的作用

这一部分的介绍更偏向于实际应用，一个人在资产配置过程中该如何做？在这一部分中，为了简洁明了，我们主要把注意力放在如何在股票与债券之间进行选择。假设你是一名理财规划师并且正在帮助客户制订他的资产配置计划。一个关键技巧在于确定客户的风险容忍度(risk tolerance)。风险容忍度包含两方面:第一，风险承担能力;第二，客户的风险态度。

对于前者，什么因素会影响风险承担能力？主要的因素就是年龄，在本章可以看成与其相关的退休因素。如果不理解，请继续思考下面这种情况。一个人的财富主要由两部分组成:一部分是有形财富，包括房地产、金融证券(股票和债券)、私人持有的公司等;另一部分就是无形财富，包括人力资本(定义为一个人由他的专业技能能够获得收入的能力)、教育和经验。这两个部分随着时间的变化都产生不确定性(风险)的现金流(收入)。通常认为人力资本能够带来比股票更稳定、风险更小的现金流。

假设某人在他的生命周期中想要保持稳定的风险承受水平。当他的年龄不断接近退休时，相对于风险较低的人力资本来说，他所持有的股票比重应该有所下降(因为他没有几年工作时间了)，为了平衡和保持一个相对稳定的风险程度，在投资组合中减少股票的份额是必要的做法[①]。事实上，通常理财规划师在规划股票份额时不仅仅会考虑客户的风险态度，而且会在客户接近退休前逐年递减(每年1%)[②]。

通过提问了解客户对承担风险的态度是很有必要的。有以下两种合理的方式可以选择：

第一种有效的方法就是在一个合适的范围内模拟不同资产组合的终值的分布情况。比如，如果你将在10年后退休，那么我们就应该把研究范围放在这10年内。基于1957—2004年加拿大股票和中期政府债券的平均收益率和标准差的数据及这两类资产的相关关系，我们可以看一些模拟结果。这些结果考虑了不同的年限和不同的资产配比情况。

图7.12展示了20年内50/50投资策略(50%投资股票，50%投资债券)的财富积累情况，中间的实线代表第50百分位的情况。上面的虚线代表第90百分位，下面的虚线代表第10百分位。为了便于理解这幅图所表达的意思，让我们想象一下在期初投资1元到一个资产组合中，这个资产组合一半投资于股票，一半投资于债券。因为未来的收益是不确定的，所以财富累积过程的具体水平也是未知的。在一个模拟程序中，我们会设定该投资组合的期望收益率和历史数据中的期望收益率相同。但是因为存在随机性，所以实际得到的回报率是波动的，这种波动性来自历史数据中不同资产的标准差。就像真实世界发生的一样，在我们随机模拟世界中财富的累积过程会随着时间而不断演化。

尽管模拟一次的结果是挺有趣的，但是进行大量的模拟，然后我们看看事情如何发展会更有意思。特别是当事情发展不像你设想得那么顺利时，它究竟能坏到哪里去。当完成大量的模拟后，计算并检验相应的百分位数。比如说我们做了100次模拟，然后把财富积累过程进行排序(由高到低)。第90高的财富积累结果就是第90百分位的值，第80高的财富积累结果就是第80百分位的值，以此类推。通过观察一系列模拟结果的分布情况(类似财富累积，还可以模拟收入替代率的变化范围)，客户也

---

① Bodie, Z. and R. C. Merton and W. F. Samuelson, 1992, Labor supply flexibility and portfolio choice in a life-cycle model, *Journal of Economic Dynamics and Control*, 16, 427—449.

② 一些研究指出，某些根据资产组合理论建议而调整股票份额的做法是合适的。具体参考 Bhandari, G., and R. Deaves, 2008, Misinformed and informed asset allocation decisions of self-directed retirement plan members, *Journal of Economic Psychology*, 29, 473—490。

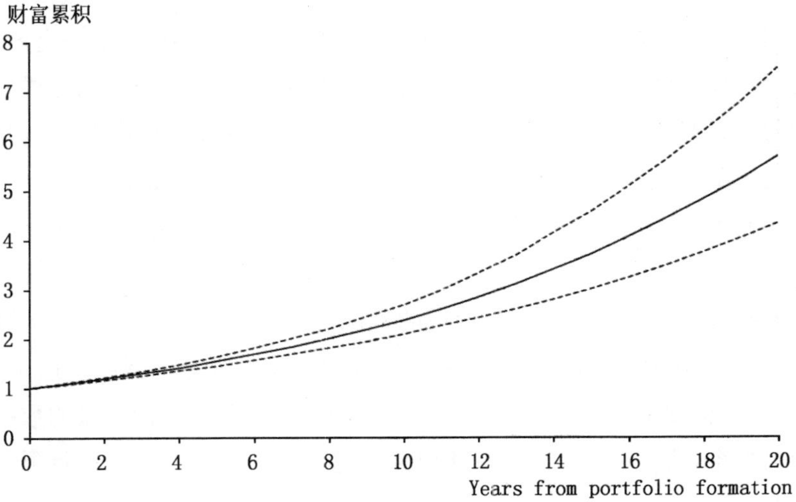

资料来源：Deaves, R. , 2006, *What Kind of an Investor are You?* Insomniac Press, Toronto.

图 7.12 一半投资于加拿大股票市场，一半投资于加拿大债券市场的投资组合，财富累积路径的 10th 百分位、50th 百分位（中位数）和 90th 百分位（参数基于历史数据）

许能够找到他最满意的资产组合。

另一种方式是让客户填写一个关于投资者的调查问卷。通常这些问卷中的问题都是为了分析填写者的风险容忍度。这种问卷最后会得出一个分数，通过具体的分数可以找到一个相对应的资产组合①。

7.6 投资方法

希望上面的分析能够让读者意识到制订一份系统性退休储蓄计划是多么的明智，而资产配置在其中起到了关键作用。下一步就是把这些都付诸实施。最后一个关键问题就是投资方法。假设我们已经决定把一半的退休金投入股票市场，另一半投到其他资产类别中。

我们来考虑一下，怎么把钱投到股票市场中去。这里有三种不同的方法可供选择：第一种方法就是把钱投资到股票共同基金上。基于第 4 章的讨论内容，读者应该

① 有些人质疑这些问卷的准确性，这是因为人们对于风险的本质了解不够。

不会惊讶于我们的观点，那就是通常投资到共同基金中的成本过于高昂。第二种方法是购买一些不同的股票，构成投资组合。个人投资者完全可以通过自己的分析去买卖不同的股票，或者参考一些金融专家的建议。如果参考专家的意见越来越多，这种方法就越来越接近第一种方法（用一定的费用委托他人替自己构建一个投资组合）。有效利用专家的建议会获得什么样的投资结果仍然是一件不确定的事情。在分析这个问题之前，我们先介绍一下第三种投资方法：指数化投资（indexation）。指数化投资是构建一个投资组合（通过自己买卖股票或者购买一些指数化基金）去复制市场的走势。我们认为第三种方法对大多数人来说是最合适的。这一部分我们主要讨论第二种和第三种方法，让我们先看看个人投资者的投资业绩怎么样。

7.7　个人投资者的投资业绩怎么样

与机构投资者不同，个人投资者基于自己的利益来制订投资计划。尽管存在一些高净值、富有经验的个人投资者，但是大部分都不是。一个关于个体投资者投资业绩的研究很能说明问题，它仔细分析了美国1991—1996年间60 000个通过券商进行投资的客户的投资历史①。该项研究的目的是分析这些投资者能否通过调整他们的投资策略来提升资产组合的收益率。想象什么样的交易是理性的。如果你卖出一只股票并且把该资金用于购买另一只，那么这样的交易行为会产生200元的交易成本。只有当你认为这样做能够获得一个高于200元交易成本的收益时，你这么做才是合理的。实际上，个人投资者通常会进行大量的交易。平均而言，通过这项研究发现个体投资者每年资产组合的换手率是75%，也就是说，如果一个投资者持有100 000元的资产组合，他一年内的交易额是75 000元。

基于投资组合的换手率，这些投资者的样本被均分成五组或五分位（因为有五组）。其中，20%最低换手率的投资者被分在了最低换手率分位（第一分位），在剩下的投资者中，20%最低换手率的投资者被分在了第二分位，以此类推，直到第五分位代表交易最频繁的那些投资者。总的来看，那些交易最少的投资者一个月的平均换手率是0.19%，也就是一年不到3%。而交易最频繁的那些投资者一个月的换手率能够达到21.49%，也就是每年高达300%。

① 具体见Barber，B. and T. Odean，2000，Trading is hazardous to your wealth：The common stock investment performance of individual investors，*Journal of Finance*，55，773—806。

那么,这些交易都是理性的吗?这些交易是基于信息优势还是基于一种拥有信息优势的自我感觉做出来的?图 7.13 告诉了我们结果。每个柱状条向我们展示了这些投资者每个月的平均毛收益率和净收益率(扣除交易成本)。不难发现,虽然交易频率的增加微微提高了毛收益率,但是却大幅降低了净收益率。换句话来说,大多数的交易是没有意义的。这个结果告诉我们,很多交易并不是基于真正拥有信息优势,而是基于自我感觉有信息优势。

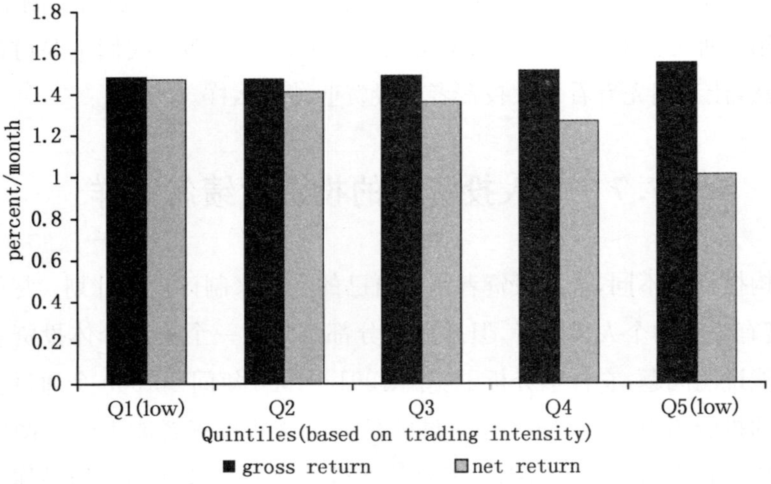

资料来源:Barber, B. and T. Odean, 2000, Trading is hazardous to your wealth: The common stock investment performance of individual investors, *Journal of Finance*, 55, 773—806.

图 7.13 不同交易频率的投资者的毛收益率和净收益率

还有一些应该要注意的地方,首先,在此期间各个组(包括那些过度交易的组)的收益率(包括毛收益率和净收益率)都处于较高水平,这是因为在这段时间市场行情表现不错。其次,这些收益应该经过风险调整,因为通过承担风险而获得的高收益并不能体现一个人的选股能力。图中的收益率是未经调整过的。事实上,对于所有投资者来说,经过风险调整(扣除交易成本、买卖价差等)的年收益率比市场表现低 3.00%左右。那些交易频率最高的 20%的投资者每年的表现(同样经过风险调整)大约要低于市场表现 10%。

为什么个体投资者的投资业绩不尽如人意?一些金融研究者认为主要的原因是

过度自信[①]。过度自信是指人们往往倾向于高估自己的知识、能力和拥有的信息的准确性。心理学和金融经济学的文献普遍认为，大部分的人在多数时间内都会过度自信。但是为什么人们不能从经验和教训中进步呢？有种观点认为，一些特定的行为偏差是过度自信长期存在的影响因素。其中一种偏差就是自我归因偏差。人们往往把成功归于自己的能力，而把失败归于不可控制的环境或者霉运[②]。在这种模式下，人们越"总结"越会变得过度自信。比如，很多人认为自己的投资能力很强。当市场行情好的时候，大部分股票都表现不错，其中就包括他们自己挑选的那些股票。大多数人都会认为原因是自己很聪明。而当市场行情急转而下时，他们往往会把责任推给他们无法控制的环境，比如经济形势的恶化或者市场情况的变化。

另外一种偏差是事后诸葛亮偏差，这种偏差会让人们产生"此事果然不出我所料"的想法[③]。这种虚幻的预测能力会让人对未来的预测结果过度自信。相关的一个研究[④]是让学生估计接下来几个月中一些政治事件发生的可能性，当六个月后这些事件的发生与否已经确定后，再让这些学生回忆他们当时的预测结果。研究发现，这些学生在回忆当时估计的可能性时，倾向于提高(相比于六个月前实验的预测结果)那些已经发生的事件的可能性，降低没有发生的那些事件的可能性。

如上所述，一些学者认为是过度自信导致了频繁的交易行为。那么他们之间是怎么影响的呢？这里有一种关于过度自信和过度交易的研究理论，它背后的逻辑如下：有两个股票投资者，其中一个对于股票分析能力过度自信，而另一个既不过度自信也不过度自卑，对股票分析能力有着清醒的认识。两个人都认为每一只股票的市场价格都是市场所有参与者对该股票的一致预期，比如说10元。一些人看多而另一些人看空，而市场价格就是这些观点的综合反应。上述两位投资者独立地研究这一只股票，并且他们通过模型发现这只股票的价值应该是15元。怎么会这样？事实上股票分析距离科学还差得很远。因为我们不得不做出许多很强的假设条件，然后通过各种各样的方法去估计股票的价值，而这些假设却有可能是错的。所以，当这两个投资者发现市场价格(市场对这只股票价值的估计)与他们通过模型得到的结果不一致时，会如何反应？那个过度自信的交易者可能会这样想：我的预测是对的，市场肯定忽略了一些

---

① Charupat, N., R. Deaves and E. Lüders, 2005, Knowledge vs. knowledge perception: Implications for financial planners, *Journal of Personal Finance*, 4 (No. 2), 60—71, for a discussion of overconfidence.

② Langer, E. J., and J. Roth, 1975, Heads I win, tails it's chance: The illusion of control as a function of the sequence of outcomes in a purely chance task, *Journal of Personality and Social Psychology*, 32, 951—955.

③ Hawkins, S. A., and R. Hastie, 1990, Hindsight: Biased judgments of past events after the outcomes are known, *Psychological Bulletin*, 107, 311—327.

④ Plous, S., 1993, *The Psychology of Judgment and Decision Making*, New York, McGraw-Hill.

东西。而另外一位能正确估计自己分析能力的投资者可能会这样想:我的分析可能忽略了什么东西,我最好再研究一下。所以,前一位投资者会交易股票,而后者不会。

过度交易不是个体投资者唯一相似的特征,还有另外三个特征:分散化投资不足、追涨杀跌和本地偏好。在这本书的其他部分我一再强调分散化投资的重要性。虽然我们不得不承担无法分散的风险(承担这些风险将获得回报),但是我们没有理由去承担可以分散的风险(承担这些风险没有回报)。然而,就像过度自信一样,很多投资者都有分散化投资不足的倾向。一项研究[①]分析了美国 3 000 个投资者的资产组合,发现大部分投资者竟然没有持有股票。而在那些持有股票的家庭(大约 600 户)中,他们的投资组合中股票个数的中位数[②]竟然是一只(不可思议!)。在持有股票的家庭中大约只有 5%持有 10 只或以上的股票。大量的研究表明,为了获得比较好的分散化投资效果,最好持有 10 只以上的股票(最好属于不同的行业)。上面这个研究清楚地告诉我们,许多投资者存在分散化投资不足的问题。

追涨杀跌行为就是基于股票过去的表现去挑选股票,买入过去表现好的股票,卖出过去表现差的股票。受到这种偏见影响的投资者认为之前股票的上涨预示着它未来仍然会继续上涨。一项针对美国个人投资者协会成员的调查发现,当市场变成牛市时,很多人都会转为多头[③]。不幸的是,历史回报率几乎不能预测未来的回报率,而且预测过程也比人们想象得复杂很多。

投资者还会对熟悉的股票过度投资。对某只或某类股票来说,分散化投资理论建议投资者既不要过度投资,也不要投资不足。但是,许多研究证明人们喜欢自己熟悉的股票。他们偏好本地公司(本市、本省或者本国)的股票。请看下面一个关于"本地偏好"的有趣例子[④]。在 1984 年,美国电话电报公司(AT&T)被美国司法部强制拆分成 7 家"小贝尔"公司,而拆分过程是根据公司所在的州进行的[⑤],如果人们确实有本地偏好,那么这些"小贝尔"公司的股东和他们所持有的股票比例应该不是均匀分布的。而这正是拆分后所发生的事情。读者可能会问:支持本地公司有什么问题?从分散化投资的角度出发,降低本地公司的权重是明智的选择。当你所处的地区经济变差时,这同样会影响本地上市公司的业绩和本地员工的就业情况。如果你在本地工作并且投资本

---

① Kelly, M., 1995, All their eggs in one basket: Portfolio diversification of U. S. households, *Journal of Economic Behavior and Organization*, 27, 87－96.

② 中位数就是一系列有序数字中处于最中间的那一个数字。举个例子,我们有一串数字(5,1,22,18,7),根据大小排序后得到(1,5,7,18,22),那么中间那个数字就是 7。

③ De Bondt, W., 1998, A portrait of the individual investor, *European Economic Review*, 42, 831－444.

④ Huberman, G., 2001, Familiarity breeds investment, *Review of Financial Studies*, 14, 659－680.

⑤ 举例来说,被 AT&T 收购的南方贝尔的服务对象是美国东南部的客户。

地公司，用统计学的术语来说，你的工资收入和投资收入是高度相关的。根据我们在第 3 章所学的内容，分散化投资理论告诉我们应该获取弱相关的收入现金流。从这一点出发，投资者应该购买那些远离他们居住地所在州的“小贝尔”公司的股票。

7.8　指数化投资

既然投资共同基金的成本很高，而且个体投资者自己的投资业绩也不尽如人意，那么第三种方法指数化投资就值得我们好好考虑一下。就像上面提到过的，指数化投资就是构建一个投资组合来复制市场指数的走势。在分析指数化投资之前，我们先得了解市场指数。

构建市场指数的目的是为了告诉投资者股票市场整体的变化情况。尽管有一些指数不是股票市场指数（比如债券市场指数），具体而言，我们主要分析股票市场指数。通常来说，一个好的股票市场指数应该尽可能包含多只股票的信息，从而可以较为真实地反映整个市场的变化情况。

为什么我们要关注市场指数及它的变化情况？通常来讲，在一只股票每天的波动中，总有一部分可以用市场大环境的变化（比如央行宣布降低利率，或者某项政策的不确定性上升）来解释，而另一部分则可以用公司层面的信息来解释（比如，公司业绩不达预期或者公告称公司正在筹划一个极具前景的投资项目）。在一个充分分散化的投资组合中，由公司层面信息导致的股价波动被抹平了（因为有些公司有利好消息而另一些公司有利空消息），所有大部分的波动都是由重大事件和市场环境引起的。因此，聪明的投资者会充分分散化他的投资组合，而市场的情况（由市场指数表现）能够反映这些聪明的投资者的投资情况。所以从这方面来说，关注市场指数是很重要的。

最有名的市场指数（真正用“平均”的方法计算）莫过于道琼斯工业指数（DowJones Industrial Average）[①]。从技术角度来说，它是一种比较弱的指数，因为它涵盖的股票太少，只有 30 只蓝筹股（blue-chip stocks，其中，因为 2008 年的次贷危机，AIG 差点被移出这个名单）。

虽然道琼斯工业指数用股价加权，最好的指数都用市值加权[②]。比如，大多数投资者都关注美国的标准普尔 500 指数（Standard and Poor’s 500，简称为 S&P 500）。

---

① 道琼斯工业指数最原始的计算方式非常简单：就是所有股票价格的简单算术平均值。举个例子，假如道琼斯工业指数有 30 只股票，那么简单算术平均值就是把这 30 只股票的价格加起来，然后除以 30 即可。

② 在一个价格加权的指数中，一只股票的权重就是它的股价。

接下来我向大家展示一下构建指数的原理。表 7.3 是一些我们假设的股票信息。

表 7.3 指数计算中假设的股票

股票名称	股份数（百万股）	初始股价(元)	一年后的股价(元)	一年内的分红(元)
A	1	80.00	100.00	3.00
B	3	40.00	50.00	1.00
C	2	160.00	140.00	5.00
D	4	50.00	55.00	0.00

市值加权指数的计算方法是把指数中包含的股票的市值累加后比上这些股票在基期的市值之和①。大公司股票比小公司股票更具有影响力的说法是符合逻辑的，所以我们要关注股票的市值(股份乘以股价)。假设基期正好是一年之前，我们把那个时候指数的初始值设定为 1，那么根据市值加权计算出来的指数在一年之后就变成了：

$$\frac{100\times1+50\times3+140\times2+55\times4}{80\times1+40\times3+160\times2+50\times4}=1.042$$

分母是基期指数包含的所有股票的市值之和(720)，分子是它们现在的市值之和(750)。因为指数期初是 1(＝720/720)，所以指数的资本利得是 4.2%(＝0.042/1)。

值得注意的是，新闻中报道的指数都有一个共同的不足，那就是它们只反映了资本利得的变化情况。但大部分的指数都有相关的"总收益"指数。为了弄清这些指数的原理，让我们再次回到表 7.3。根据观察我们发现 4 只股票中有 3 只都在年末进行了分红。如果我们把公司的分红加回到每股的股价中，然后再计算它们年末的市值，那么我们就能得到年末的"总收益"指数：

$$\frac{(100+3)\times1+(50+1)\times3+(140+5)\times2+55\times4}{80\times1+40\times3+160\times2+50\times4}=1.064$$

结果告诉我们包含分红的市场回报率是 6.4%。

现在全世界有成千上万的指数代表着不同的市场(或某个市场其中的一部分)。在表 7.4 中我们可以看到其他许多重要市场指数。表 7.5 给出了中国股市的主要指数。

① 通常这个比率会乘以任意一个数值，比如 1 000。人们只关心指数的百分比变动情况，指数的具体大小并没有实质影响。

表 7.4 **全球主要股票市场指数**

国家或地区	指数名称	详 情
美国	纽约证交所综合指数 NYSE Composite	包含纽约证券交易所的所有股票
美国	纳斯达克 100 指数 NASDAQ 100	包含纳斯达克市场中市值前 100 的股票
美国	威尔希尔 5000 指数 Wilshire 5000	美国股票市场的全市场指数
美国	罗素 2000 指数 Russell 2000	代表美国小市值的公司
英国	伦敦金融时报 100 指数 FTSE 100	伦敦股票市场
德国	德国 DAX 指数 DAX	法兰克福股票市场
法国	法国 CAC 指数 CAC	巴黎股票市场
日本	日经 225 指数 Nikkei 225	东京股票市场
中国香港	香港恒生指数 Hang Seng	香港(中国)股票市场
除美国以外的其他国家或地区	欧澳远东指数 MSCI-EAFE	欧洲、澳大利亚和远东市场成分指数,全球股票基准指数

表 7.5 **中国股票市场主要指数**

机 构	指数名称	详 情
口证指数有限公司	沪深 300 指数	挑选能够代表沪深两市的 300 只股票,每半年调整一次,指数基日为 2004 年 12 月 31 日,基点为 100 点
上海证券交易所	上证 50 指数	挑选上海证券市场规模大、流动性好的最具代表性的 50 只股票组成样本股
	上证 180 指数	挑选在上海证券市场上最具市场代表性的 180 种样本股票
	上证综合指数	样本包括全部上市股票,其中有 A 股和 B 股

续表

机　构	指数名称	详　情
深圳证券交易所	深证成分股指数	按一定标准选出 40 家有代表性的上市公司作为成分股，以成分股的可流通股数为权数进行加权平均
	深证 100 指数	以流通市值和成交金额为标准，选取深圳证券交易所上市的 100 只 A 股作为成分股
	行业分类指数	以在深圳证券交易所主板、中小板、创业板上市的股票为样本。依据《上市公司行业分类指引》中的门类划分，编制 13 个门类指数；依据制造业门类下的大类划分，编制 9 个大类指数，共有 22 条行业分类指数
	中小板综合指数	以在深圳证券交易所中小企事业板上市的全部股票为样本，以可流通股本数为权数加权计算。中小板综合指数以 2005 年 6 月 7 日为基日，基日指数为 1 000 点，2005 年 12 月 1 日开始发布
	创业板综合指数	以在深圳证券交易所企业板上市的全部股票为样本，以可流通股本数为权数加权计算。创业板综合指数以 2010 年 5 月 31 日为基日，基日指数为 1 000 点，2010 年 8 月 20 日开始发布
	深证新指数	以在深圳证券交易所主板、中小板、企业板上市的正常交易的且已完成股改的 A 股为样本股。深证新指数以可流通股本数为权数加权计算

例 7.2　简单算术平均的指数与市值加权的指数相比，它的优点和缺点各是什么？

答案：除了便于计算以外并没有什么优点。而其缺点是，与工业巨头相比并没有那么重要的小股票获得了与大公司一样的权重。进一步，平均加权指数不容易“投资”，因为想要构建一个投资组合来复制它的收益是很麻烦的工作，需要不断地再平衡资产（当各个资产收益率发生变动后，要重新调整资产权重，使得它们在投资组合中的权重保持相同）。

那么如何进行指数化投资呢？最基本的思路就是自己构建或者直接买入已经打包好的投资组合，这个投资组合可以复制我们想要投资的指数的走势。复制投资组合最简单（也是最有效和必要的）的构建方式就是以合适的权重去购买指数中所有的个股。我们也可以通过购买各种指数化产品来进行指数化投资，主要是交易型开放式指数基金（Exchange Traded Funds，ETFs），它与共同基金有很多相似之处，除了它是在交易所交易这一点以外[①]。

表 7.6 列举了中国主要的一些 ETF。指数化产品的成功与否主要就是看该产品的收益率盯住市场指数收益率的准确程度。有时候产品表面上看收益表现得很好，但这并不是指数化产品好坏的考察对象。

表 7.6　　**中国主要的 ETF**

<table>
<tr><th>ETF</th><th>标　的</th></tr>
<tr><td>易方达沪深 300 非银 ETF</td><td rowspan="7">沪深 300 指数</td></tr>
<tr><td>易方达沪深 300ETF</td></tr>
<tr><td>南方开元沪深 300ETF</td></tr>
<tr><td>嘉实沪深 300ETF</td></tr>
<tr><td>华夏沪深 300ETF</td></tr>
<tr><td>华泰柏瑞沪深 300ETF</td></tr>
<tr><td>国投瑞银沪深 300 ETF</td></tr>
<tr><td>南方中证 500ETF</td><td rowspan="4">中证 500</td></tr>
<tr><td>嘉实中证 500ETF</td></tr>
<tr><td>华夏中证 500ETF</td></tr>
<tr><td>广发中证 500 ETF</td></tr>
<tr><td>易方达深证 100ETF</td><td>深证 100</td></tr>
<tr><td>南方深成 ETF</td><td>深成指数</td></tr>
<tr><td>华夏上证 50ETF</td><td rowspan="2">上证指数</td></tr>
<tr><td>华安上证 180ETF</td></tr>
<tr><td>国泰上证 180 金融 ETF</td><td>上证 180 金融</td></tr>
<tr><td>华夏恒生 ETF</td><td rowspan="2">恒生 H 股</td></tr>
<tr><td>易方达恒生 H 股 300ETF</td></tr>
<tr><td>华夏中小板 ETF</td><td>中小板</td></tr>
<tr><td>华夏 MSCI 中国 A 股 ETF</td><td>指数成分股</td></tr>
<tr><td>交银 180 治理 ETF</td><td>上证 180 公司治理指数</td></tr>
</table>

---

① 此外，也可以通过指数共同基金来实现指数化投资，但是这样的成本比通过 ETF 高。另一种方法是衍生品，比如股票指数期货。如果操作得当，则可以获得接近市场指数的收益。

续表

ETF	标　的
华泰柏瑞上证红利 ETF	指数成分股
华安黄金易 ETF	国内黄金现货价格
国泰上证 5 年期国债 ETF	指数成分国债、备选成分国债

然而只有持有恰当比例的指数成分股票，复制指数的过程才算完成。为了做到这一点，思考下面的问题。表 7.7 是从表 7.3 扩展而来，在最后一列，我们得到了构成指数的那 4 只股票的占比，也就是市值权重。

一个指数产品应该严格按照指数的权重进行投资组合的构建。当指数不是很复杂的时候，这个工作完全可以由个体投资者自己完成。但是，因为好的指数应该包含很多成分，所以一旦当指数成分不断变多，投资者最好通过购买 ETF 来进行指数化投资，把复制指数的工作交给这些 ETF 产品的提供者来完成。

表 7.7　案例中假设股票的市场份额

股票	股本(百万股)	现价(元)	市值(百万元)	市值权重(%)
A	1	80.00	80.00	11.1
B	3	40.00	120.00	16.7
C	2	160.00	320.00	44.4
D	4	50.00	200.00	27.8

7.9　保　险

在第 4 章讲对冲的时候，我们举了一个关于本地所有者保险的例子，并解释了这为什么是一个好的“投资”。当然，这种投资并非传统意义的那种可以从一项资产上获得正的期望收益的投资。尽管事实是你将获得一个负的期望收益，但是这种投资能保护有价值的资产远离重大灾害事件，所以也是一种明智的选择。

因为保险公司需要弥补它的成本并赚取一定的收益，所以这种负的期望收益是必要的。假如你是一家保险公司的负责人，正在为一名 50 岁男性客户介绍人寿保险。为了讨论的方便，我们假设下一年他将有 1%的概率死亡。一年内人寿保险的赔偿金额是 100 000 元。那么在年末，这个资产(保险单)的期望价值是：

$$0.01\times 100\ 000=1\ 000$$

如果这个保险以“精算公平”(actuarially fair)的价格出售，这位 50 岁的客户愿意支付 1 000 元。但是公司也需要弥补成本并赚取一定的收益，所以我们假设这个保险的价格为1 500元。如果公司只卖出这一单保险，并且收取 1 500 元，那么在期末，公司要么大概率获得 1 500 元，要么小概率损失 98 500 元。这对于公司是一个很大的风险。公司减小这种风险的办法就是把这种保险卖给更多的客户，这种办法称为风险分担。对公司来说，平均在每个客户身上赚取 500 元(在扣除成本和利润前)就是比较确定的事情了。这也是为什么需要由公司来提供保险，因为自己一个人是无法完成这个工作的。你怎么把这些有保险需求的客户召集起来，收取保费并在需要的时候提供保险支持，并且还要维持客户的信任？

另外补充一下，风险分担只有在这些潜在事件发生的概率是独立的时候才起作用，比如人寿保险，因为个人 A 下一年会不会死亡与个人 B 无关。在大量反例中(比如事件之间不独立发生)，回想一下我们在第 5 章讲到美国的次贷危机，我们提到过美国最大的保险公司 AIG 不得不寻求政府救助。让它陷入困境的原因很简单，那就是其忘了这个独立性原则。当时 AIG 出售了数百亿元的 CDS(信用违约互换)，为持有 MBS(抵押支持债券)资产的客户提供违约保险。当美国房地产市场突然变化，大量违约事件同时发生并不稀奇，也就是说，这些互换产品并不是相互独立的。

在我们生活中有许多负面事情是可以用保险来抗衡的。当你在洗碗时，不小心摔碎一个价值 1 元的碗，希望你不会后悔没有为此而购买保险。多年前，去音像店租录像带(那个时候还是 VHS 录像带流行的年代)的时候，那里的店员总会习惯性地问：“先生，需要来一份录像带遗失保险吗?”每次听到这句话总会发笑，虽然这个保险对每个录像带只卖仅仅 25 美分，从表面上看卖得很便宜，但是不用分析也知道这个保险实在是多此一举。更不要说事实上我们怀疑这个价钱远高于精算公平价格。当时能想到的最坏结果就是弄丢了一盘录像带，然后不得不赔偿，比如说 50 元。一般人都有这个承受能力。大家应该明白，既然保险是一项期望收益率为负的“投资”，那么只有在潜在发生的损失具有重大影响的情况下，购买保险才有意义；否则，“自我保险”(这基本上就是说不要去买保险，自己面对就行)就可以了。

对于保险而言，还有一个不为人注意的要求。保险所担保的事件发生的概率应该比较低才合适。基于此，我们以人寿保险为例来分析一下，当一个人年轻的时候，他死亡的概率是非常低的，这反映在较低的保费上；当人们逐渐变老时，死亡的概率急剧上升，这时保费就变得非常昂贵了。这时候买保险就不是那么明智了。主要原因是：首先，保费太贵。其次，购买保险的目的变得模糊。年轻人购买保险主要是为了预防家属的生活陷入窘境，因为此时年轻人是家庭收入的主要来源。而老人一般不用担心子女的生活问题。最后，客观地说，老年人剩余的人力资本已经很少了。当一个人处于这个年纪，他的财富基本上是金融资产（假设他一直在储蓄），而这种资产并不会（人力资本会）随着死亡而消失[1]。

回顾上文，当面对小概率的重大损失风险时，购买保险是明智的选择。在人寿保险的例子中，我们要考虑的是亲属是否会因此而陷入经济困境。所以购买保险的逻辑就是：年轻时买人寿保险（而非整个生命周期都需要买）；机动车保险（重要的责任保险）；财产保险；残疾保险；健康保险；短期出国保险。

那么该买多少保险？尽管有些人认为保险多多益善。但是保险是要花钱的，而非赠品。所以我们没有理由过度保险，只要购买需要的即可。高免赔额度（需要自掏腰包）可以减少保险费用。它的合理之处在于：这种额度虽然让人不舒服，但还算不上“重大灾难”。对人寿保险来说，合适的保险额度应该高于被保人的亲属在未来一段期间内各种花费总和的现值，此期间的长度取决于他们什么时候能够独立养活他们自己。

本章习题

1. DB养老金计划和DC养老金计划的区别是什么？如果在2008年秋天，这两种方案你会选哪一个？

2. 在市值加权的指数中有五只股票，A股票的价格为40元，有200万股流通股；B股票的价格为80元，有300万股流通股；C股票的价格为20元，有100万股流通股；D股票的价格为10元，有800万股流通股；E股票的价格为80元，有500万股流通股。在某个交易日，C股票上涨50%，其他四只股票股价不变。那么这个指数变动的百分比是多少？如果不是C股票而是D股票上涨了50%，其他不变，那么答案是多少？

3. 与共同基金相比，为什么通常更推荐投资ETF？

4. 基于本章的案例，保持其他假设条件不变，假设Jane Doe很担心因为自己活得太长而保费不够用，决定买一个30年期的养老保险。请计算她的收入替代率。

---

[1] 一个特殊的例子是“终生年金”，这种养老金不像其他的养老金会随着客户的死亡而结束。

5. 假设某个即将退休的客户把他的资金全部投资到股票市场。这是一个明智的选择吗？请讨论。

6. 分析风险容忍度、风险态度和风险承担能力之间的区别。

7. 解释过度自信是怎样导致过度交易的。

8. 解释本地偏好如何影响投资决策。

9. 某一次的经济动荡导致全球市场的相关性上升。讨论该事件如何减少了国际化分散投资的好处。

10. 假设加拿大股票市场的期望收益率是 20%，其他股票市场的收益率为 10%，那么 50%的资金投资于加拿大股票市场，25%的资金投资于美国股票市场，25%的资金投资于 EAFE 股票市场的投资组合的期望收益率是多少（运用本章提供的历史平均收益率）？运用本章表 7.1 提供的相关系数矩阵，这个投资组合的风险程度（标准差）是多少（运用本章提供的历史平均标准差）？那么把所有资金都投资到加拿大股票市场的投资组合的期望收益率和风险是多少？比较以上这两种投资组合，并作出评价。

11. 一个人应该为所有潜在的经济损失购买保险。请评论这句话。

第 8 章　货币、商业银行、中央银行

8.1　引　言

这一章，我们将引入几个新的概念：商业银行、中央银行、货币政策和财政政策。我们将重点讨论货币是如何通过商业银行和中央银行产生的，并对中美中央银行的结构、职能和货币政策进行比较分析。

8.2 节首先介绍商业银行的定义和历史。8.3 节系统介绍美联储和中国人民银行的历史、结构和职能，并对不同点进行比较。8.4 节先是给出 M0、M1 和 M2 货币的定义，并用一个小案例形象分析货币供应和银行体系的关系。8.5 节介绍美联储和中国人民银行的货币政策工具及目标，并以流程图的形式讲述货币政策如何影响经济。在 8.6 节中，我们将呈现美联储和中国人民银行在 2008 年金融危机前后的资产负债表，并从数据和结构的角度给予概括和分析。在本章最后一节 8.7 中，我们紧接着金融危机的话题，总结美联储的三轮量化宽松政策，并对其利弊进行分析。

8.2　商业银行

一、商业银行的定义

“商业银行”（commercial bank）的概念来源于这类银行在初期只对商人和进出口贸易商提供短期的放贷业务。人们将这种吸收短期存款，放款期不超过一年的银行，称为商业银行。

如今，商业银行不仅是一类以接收存款、发放商业贷款、提供基本理财产品的金融机构，“信用创造”则是其最主要的功能。当为客户审批贷款时，银行并不为贷款人提供现金，而是为客户提供一个可提款的储蓄账户。

商业银行以营利为目的。一般的商业银行没有货币的发行权。商业银行以较低的利率从公众接收多种存款，包括活期存款、定期存款等，并以较高的利率提供各类贷款，包括透支贷款、活期贷款、票据贴现和短期放款等；存贷款之间的利差则是商业银行的利润所在。商业银行的主要作用是为公众、企业及机构提供金融服务，来确保经济和社会的稳定，以及经济的可持续发展。

二、商业银行的历史

1694年，英国建立了历史上第一家资本主义股份制商业银行——英格兰银行。此后，商业银行在欧洲相继成立，并在世界范围内开始普及。相比之下，中国的银行业萌芽较晚。随着最早的英商东方银行的到来以及各资本主义国家来华设立银行的数目增多，清政府为摆脱外国银行的支配，于1897年在上海成立了中国通商银行，标志着中国现代银行的产生。

商业银行几经发展，业务范围不断扩大，并被赋予更广泛、更深刻的内涵，逐渐成为多功能、综合性的“金融百货公司”。近年来，资本市场高度发展，投资融资渠道增多，使得商业银行日趋边缘化，但仍是小企业和非金融人士的主要筹资投资渠道。全球金融一体化的趋势必将对商业银行制度和业务发展影响深远。

8.3 中央银行

中央银行(central bank)是“发行的银行”，调节货币供应量，并稳定货币价值；中央银行是“银行的银行”，保管银行的准备金，发放贷款，并充当“最后贷款者”；中央银行是“国家的银行”，制定和执行货币政策，并协助政府干预经济。

一、美联储的历史

美国联邦储备局(Federal Reserve System)成立前，经历了美国第一银行、美国第二银行和无中央银行的演变。美联储在成立之初附属于财政部，直到1951年才独立出来。

(一)美国第一银行(1791—1811 年)

美国第一银行于 1791 年设于费城,其背景是美国国内的南北战争,其目的是为了还债和方便筹款。美国第一银行并不是现代意义上的中央银行,它实际上仍是一个私人性质的商业银行,并遵守联邦宪章。第一银行和其他商业银行一样吸收储户的存款和发放商业贷款,并提供银行货币凭证和国际交易结算。唯一不同的是,其他商业银行属于州内银行,而美国第一银行是全国性质的银行,在全美开展业务,并且是唯一一个为美国财政部提供服务的银行。

1811 年,恰逢美国第一银行营业权期满。重农轻商和反对商业集权的杰斐逊派在国会中占了上风,要求关闭第一银行。尽管总统麦迪逊坚持续签银行许可证,国会仍不为所动,美国第一银行到期关闭。

(二) 美国第二银行(1816—1836 年)

1812 年,英美再起战争冲突。由于缺乏一个有效的中央银行系统和全国统一的金融市场,美国的州内银行陷入一片混乱。为了恢复银行秩序和处理美国第二次独立战争债务,美国再次考虑成立一个类似第一银行的中央银行。1816 年由美国国会投票通过,麦迪逊总统签署法案成立了美国第二银行,同样设于费城。第二银行作为一个私营企业但同时履行对公职责,比如负责美国政府的财政交易,并且附属于国会和财政部。联邦政府作为最大股东,拥有 3 500 万资本中 20%的股份。

1836 年,杰克逊上台,他以违反州权、剥削民众为由否决了国会延长第二银行特许状的法律,美国第二银行因此被关闭。

(三)无中央银行(1836—1913 年)

1836—1863 年,美国处于无央行期间,也是货币史上最混乱的 27 年。这段时间,没有稳定的货币供给,无标准货币,大部分货币为银行凭证。银行以本州的宪章为基础,并没有相应的法律制约,例如无存款保障和银行最低资本要求,没有对贷款和会计操作的相应监管。面对银行时有倒闭的现状,人们根据银行的风险来兑换银行凭证;为了保值,人们手中聚集了大量的以金银为主的强势货币。这期间出现了反常夸大的商业周期,货币供给在繁荣阶段骤升,在低迷阶段骤降,大量银行在低迷期倒闭。

为了推动银行在联邦政府注册以增加联邦财政收入,美国国会于 1863 年通过了《国民银行法》,在财政部下设立货币监理署,主管所有国民银行的审批、监管。经济的反复低迷增强和统一了政府需要中央银行的观念。

(四)美国联邦储备局(1913 年至今)

1907 年由于经济衰退及个别银行家在股市投机中失败,存款人对银行丧失信心,造成美国银行业的挤兑危机。纽约市的第三大信托公司——“尼克伯克信托投资公司”因挤兑而被迫倒闭。面对持续了3周的金融危机，金融家JP摩根组织了银团向市场注入资金，解救了银行，避免了恐慌可能会造成的更深远的影响。

1907年的经济恐慌把讨论的议题从是否需要中央银行转向怎样筹划和建设中央银行。为了解决银行的“挤兑”问题和经济运行的动荡，1913年国会通过《联邦储备法》，美联储至此真正开始出现。作为最后贷款者，美联储会集中保管银行的准备金，借款给有偿还能力但缺乏流动资金的银行。因需而生的联邦存款保险公司成立于1934年，为每位储户在每家投保银行提供不少于25万美元的存款保障。这两个机构的建立使一般储户不再担心他们在商业银行的存款安全性；有偿还能力的商业银行也不用再担心他们短期可能出现的资金流动性问题。两个机构共同有效地解决了长期困扰银行业的挤兑风险。

美联储通过1951年协议从财政部中独立出来。美联储主席格林斯潘1987年上任，长期推行低利率政策，保持了高增长和低通胀的经济局面，但为2008年金融危机埋下了隐患。

二、美联储的结构和职能

（一）美联储的结构

美国联邦储备系统共分三层组织，如图8.1所示，分别是理事会（The Board of Governors，联邦储备委员会）、美国联邦公开市场委员会（The Federal Open Market Committee，FOMC）、美国联邦储备银行（Federal Reserve Banks，由12个联邦储备银行和各储备银行的会员银行组成）。联邦储备系统由位于华盛顿特区的联邦储备委员会和12家分布在全国主要城市的地区性的联邦储备银行组成。

1. 联邦储备委员会（理事会）

联邦储备系统的核心机构是联邦储备委员会，简称理事会，位于美国华盛顿。该委员会由7名成员构成（其中主席和副主席各1位，委员5名），须由美国总统提名，经美国国会上院之参议院批准方可上任，任期为14年，每两年审核一次，委员不可连任。主席和副主席任期为4年，可连任。当有新主席被任命时，即使委员的任期未满，前主席也一般会离任。

2. 公开市场委员会

公开市场委员会由12名成员构成，包括7名美联储理事会成员，纽约联储主席以及4位来自其他州的联储主席成员。7名联储理事会成员和纽约联储主席为公开市

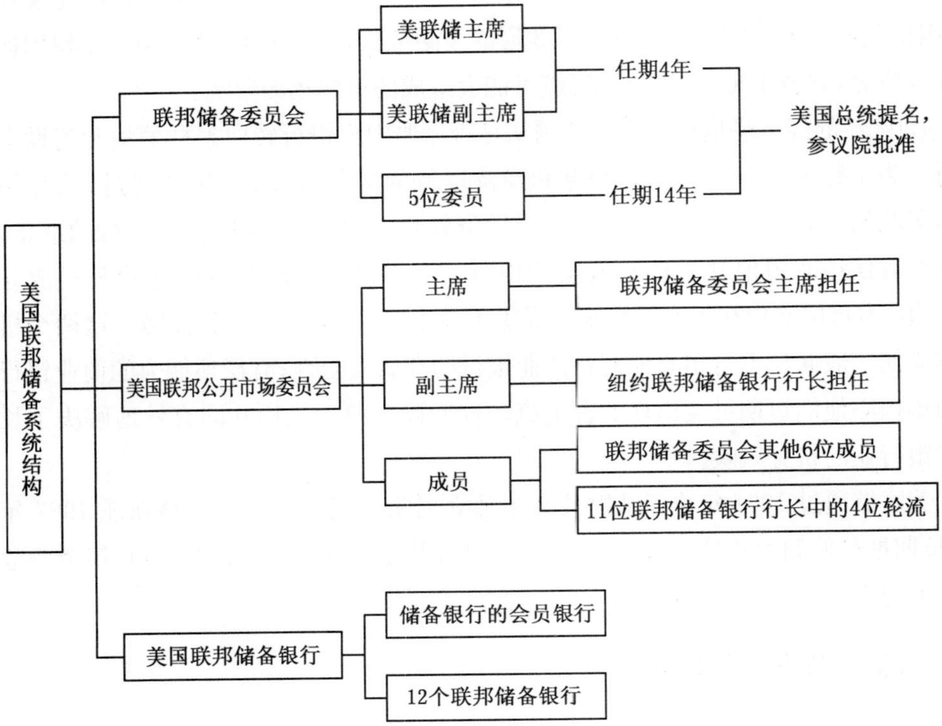

图 8.1　美国联邦储蓄系统结构

场委员会固定成员；4 位州联储主席成员由 11 位州联储主席每年一次轮流担任。纽约州的储备银行执行联邦公开市场委员会的指令。公开市场委员会的组成结构决定了其决策权是在联邦储蓄委员会；联邦公开市场委员会的决定直接影响着两大金融体系的参数：货币供应量和银行的短期利率。

3. 美国联邦储备银行

联邦储备银行共有 12 家，它们在各自负责的地区执行中央银行的职能。除以上 12 家联邦储备银行外，凡根据联邦法律在联邦注册成立的国民银行都必须参加联邦储备体系，成为会员银行。其他根据各州法律在州政府注册成立的银行，如符合条件并愿意参加联邦储备体系的，则可自愿申请加入。12 家美联储银行有众多的执行功能。每家联邦储备银行为所在的区域提供基础的服务，比如：处理支票和电子付账，发行联邦储备凭证，持有银行和其他储蓄机构的准备金，监管本地区的经济现状，向联邦储蓄委员会出谋划策和协助制定货币政策。这些联邦储备银行在国家货币政策的制定中起到重要的协调作用。近千家商业银行成员是联邦储备银行的重要组成部分，成员银行在美国采用双重银行制，意味着允许银行向联邦政府登记注册成为国民银行，同时各州自己的银行监管机构仍然自行监管所在区域的银行业务。

所有的国民银行必须是美联储的成员，大约 17%的州立银行是美联储的成员，大约 36%的所有美国银行是美联储成员，拥有 76%的储蓄存款。

美国联邦储备系统是以半私有形式设立的行使公共目的的政府机构。美国政府虽不拥有美联储的股份，但美联储的 94%利润转交给美国财政部，剩余 6%用于给会员银行发放股息。会员银行可以参与本地区联储银行 9 名董事中的 6 名董事的选举，但没有其他话语权和投票权。因为最高决策机构联邦储备委员会的人士任免权归属国会，美联储的实际控制权还是在国会。

（二）美联储的职能

美联储制定并负责实施有关的货币政策，对银行机构实行监管，并保护消费者合法的信贷权利，维持金融系统的稳定，向美国政府、公众、金融机构、外国机构等提供可靠的金融服务。美联储是金融系统出现资金流问题时的最后贷款者，监管国家的货币供给和支付系统，监管其他金融系统，特别是存款机构，并且是国家政府的专属储蓄银行。其他职能包括：批准各联邦储备银行的预算及开支，任命每个联邦储备银行的 9 名董事中的 3 名，同意各个联邦储备银行董事会提名的储备银行行长人选。

美联储的独立性增强了它的执行力，没有直接的政治压力和财政压力。美联储是国会的产物，但并不直接受其控制，委员会成员由总统任命但不受总统控制，没有财政压力，可以自筹款。面对每年大约 300 亿元利润的美联储，国会并不能对其财政施压。美联储独立于政府，但并不与政府完全分离。国会可以创立美联储，也就可以改变和摧毁它。

三、中国人民银行的历史

中国人民银行的历史始于 1931 年召开的“全国苏维埃第一次代表大会”，并经历了从国家银行过渡到中央银行体制的变革。

（一）国家银行体系的创建及发展（1948—1978 年）

中国人民银行于 1948 年成立于河北省石家庄市，于 1949 年迁入北平。到 1952 年，中国人民银行作为国家银行，统一了人民币发行。

中国人民银行自始负责组织和调节货币的流通，1953 年开创了全国的信贷资金。直到 1978 年，长期资金、无偿资金和定额资金归财政，短期资金、有偿资金和超定额资金归银行。

(二)从国家银行过渡到中央银行体制(1979—1992 年)

1979 年中国农业银行得以恢复,中国银行体制加以改革。此后,中国银行成为国家指定的外汇专业银行,国家外汇管理局设立,中国人民保险公司重建;各地金融机构多元化,金融业务多样化。

1982 年在国务院的倡导下,开始了中国人民银行作为中央银行体制的准备工作。1984 年,中国人民银行正式开始行使中央银行的职责。

(三)中央银行制度的完善(1993 年至今)

1993 年,按照国务院决定,中国人民银行进一步强化职责和划转业务;1995 年首次以立法形式确立了中国人民银行的中央银行地位;2003 年成立中国银行业监督管理委员会,将中国人民银行的监管职能分离出来。

四、中国人民银行的结构和职能

(一)中国人民银行的结构

中国人民银行总行设在北京。中国人民银行的结构分为内设机构、直属机构和分支机构。

1. 内设机构

根据履行职责的需要,中国人民银行总行内设 12 个职能司(厅),包括办公厅(党委办公室)、条法司、货币政策司、货币政策二司、金融市场司、调查统计司、会计财务司、支付结算司、科技司、国际司(港澳台办公室)、内审司和人事司(党委组织部)。为保证中国人民银行能科学制定和实施货币政策,有效实行金融监管,中国人民银行总行还设立了金融稳定局、货币金银局、国库局、研究局、征信管理局、反洗钱局(保卫局)等 13 个机构作为支持服务体系。

2. 直属机构

中国人民银行下设中国外汇交易中心、中国人民银行清算总中心、中国印钞造币总公司、中国金币总公司、中国人民银行党校和中国钱币博物馆等 16 个直属机构。

3. 分支机构

中国人民银行总行下设北京和重庆 2 个营业管理部,设有上海、天津、沈阳、南京、济南、武汉、广州、成都、西安 9 个分行,20 个省会城市中心支行,以及 5 个副省级城市中心支行。2005 年 8 月,根据经济金融形势发展的需要和上海国际金融中心地位的凸显,中国人民银行上海总部成立。上海总部作为人民总行的组成部分,在中国人民银行总行的领导和授权下开展工作，主要承担部分中央银行业务的具体操作职能，同时履行一定的管理职能。

（二）中国人民银行的职能

中国人民银行的主要职责包括：拟订、起草并完善相关战略规划、行政法规草案以及金融宏观调控体系；依法制定和执行货币政策，发行人民币，管理人民币流通，经理国库以及负责制定和实施人民币汇率政策；承担最后贷款人和全国反洗钱工作的监督管理的责任；从事有关的国际金融活动，以及承办国务院交办的其他事项等18项。

五、中国人民银行和美联储的不同之处

中国人民银行和美联储在管理结构、组织结构和主管任期上都有所差异。在管理结构上，中国人民银行是国务院组成部门之一，而美联储是以半私有形式设立的行使公共目的的政府机构，不属于政府部门，是只对国会负责的中央银行。在组织结构上，中国人民银行分为内设机构、直属机构和分支机构，而美联储由联邦储备委员会、联邦储备银行和联邦公开市场委员会等组成。在主管任期上，中国人民银行行长由国务院总理提名，由全国人大决定，副行长由国务院总理任免，任期与政府一致，每届任期5年，可连任；而美联储委员会主席和副主席由总统从7名委员中挑选任命，任期4年，可连任，并与总统任期错开。

8.4　商业银行、中央银行与货币

一、货币的定义

M0是最狭义的货币。M0是中央银行发行的流通中的现金，以及信用机构在中央银行存放的短期账户上的余额，具体包括：流通中的纸币和硬币，银行金库中存放的纸币和硬币，以及中央银行的信用度，也就是各大银行存放在中央银行的存款（包括必需的和多余的准备金）。这个定义是根据中央银行财报的负债部分定义的。简而言之，M0回答了“中央银行发行了多少纸币”。

M1是快捷支付、低交易费和不受限制的金融工具。M1包括：银行之外流通的纸币和硬币，传统的支票账户，旅行支票，以及其他在储蓄机构和信用社的可提取的存款。这个定义是根据个人资产中流动性最强的储蓄资产定义的。简而言之，M1回答了“个人手上有多少可以马上用的钱”。

M2 是比较广义上的货币。M2 除 M1 外包含储蓄存款、小于 100 000 美元的定期存款、个人的货币市场存款、国库券、金融债券、商业票据、大额可转让定期存单等。这个定义是根据个人资产中的储蓄资产定义的。简而言之，M2 回答了“个人手上有多少可以比较方便使用的钱”。

二、货币供应与银行体系

下面用中央银行、个人和商业银行之间的交易对其资产负债表影响的一个简单例子来阐述货币、个人与银行体系的关系以及银行体系如何创造和控制货币。

(1)假设金融系统里有一家中央银行、两家商业银行和两个个人。中央银行和商业银行各有一栋办公大楼，价值 100 万元，没有其他资产和负债。个人甲持有政府发放的 400 万元国债，个人乙持有价值 150 万元的房产。一开始他们的资产负债表如下：

单位：万元

<table>
<tr><th colspan="2">中央银行</th><th colspan="2">银行一</th><th colspan="2">银行二</th><th colspan="2">个人甲</th><th colspan="2">个人乙</th></tr>
<tr><td>资产</td><td>负债</td><td>资产</td><td>负债</td><td>资产</td><td>负债</td><td>资产</td><td>负债</td><td>资产</td><td>负债</td></tr>
<tr><td rowspan="3">大楼
100</td><td>0</td><td rowspan="3">大楼
100</td><td>0</td><td rowspan="3">大楼
100</td><td>0</td><td rowspan="3">国债
400</td><td>0</td><td rowspan="3">房产
150</td><td>0</td></tr>
<tr><td>资本</td><td>资本</td><td>资本</td><td>资本</td><td>资本</td></tr>
<tr><td>100</td><td>100</td><td>100</td><td>400</td><td>150</td></tr>
</table>

(2)中央银行新发行 400 万元纸币现金向客户甲购买国债。

单位：万元

<table>
<tr><th colspan="2">中央银行</th><th colspan="2">银行一</th><th colspan="2">银行二</th><th colspan="2">个人甲</th><th colspan="2">个人乙</th></tr>
<tr><td>资产</td><td>负债</td><td>资产</td><td>负债</td><td>资产</td><td>负债</td><td>资产</td><td>负债</td><td>资产</td><td>负债</td></tr>
<tr><td rowspan="3">大楼
100
国债
400</td><td>纸币 400</td><td rowspan="3">大楼
100</td><td>0</td><td rowspan="3">大楼
100</td><td>0</td><td rowspan="3">纸币
400</td><td>0</td><td rowspan="3">房产
150</td><td>0</td></tr>
<tr><td>资本</td><td>资本</td><td>资本</td><td>资本</td><td>资本</td></tr>
<tr><td>100</td><td>100</td><td>100</td><td>400</td><td>150</td></tr>
</table>

从这里我们看到中央银行通过发行货币扩张自己的资产负债表。

(3)个人甲将 300 万元纸币存入银行一，其余的 100 万元自己留下。

单位:万元

中央银行		银行一		银行二		个人甲		个人乙	
资产	负债	资产	负债	资产	负债	资产	负债	资产	负债
大楼 100 国债 400	纸币 400	大楼 100 纸币 300	顾客甲存款 300	大楼 100	0	存款 300 纸币 100	0	房产 150	0
	资本		资本		资本		资本		资本
	0		100		100		400		150

(4)银行一将 200 万元纸币存入中央银行,其余的 100 万元自己留下。

单位:万元

中央银行		银行一		银行二		个人甲		个人乙	
资产	负债	资产	负债	资产	负债	资产	负债	资产	负债
大楼 100 国债 400	银行一存款 200 纸币 200	大楼 100 纸币 100 在中央银行存款 200	顾客甲存款 300	大楼 100	0	在银行一存款 300 纸币 100	0	房产 150	0
	资本		资本		资本		资本		资本
	100		100		100		400		150

这些交易后,我们可以看一下目前经济体里有多少 M0 和 M1。

M0＝中央银行发行的纸币＋银行一在央行的存款＝200＋200＝400(注意:M0 是根据中央银行财报的负债部分计算的)。

M1＝个人的存款＋银行外的纸币现金＝300＋100＝400(注意:M1 是根据个人资产中流动性最强的储蓄资产计算的)。

M0 回答“中央银行发行了多少货币”;M1 回答了“个人一共有多少可以马上用的钱”。到目前为止,中央银行发行的货币和个人可以用的钱都是 400 万元。

(5)接下来,个人甲决定向银行一借款 150 万元。

单位:万元

中央银行		银行一		银行二		个人甲		个人乙	
资产	负债	资产	负债	资产	负债	资产	负债	资产	负债
大楼 100 国债 400	银行一存款 200 纸币 200	大楼 100 纸币 100 在中央银行存款 200 向个人甲贷款 150	顾客甲存款 450	大楼 100	0	在银行一存款 450 纸币 100	向银行一借款 150	房产 150	0
	资本		资本		资本		资本		资本
	0		100		100		400		150

M0＝400 万元保持不变

M1＝个人存款＋银行外现金＝450＋100＝550

从这里我们可以看到 M1＞M0。个人可以用的钱超过了中央银行发行的货币。这说明货币扩张可以通过商业银行信用扩张实现。商业银行可以通过贷款直接扩张自己的资产负债表。

(6)顾客甲用他在银行一的存款从顾客乙处购买价值为 150 万元的房产。银行一将金额转入顾客乙在银行二的户头。银行一和银行二的结算通过他们在中央银行的存款账户。

单位:万元

中央银行		银行一		银行二		个人甲		个人乙	
资产	负债	资产	负债	资产	负债	资产	负债	资产	负债
大楼 100 国债 400	银行一存款 50 银行二存款 150 纸币 200	大楼 100 纸币 100 在中央银行存款 50 向个人甲贷款 150	顾客甲存款 300	大楼 100 在中央银行存款 150	顾客乙存款 150	在银行一存款 300 纸币 100 房产 150	向银行一借款 150	在银行二存款 150	0
	资本		资本		资本		资本		资本
	100		100		100		400		150

M0＝400 万元保持不变

M1＝个人存款＋银行外的现金流＝300＋150＋100＝550(万元)。没有新的贷款产生,所以 M1 保持不变。

这个例子说明单纯的交易不会改变货币的供给，但会改变商业银行在中央银行的储蓄，即商业银行在中央银行的准备金。

(7)银行间贷款。银行一为了避免准备金过低的情况，向银行二借入 50 万元，通过它们在中央银行的账户进行结算。

单位：万元

中央银行		银行一		银行二		个人甲		个人乙	
资产	负债	资产	负债	资产	负债	资产	负债	资产	负债
大楼 100 国债 400	银行一 存款 100 银行二 存款 100 纸币 200	大楼 100 纸币 100 在中央 银行 存款 100 向个人 甲贷款 150	顾客 甲存款 300 银行二 存款 50	大楼 100 在中央 银行 存款 100 向银行 一贷款 50	顾客乙 存款 150	在银行 一存款 300 纸币 100 房产 150	向银行 一借款 150	在银行 二存款 150	0
	资本		资本		资本		资本		资本
	100		100		100		400		150

M0＝400 万元

M1＝550 万元

从这个过程来看，银行间可以进行相互借贷调整它们的资产负债表和在中央银行的准备金。银行间借贷会收取同业拆借利率。同业拆借利率取决于银行间资金的供给和需求。

(8)为了收缩货币供应量，央行分别向两家银行出售 50 万元的国债。两家银行用它们在央行的存款购买国债。

单位：万元

中央银行		银行一		银行二		个人甲		个人乙	
资产	负债	资产	负债	资产	负债	资产	负债	资产	负债
大楼 100 国债 300	银行一 存款 50 银行二 存款 50 纸币 200	大楼 100 纸币 100 在中央 银行 存款 50 向个人 甲贷款 150 国债 50	顾客甲 存款 300 银行二 存款 50	大楼 100 在中央 银行 存款 50 向银行 一贷款 50 国债 50	顾客乙 存款 150	在银行 一存款 300 纸币 100 房产 150	向银行 一借款 150	在银行 二存款 150	0
	资本		资本		资本		资本		资本
	0		100		100		400		150

M0＝300 万元

M1＝550 万元

交易后，央行的资产和负债都减少。M0 减少了，但 M1 没变。商业银行在中央银行的存款(准备金)降低。准备金的降低使市场可供借贷的资金增加，从而提高银行同业拆借贷款率。这就是通常所说的公开市场操作的影响机制。这个例子也告诉我们：M0 的变化和银行同业拆借利息变化是同步的。

(9)在中央银行的存款减少后，为了降低风险，银行一决定减少贷款量。它向个人甲收回贷款 50 万元。

单位：万元

<table>
<tr><th colspan="2">中央银行</th><th colspan="2">银行一</th><th colspan="2">银行二</th><th colspan="2">个人甲</th><th colspan="2">个人乙</th></tr>
<tr><th>资产</th><th>负债</th><th>资产</th><th>负债</th><th>资产</th><th>负债</th><th>资产</th><th>负债</th><th>资产</th><th>负债</th></tr>
<tr><td rowspan="3">大楼 100
国债 300</td><td>银行一存款 50
银行二存款 50
纸币 200</td><td rowspan="3">大楼 100
纸币 100
在中央银行存款 50
向个人甲贷款 100
国债 50</td><td>顾客甲存款 250
银行二存款 50</td><td rowspan="3">大楼 100
在中央银行存款 50
向银行一贷款 50
国债 50</td><td>顾客乙存款 150</td><td rowspan="3">在银行一存款 250
纸币 100
房产 150</td><td>向银行一借款 100</td><td rowspan="3">在银行二存款 150</td><td>0</td></tr>
<tr><td>资本</td><td>资本</td><td>资本</td><td>资本</td><td>资本</td></tr>
<tr><td>100</td><td>100</td><td>100</td><td>400</td><td>150</td></tr>
</table>

M0＝300 万元

M1＝500 万元

这个例子说明当中央银行收缩 M0，提高同业拆借利率，造成商业银行的资金紧张，商业银行会削减贷款，从而减少个人可使用的货币 M1。这样的改变会进一步影响经济。这是我们后面章节关于货币如何影响经济会讨论的。

8.5　中央银行的货币政策

货币政策(monetary policy)是指中央银行为控制和调节货币供应量或达成通货膨胀率的目标而采取的措施，以达到稳定物价和其他经济政策目标。

一、美联储的货币政策

(一)货币政策工具

美联储通常使用三种重要的货币政策,如图 8.2 所示,分别是银行存款准备金率(reserve requirements)、公开市场操作(open market operations)以及再贴现率(discount rate)。

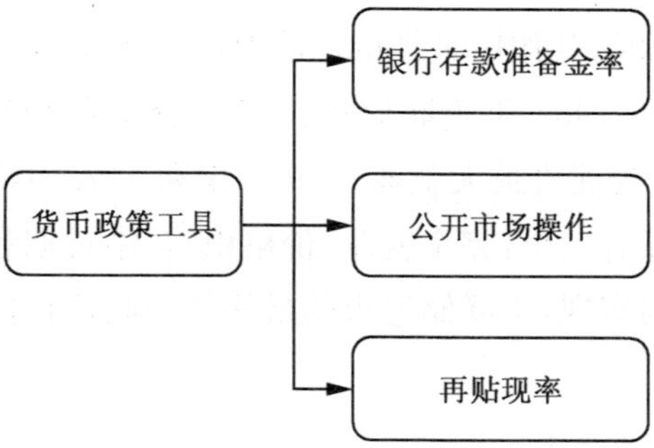

图 8.2 货币政策工具

1. 银行存款准备金率

储蓄机构需要按要求根据存款种类保留一定比例的准备金。大部分的准备金会被存在该地区的中央银行,也可被存在该银行的金库。银行储备率即中央银行通过调高或降低商业银行在中央银行存款准备金的比率,进而影响商业银行的存款的流动性。提高存款准备金率,资金会从商业银行流向中央银行,市场上的资金就会收缩;反之,资金会充盈。银行存款准备金率是一种结构上的控制,任何储备率调整都会对金融系统产生巨大的影响。所以说储备率不适合作为微调,也是美联储货币政策中最少使用的工具。

2. 公开市场操作

公开市场操作是美联储最重要、最高效的工具。美联储通过购买国债将新的准备金注入专属的银行账户,通过卖出国债收回现有的过量的准备金。中央银行在公开市场上吞吐外币、国债,以达到调节市场资金量的目的。央行买进外汇和国债,就是投放基础货币;卖出外汇和国债,就是回笼基础货币。只有央行可以用这种方式单方面地发放和征收货币,从而改变货币的数额。

3. 再贴现率

再贴现率是美联储向各存款机构贷款时约定的利率，就是中央银行通过调整商业银行向央行票据再贴现的利率，进而影响商业银行增加或减少向中央银行再贴现的比例。再贴现率的改变理论上会影响借款者向美联储借款的积极性。

如今，再贴现率更被用来作为一种象征性的信号。当再贴现率提高时，美联储试图降低货币供应量，提高利率；当再贴现率降低时，美联储试图增加货币供应量，降低利率。因为商业银行向中央银行的借款量极少，再贴现率对货币供应量的影响有限。

（二）货币政策的目标

1913 年，美联储成立时，其作用是维持货币弹性。1929 年以前，美国政府将稳定物价作为单一目标；1929—1933 年美联储提出了充分就业和稳定物价的双重目标。1946 年，美联储将目标改为促进最大就业。1977 年和 1978 年的《全面就业和预算平衡法》规定，货币政策目标有三个：完全就业、价格稳定、中长期利率平稳。因为第三个目标取决于前两个目标的实现，美联储追求的最终货币政策目标仍旧是充分就业和稳定物价。

二、中国人民银行的货币政策

（一）货币政策工具

中国人民银行的货币政策工具有五项，分别是存款准备金、公开市场业务、中央银行贷款、常备借贷便利和利率政策。

1. 常规工具

存款准备金、公开市场业务和中央银行贷款是中央银行的三大货币政策，主要是从总量上对货币供应量和信贷规模进行调节。这些常规工具与其他央行相似，都是通过改变存款准备金率、推行公开市场业务和调整再贴现率得以实现的。

2. 新工具

2013 年初，常备借贷便利工具得以创设。所谓常备借贷便利，就是商业银行或金融机构根据自身的流动性需求，通过资产抵押的方式向中央银行申请授信额度的一种更加直接的融资方式。这种货币操作方式更像是中央银行与商业银行之间的一种定制化融资和结构化融资。

3. 利率政策

利率政策是指中央银行控制和调节市场利率以影响社会资金供求的方针和各种措施，具体是指调整中央银行的基准利率以及其他金融机构的存贷利率和浮动范围。例如，再贷款利率、再贴现利率、存款准备金利率和超额准备金利率等。

利率政策作为货币政策的主要手段之一，与常规工具和新工具相互作用，对利率进行直接调控和间接调控。利率政策、信贷政策和外汇政策是国家实施宏观经济调节、实现宏观经济目标的重要工具。

(二)货币政策的目标

传统央行政策框架主要关注的是经济周期和货币政策，而传统宏观经济学侧重考虑实际经济变量对经济周期波动的影响，认为物价稳定是重中之重。在这样的理论背景下，中国人民银行货币政策的主要目标就是通过逆周期调节来平抑经济周期波动，维护物价稳定。

稳定物价目标是中央银行货币政策的首要目标，并在此基础上达成充分就业、经济增长和收支平衡。

三、货币政策如何影响经济

货币政策分为紧缩性货币政策(tight monetary policy)和扩张性货币政策(expansionary monetary policy)。紧缩性货币政策是指当总需求大于总供给，形成通货膨胀的压力时，中央银行通过减少货币供应量来抑制总需求。扩张性货币政策是通过增加货币供应来刺激总需求。在扩张性货币政策下，贷款条件放宽，利率降低。

通常情况下，货币政策是通过公开市场操作来实现的。图 8.3 描述了中央银行如何通过公开市场操作影响利率和汇率，进而影响个人消费和商业投资，最终影响经济增长、就业和通货膨胀。

四、财政政策和货币政策的关系

(一)财政政策的概念

财政政策(fiscal policy)是政府通过税收或者国债所达成的政府整体支出总额。财政政策通过政府支出直接影响着全国的需求量，也通过税收和发行国债影响着国民消费、企业投资和国际进出口。

政府购买力的增加会提高利率，从而减少企业投资的数额。这种“挤出效应”(crowding-out effect)会抑制财政政策在国民需求中的效果。

(二)财政政策和货币政策的关系

财政政策和货币政策都是政府用于调控宏观经济的手段，两者在调控对象、执行部门等方面是不同的。

财政政策是指财政相关政府部门通过调节税率或者提高或降低政府开支，例如建

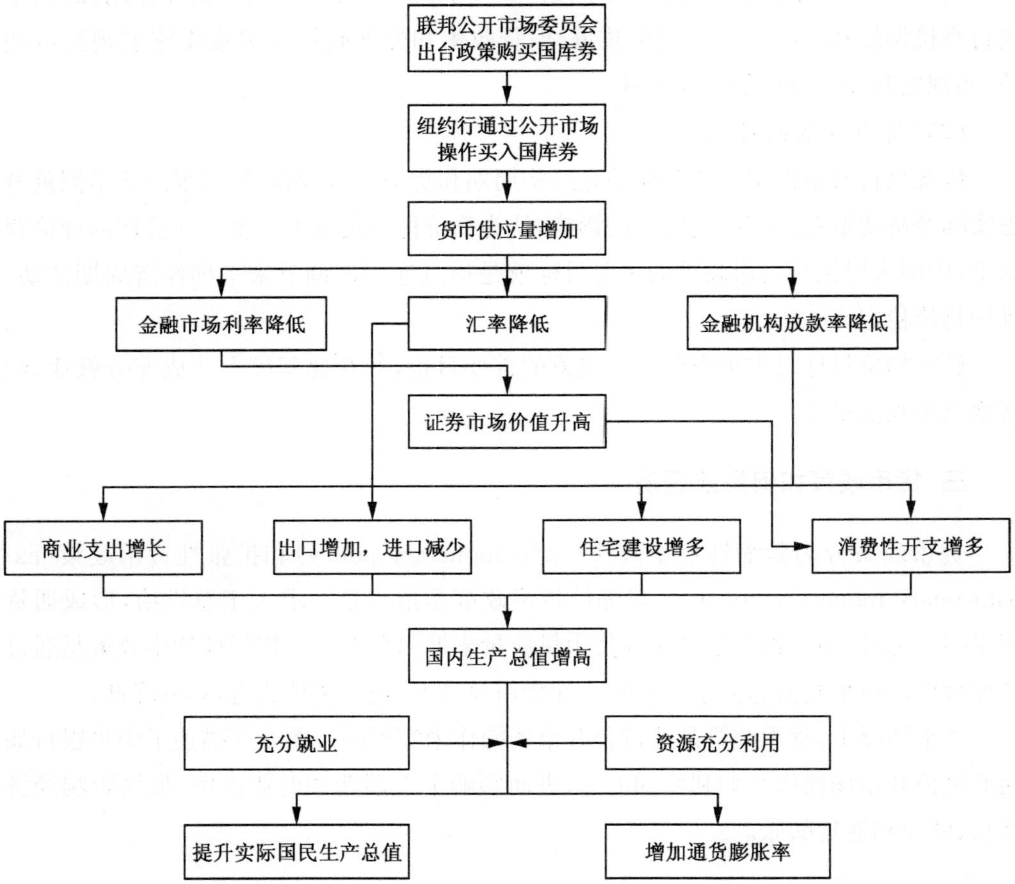

图 8.3

设公共设施等，影响宏观需求或供给的政策。

货币政策是指中央银行通过价格手段，例如降息或加息，或者数量手段，例如提高或降低准备金率，调控货币供应量的政策。

财政政策和货币政策相互作用。财政政策是政府从宏观需求和供给上影响经济，整体效果会受到“挤出效应”的影响，不适于微调。货币政策由中央银行执行，手段多样，针对性较强，更容易达到预期效果。

8.6 金融危机与中央银行的资产负债表

一、美联储的资产负债表

金融危机时期美联储的一系列政策措施大多体现在美联储资产负债表结构的变化上。

(一)金融危机前

在危机前，美联储资产负债表中的资产主要是由国债构成，负债主要是由现钞构成，这两项分别占 90%左右。危机爆发前夕，美联储的总资产为 8 741 亿美元，总负债为 8 405 亿美元(见表 8.1)。

危机爆发以来，国债在美联储资产中的占比下降，其他资产占比则快速上升。而雷曼兄弟的倒闭引发了全球金融市场的极度恐慌，美联储不得不向失灵的金融市场投放大量流动性，向金融机构购买大量债券。这项交易对资产负债表的影响是机构债和机构保证债迅速增加，机构的准备金数量大幅增加。

表 8.1 美联储资产负债简表 单位:亿美元

项目 \ 时间	2007—08—01	2008—12—31	2010—06—30
资产			
黄金、特别提款权凭证账户及硬币	143	149	182
证券、回购协议、短期拍卖信贷和其他贷款	8 158	12 197	21 277
持有证券	7 908	4 956	20 599
美国国债	7 908	4 759	7 770
机构债和机构保证 MBS	0	197	12 829
回购协议	248	800	0
短期拍卖便利 TAF	0	4 502	0
其他贷款	2	1 939	678
CPFF/TALF LLC 持有资产净值	0	3 341	4
Maiden Lane LLC 净值及 AIG 旗下优先股	0	739	932

续表

时间 项目	2007—08—01	2008—12—31	2010—06—30
在途资金、联储房产、设备及其他资产	440	446	934
中央银行流动性互换	0	5 537	12
总资产	8 741	22 409	23 343
负债			
联储纸币	7 770	8 532	9 041
逆回购协议	315	884	672
存款	222	12 480	12 898
存款机构	171	8 600	9 723
财政部账户	48	3 654	2 876
外国官方及其他	4	3 880	287
延迟可适用现金及其他负债和应计股息	97	93	169
总负债	8 405	21 988	22 781
总资本	336	422	562

资料来源:吴培新:《美联储资产负债表的演变及货币政策涵义》,《经济学动态》,2010 年第 7 期。

（二）金融危机后

美联储作为最后贷款人,在每一次的经济危机过后,其资产负债表都会有一定程度的膨胀。1929—1933 年经济危机中,膨胀幅度为 31.44%,而 2008 年的经济危机中,吸收了大量的有毒证券,增长更是高达 196.57%。

2007 年次贷危机,美联储作为中央银行有稳定金融市场的义务,释放了大量流动性到市场之中。2009 年 3 月 18 日，美联储宣布将购买最高达 1 .25 万亿美元的房屋抵押贷款支持债券、2 000 亿美元的机构债和 3 000 亿美元的国债。

存款机构的准备金存款由法定准备金和超额准备金构成。2008 年 10 月美联储获得的向存款准备金付息的授权使商业银行有动力在美联储持有存款准备金，使其余额扩张。其中,存款机构存款增长最快,在 2008 年底达到 8 600 亿美元。美联储资产项下的各种收购行为转而依靠银行的超额准备金,不必再依赖财政部的存款。因此,超额准备金成为危机以来美联储负债表中增长最快的部分。

二、中国人民银行的资产负债表

美国和其他发达国家中央银行既有按会计方法计算的资产负债表，也有按国际货币基金组织的要求根据统计方法计算的资产负债表。中国人民银行只是根据国家货币基金组织要求按统计方法公布货币当局的资产负债表。因此，中国人民银行的资产负债表和美联储按会计方法计算的资产负债表项目有较大不同。

表 8.2　　中国人民银行的资产负债表　　单位：亿元人民币

项　目	2007—08—01	2008—12—31	2010—06—30
国外资产	108 674.82	162 543.52	198 356.34
外汇	107 285.27	149 624.26	188 703.99
货币黄金	337.24	337.24	669.84
其他国外资产	1 050.31	12 582.02	8 982.51
对政府债权	2 825.75	16 195.99	15 621.19
其中：中央政府	2 825.75	16 195.99	15 621.19
对其他存款性公司债权	6 627.71	8 432.50	8 966.50
对其他金融性公司债权	21 847.31	11 852.66	11 498.54
对非金融性部门债权	63.68	44.12	43.96
其他资产	11 841.72	8 027.20	8 445.52
总资产	151 880.99	207 095.99	242 932.04
储备货币	83 264.14	129 222.33	154 234.48
货币发行	29 508.80	37 115.76	42 566.89
其他存款性公司存款	53 755.34	92 106.57	11 667.58
不计入储备货币的金融性公司存款	—	591.20	612.40
发行债券	38 268.26	45 779.83	46 975.16
国外负债	925.04	732.59	719.10
政府存款	20 566.49	16 963.84	31 023.02
自有资金	219.75	219.75	219.75
其他负债	8 637.31	13 586.45	9 148.14
总负债	151 880.99	207 095.99	242 932.04

(一)金融危机前

2007 年发生的美国次贷危机，向全球蔓延，给世界经济带来严重影响。次贷危机对中国经济的影响主要体现在出口、就业和汇率及资本市场风险上。由于中国存在着较为严格的资本管制，中国境内的金融机构相对来讲并没有受到太大的影响。

金融危机以来，中国人民银行资产负债规模从 2007 年 8 月初的 15.2 万亿元扩大到 2010 年年中的 24.3 万亿元(见表 8.2)，各主要项目增长稳定，没有出现大的变化和波动。

(二)金融危机后

在 2007 年初到 2008 年底这一段时间里，中国央行的资产负债表都在绝对规模上有较大的扩张。中国人民银行的总资产从 2007 年 1 月初的 12.86 万亿元增加到 2008 年 12 月底的 20.71 万亿元，增幅达到 61%，年平均增长率为 26.9%。

对于中国人民银行来讲，国外资产是中国央行总资产中最为重要的来源，不但占比最大而且还不断增大；其他资产则占比最小，一直低于 10%，2007 年 12 月以后更低于 5%。2008 年后期，外汇储备增加的速度有所下降，中国人民银行也将货币政策的方向调整为适度宽松。

8.7 量化宽松政策的利弊

全球金融危机爆发，量化宽松(quantitative easing)政策应运而生。2008 年 11 月，美联储开始第一轮量化宽松政策，6 000 亿美元用于购买政府支持的房利美、房地美和联邦住房贷款银行与房地产有关的直接债务。到第一轮量化宽松政策结束，总计购买政府支持企业债券及相关抵押贷款支持证券超过 1 万亿美元，并将联邦基金利率降至 0%—0.25%历史低位。

2010 年 11 月美联储启动第二轮量化宽松政策。美联储从房产债务转向长期国债，到第二轮量化宽松政策结束，购入 6 000 亿美元中长期国债。两轮量化宽松政策后，美联储再推第三轮量化宽松政策。美联储宣布直到就业好转、物价稳定为止，将每月购入 400 亿美元房产债务和 450 亿美元的长期国债。

量化宽松政策在挽救宏观经济，避免经济大萧条方面功不可没。美联储发行货币购买大量的债券为金融系统注入了流动性。将金融机构的风险转移到中央银行，降低了金融机构的风险，稳定了金融市场。大量的货币供应降低了市场利率，降低了公司和个人的融资成本，促进了企业的投资及居民的购房力和还贷力，也同时增加了对其他产品的需求。

量化宽松后，美联储极大地扩张其资产负债表，直接的后果就是金融机构的超额储备金激增。每家金融机构都有着大量的超额储备金，这些超额储备金有可能成为金融机构未来大规模扩张信贷的基础，为经济复苏以后的通货膨胀埋下隐患。长期的低利率会让贷款者延长贷款期，使用更多的金融杠杆来从低利率中获利，最终造成社会信用风险累积。央行购买大量的金融机构债券，从另一方面来讲，是用纳税人的钱来支持私营金融机构。这会产生“道德危机”，即降低金融机构进行风险控制的主动性。

量化宽松不仅对金融市场有立竿见影的作用，对社会各方面也有深远的影响。例如，过度的货币供应可能会导致贫富进一步分化，影响社会稳定。这些长期的影响也许要多年以后我们才能看得更清楚。

本章习题

1. 从美联储的管理结构上看，美联储是国家还是私人控制的机构？

2. 美联储和联邦储蓄保险公司的成立为何能够解决商业银行的挤兑风险？

3. 中国人民银行和美联储在组织结构上主要有什么不同？

4. 在货币供应与银行体系一节的例子中，如果第 8 步交易发生改变，为了收缩货币供应量，央行分别向两家银行出售 50 万元的国债。银行一用纸币购买国债。银行二用他在央行的存款购买国债。请填写它们的资产负债表并计算 M0 和 M1。

单位：万元

中央银行		银行一		银行二		个人甲		个人乙	
资产	负债	资产	负债	资产	负债	资产	负债	资产	负债
	资本		资本		资本		资本		资本

5. 在货币供应与银行体系一节的例子中，如果接下来发生了第 9 步交易：为了增加货币供应量，央行分别向两家银行买入 25 万元的国债。银行一和银行二用它们在

央行的存款购买国债。请填写它们的资产负债表并计算 M0 和 M1。

单位：万元

中央银行		银行一		银行二		个人甲		个人乙	
资产	负债	资产	负债	资产	负债	资产	负债	资产	负债
	资本		资本		资本		资本		资本

6. 紧接问题 5，如果接下来发生了第 10 步交易：银行二向个人乙提供了 100 万元的贷款。请填写它们的资产负债表并计算 M0 和 M1。

单位：万元

中央银行		银行一		银行二		个人甲		个人乙	
资产	负债	资产	负债	资产	负债	资产	负债	资产	负债
	资本		资本		资本		资本		资本

7. 讨论长期维持极低的市场利率会有何弊端。

综合案例

本书提供了一个综合案例。通过解决以下 9 个小案例中的问题，读者可以复习本书的内容并学习如何应用到实际问题中。

迷你案例 1：货币时间价值和资本预算

晓莉构思了一个很好的投资计划，即投资开发一个名叫“智力金融”的棋牌游戏。这款游戏不仅有趣而且还可以向游戏者普及金融方面的知识。

她已经初步描绘了这款游戏的草图并对身边的朋友进行了游戏体验测试。她认为只需要 10 000 元的初始投资——购买配置高质量打印机的电脑和一些必要的附加工具——就可以让这项投资计划付诸行动。她的计划是用一年时间在地下室生产这款游戏的游戏机，并在年底的节日集市上出售。她相信可以以 60 元的价格售出5 000 台游戏机。她的时间和材料成本平均到每台游戏机上是 30 元。为了简化起见，假设所有的费用——无论是固定成本还是变动成本——都发生在年初，即使实际上很多费用可能在年内的某个时间发生。

最近一位很富有的阿姨去世，留给晓莉 500 000 元。她将这笔资金等额地投资于两项资产——投资收益率为 8.5%的担保投资合约（我们将假设该利率是无风险利率）和共同基金单位。如果她发现开发和生产“智力金融”棋牌游戏是有利可图的，那么她会将投资于担保投资合约的资金挪用到对“智力金融”棋牌游戏的投资上。这种情况可以看作向自己借钱投资于游戏的开发和生产。

如果晓莉坚持投资游戏项目，计算她一年的资金需求，这是一种好的投资方式吗？从经济利润角度来思考可能是很有用的，其中经济利润包括货币的机会成本。

迷你案例 2:多期现金流

在不考虑投资风险和多期现金流时,迷你案例 1 中的问题是比较简单的。现在我们将多期现金流纳入我们考虑的范围,这时问题将变得更有意思。

晓莉重新考虑了当前的局势,相信没有理由认为这个投资项目不能持续多年,继续每年生产 5 000 台游戏机,只要生产游戏机是有利可图的。她相信第一年利润率将达到 100%,但是每年会降低 32%(以最初的利润为基数,注意这里的利润是指收入减去成本,初始投资额暂不包含在成本中),因为竞争者会进入这个有利可图的市场。她将在每年年初从投资担保合约中取出一部分资金用于支付每年的生产费用。向自己借钱,她将放弃每年 8.5%的无风险收益率(投资于担保投资合约获得的收益率)。如果投资担保合约的资金不能满足每年的生产费用,超出金额她将以 8.5%的无风险利率向银行借款。我们要问的问题是"智力金融"游戏机的生产持续多少年是最有利的?在上述的生产年份中这项游戏投资的净现值是多少?应当指出的是,初始投资额 10 000元是一次性费用,接下来的生产年份中不会再出现。

迷你案例 3:投资风险

之前我们说过迷你案例 1 是一个简单的问题,因为它忽略了风险和多期现金流,在迷你案例 2 中我们已经考虑多期现金流。现在在迷你案例 3 中我们将考虑风险。为了简化起见,这里把"智力金融"棋牌游戏当作期限为 1 年的投资项目。并且在接下来的迷你案例中继续作出这个假设(除非另有说明)。晓莉重新考虑她的游戏投资项目,并认为应该适当地考虑销售"智力金融"这款游戏机是有风险的。游戏项目投资是否会取得成功具有极大的不确定性,即使产量保持不变,销售利润率也可能有三种情况,分别为−50%、100%和 250%,并且三种情况发生的概率相等。她认为销售利润率可能出现的三种状况与经济形势密切相关,分别对应经济表现不佳、中等和良好。

计算第一年的期望经济利润,另外计算经济利润的标准差,然后将经济利润转化为收益率,并计算期望收益率和其标准差。

与此同时,晓莉对股票市场进行了一些研究,并认为股票市场的收益率可能出现−1%、16.5%和 22.5%三种情况,并且每种情况出现的概率相等。她又指出,股票市场收益率的不同情况与经济形势密切相关,分别对应经济表现不佳、中等和良好。计算股票市场的期望收益率及其标准差。

该游戏投资项目的收益率看起来和股票市场的收益率相关吗?试作讨论。

迷你案例 4:项目贝塔系数和资本资产定价模型

继续对上述迷你案例进行分析,我们可以得到晓莉投资游戏项目的回报率与股票市场收益率之间的相关系数为 0.962。我们要问的是晓莉的游戏投资项目的贝塔系数值是多少?运用资本资产定价模型得到的必要投资回报率是多少?将投资游戏项目必要回报率与其期望投资回报率进行比较,将得出什么结论?试作评论。

迷你案例 5:在市场有效的情况下晓莉的游戏投资项目的市场价值

晓莉很谨慎地对待游戏投资项目,为此她申请到了"智力金融"棋牌游戏的专利权,并想知道游戏投资项目能否在公开的市场上获得利润。她相信如果市场是有效率的,那么她的游戏投资项目能够公允地被市场定价。如果晓莉把她的游戏投资项目卖给竞争对手,那么竞争对手出价多少她才愿意出售?注意使用必要的投资回报率时要考虑上述迷你案例中介绍的投资不确定性引起的风险溢价。

在上述迷你案例的分析过程中,我们指出对晓莉来说投资游戏项目的必要回报率与期望的投资回报率可能不同,那么对于以一个公允的价格购买晓莉的游戏项目的竞争对手来说,必要的投资回报率与期望的投资回报率仍不同吗?试作讨论。

迷你案例 6:晓莉的共同基金投资

现在假设晓莉将她的注意力转向共同基金投资(之前提到过晓莉将 500 000 元等额地投资于担保投资合约和共同基金单位),她拥有的基金类型是旨在复制整个股票市场走势的指数基金。这意味着,如果整个股票市场上涨或者下跌 $x\%$,那么她投资的共同基金的市场价值也将上涨或者下跌 $x\%$。晓莉事先做了一些研究,认为根据当前市场指数水平 6 500 点,她相信最有可能的情况是市场指数水平(其中仅仅包括资本收益,不含股息率)将以每年 7%的速度增长。我们要问的问题是市场的股息率为多少她才愿意继续投资于股票市场。

晓莉正在考虑把她投资于共同基金的一些资金转移到某只特定的股票上面。这只股票当前的股息是每股 2 元,并且预期会以 5%的速度增长,假设这只股票的风险和整个市场的风险大致相当,那么我们要问的问题是这只股票的当前价格是多少。

迷你案例 7:评估投资价值和期限结构

回到迷你案例 2,注意的是无风险利率(投资之初为 8.5%)不随时间的变化而变化，实际上无风险利率的期限结构是向上倾斜的，也就是说，期限越长，无风险利率越高。下面给出了不同期限下无风险的利率水平。

时　期	无风险利率
0	8.5％
1	9.0％
大于或等于 2	9.5％

迷你案例 8：另一种棋牌游戏

现在假设晓莉正在考虑推出一个完全不同的棋牌游戏，称为"体育竞猜"而不是"智力金融"。这款棋盘游戏，也像"智力金融"一样，将有 3 年的持续期，其预期现金流量如下：

时期	0	1	2	3
现金流	－160 000	250 000	80 000	45 000

分别计算"体育竞猜"和"智力金融"的净现值、内部收益率和市净率，"智力金融"预期现金流迷你案例 2 中已经给出。我们假设这两个游戏投资项目是相互排斥的，毕竟晓莉的精力和时间是有限的，并且晓莉必须在这两个游戏投资项目中选择一个投资标的。另外，还假设游戏投资项目的折现率为 8.5％（不考虑风险溢价），我们要问的问题是哪个游戏投资项目对晓莉更有利。

迷你案例 9：分散化投资

现在晓莉正在考虑分散化投资，她目前投资了加拿大指数基金。她也听说美国指数基金、欧洲指数基金和远东指数基金都是不错的投资标的，尤其对于想多元化投资的晓莉来说。上述三大指数基金的期望回报率分别为 10％、12％和 15％，相应的标准差依次为 18％、22％和 48％。对于加拿大指数基金，其期望回报率和标准差数据我们在迷你案例 3 中已经给出。四种指数基金之间的相关系数矩阵如下表所示：

	加拿大	美国	欧洲	远东
加拿大		0.7	0.5	0.2
美国			0.4	0.3
欧洲				0.1
远东				

假设某投资组合赋予四种指数基金相同的权重，那么该投资组合的期望收益率是多少？其标准差呢？将投资组合的标准差和四种指数基金的加权平均标准差比较，将得出什么结论？试作评论。

中英文专业术语对照

中文术语	英文术语	页码
第 1 章		
过剩单位	surplus unit	2
不足单位	deficit unit	2
机会成本	opportunity cost	3
真实利率	real interest rate	4
名义利率	nominal interest rate	4
通货膨胀率	inflation rate	4
金融机构	financial institutions	5
经纪商	broker	5
做市商	dealer	5
金融中介	financial intermediation	5
买入价	bid price	5
卖出价	ask price	5
买卖价差	bid ask spread	5
无风险利率	risk free rate	7
风险溢价	risk premium	7
资本成本	cost of capital	7
实物资产	real assets	7

金融资产	financial assets	7
普通股	common shares	8
证券	securities	8
固定收益证券	fixed-income securities	8
货币市场	money market	8
资本市场	capital market	8
剩余索取权	residual rights	8
有限责任	limited liability	8
投票权	voting rights	8
资本利得	capital gain	8
红利	dividend	8
收益	return	8
股息率	dividend yield	8
债券	bonds	8
票面利率	coupon rate	9
票面价值	face value	9
到期收益率	yield to maturity	9
国库券	treasury bills	9
担保债券	secured bonds	9
信用债券	debentures	9
看涨期权	call option	9
看跌期权	put option	9
远期合约	forward contract	10
期货合约	futures contract	10
一级市场	primary market	10
二级市场	secondary market	10
投资银行	investment bank	10
首次公开发行	initial public offering (IPO)	10
承销	underwrite	10

交易所	exchanges	10
柜台交易	over the counter (OTC)	10
独资企业	sole proprietorship	11
合伙企业	partnership	11
公司	corporation	11
限制条款	covenants	12
代理问题	agency problems	13
过度自信	overconfidence	14
过度反应	excessive emotion	14
行为金融	behavioral finance	14
第 2 章		
要求收益率	required rate of return	17
折现率	discount rate	17
资本预算	capital budgeting	17
现值	present value	17
现值系数	present value interest factor	18
终值	future value	18
终值系数	future value interest factor	18
复利	compounding interest	18
票面利率	stated interest rate	20
实际利率	effective interest rate	20
计息频率/复利频率	compounding frequency	20
实际利率	gross interest rate	21
连续复利	continuously compounded interest rate	24
净现值	net present value	26
年金	annuity	26
年金现值系数	present value interest factor of annuity	27
永续年金	perpetuity	27
年金终值系数	future value interest factor of annuity	28

即付年金	annuity due	28
即付年金现值系数	present value interest factor of annuity due	28
即付年金终值系数	future value interest factor of annuity due	28
增长年金	growing annuity	29
永续增长年金	growing perpetuity	29
分期偿还贷款	amortized loan	30
本金	principal	30
利息	interest	30
贷款期	amortization period	30
第3章		
绝对风险	absolute security risk	42
公司特有的风险	firm specific risk	42
可分散风险	diversifiable risk	43
非系统性风险	non-systematic risk	43
市场风险	market risk	43
不可分散风险	nondiversifiable risk	43
系统性风险	systematic risk	43
相对证券风险	relative security risk	44
可行集	feasible set	44
最小方差集	minimum variable set	44
有效集	efficient set	45
全局最小方差点	global minimum variance point	45
投资组合分离定理	two-fund separation theorem	49
资本资产定价模型	Capital Asset Pricing Model，CAPM	50
市场组合	market portfolio	51
资本市场线	Capital Market Line,CML	51
市场风险溢价	market risk premium	52
市场风险价格	market price of risk	52
证券市场线	Security Market Line,SML	52

第 4 章

套利	arbitrage	60
三角套利	triangular arbitrage	61
一价定律	law of one price	61
套利限制	limits to arbitrage	62
内在价值	intrinsic value	63
价值	value	63
市场有效性	market efficiency	63
市场有效假说	Efficient Markets Hypothesis，EMH	63
随机游走	random walk	64
总收益	gross returns	65
净收益	net returns	65
技术分析	technical analysis	67
基本面分析	fundamental analysis	67
弱势有效	weak-form efficient	67
半强势有效	semi-strong form efficient	67
异象	anomalies	67
机构投资者	institutional investors	68
养老基金	pension funds	68
共同基金	mutual funds	68
有佣金基金	load funds	68
免佣基金	no-load funds	68
基金净值	Net Asset Value，NAV	68
价值股	value stocks	70
成长股	growth stocks	70
明星股	glamour stocks	70
融资压力风险	distress risk	71
联合假设检验	joint hypothesis	71

机会成本	opportunity cost	121
净营运资本	net working capital	121
情景分析	scenario analysis	122
实物期权理论	real options theory	124
择时期权	timing option	125
扩大规模期权	option to expand	126
股利不相关性	irrelevance of dividend policy	126
自我复制股利	home made dividend	127
股票回购	stock repurchase	127
杠杆	leverage	129
股权回报率	return on equity	129
资产回报率	return on assets	129
破产成本	bankruptcy costs	129
套利机会	arbitrage opportunity	130
自制杠杆	home made leverage	130
风险敞口	risk exposure	131
第 7 章		
收入替代率	income replacement ratio	135
退休金计划	pension plan	135
公司年金	company pension	136
确定收益养老金	defined benefit	136
确定贡献养老金	defined contribution	136
反向抵押贷款	reverse mortgage	138
收入替代率	income replacement ratio	139
投资组合	portfolio	142
资产配置	asset allocation	143
公司个体风险	firm specific risk	143
个人偏好	preference	144
利率风险	interest risk	144

违约风险	default risk	144
风险容忍度	risk tolerance	150
指数化投资	indexation	153
蓝筹股	blue-chip stocks	157
精算公平	actuarially fair	163
第 8 章		
商业银行	commercial bank	166
中央银行	central bank	167
美国联邦储备局	Federal Reserve System	167
美国储备委员会	The Board of Governors	169
美国联邦公开市场委员会	The Federal Open Market Committee (FOMC)	169
美国联邦储备银行	Federal Reserve Banks	169
货币政策	monetary policy	178
银行存款准备金率	reserve requirements	179
公开市场操作	open market operations	179
再贴现率	discount rate	179
紧缩性货币政策	tight monetary policy	181
扩张性货币政策	expansionary monetary policy	181
财政政策	fiscal policy	181
挤出效应	crowding-out effect	181
量化宽松	quantitative easing	186